LES SUCCESSIONS

GUIDE PRATIQUE DES HÉRITIERS

SUZANNE LANNERÉE

LES SUCCESSIONS

GUIDE PRATIQUE DES HÉRITIERS

ÉDITIONS DU PUITS FLEURI

ISBN 2-86739-062-1
ISSN 0414-6492

Avec la Collection
LE CONSEILLER JURIDIQUE POUR TOUS

nous nous sommes fixés comme objectif de *rendre accessible à tous* les grandes règles touchant aux problèmes de Droit de la vie courante.

En ce qui concerne plus spécialement les Successions, le présent ouvrage présente un *Guide pratique* juridique et fiscal à l'usage des héritiers.

Une *Première partie est consacrée au droit successoral,* c'est-à-dire aux *droits des héritiers en cas de succession :*

— ouverture de la succession (date, lieu, droit international) ;

— conditions requises pour succéder (être né ou conçu, être parent ou légataire, être vivant ou représenté, ne pas tomber sous le coup d'une indignité successorale) ;

— droits de la parenté légitime ;

— droits de la parenté naturelle ;

— droits de la parenté adoptive ;

— droits du conjoint survivant ;

— droits des non parents ;

— droits de l'Etat, des départements, des hospices et hôpitaux.

Sont ensuite abordées *les conditions d'entrée en possession de la succession :*

— transmission de la succession, soit par saisine* des héritiers légitimes ou réguliers, soit par l'envoi en possession* des héritiers irréguliers avec, éventuellement, apposition des scellés, mesures conservatoires, administration provisoire, pétition d'hérédité ;

— les droits d'option (acceptation pure et simple ou sous bénéfice d'inventaire, renonciation, cession des droits) ;

— successions non réclamées et successions vacantes.

Suivent les :

— *règles d'évaluation de la succession,* règles générales d'évaluation du passif et de l'actif, avec de nombreux exemples à l'appui, d'imputation et de réduction des libéralités*, de liquidation, s'il y a lieu, de la communauté conjugale, puis, les

— *règles de partage de la succession,* très complexes, avec notamment le partage d'ascendant ou partage anticipé, l'indivision, l'attribution préférentielle, la demande et les formes du partage, l'estimation et l'attribution des lots, les formalités et les frais.

Dans une *Deuxième partie sont exposées les grandes règles fiscales,* communément appelées *« droits de mutation à titre gratuit » ou « droits de succession ».*

Après un bref exposé des règles générales, sont examinés en détail :

— la déclaration de succession (cas y donnant lieu, délai, forme et contenu, déclaration partielle et déclaration complémentaire) ;

— l'évaluation fiscale de la succession, actifs et passifs (nombreux cas d'espèce) ;

— le calcul des droits de mutation, en tenant compte des diverses exonérations, des abattements et des réductions des droits ;

— les taux, les délais et les modalités de paiement, la solidarité des héritiers, les garanties et privilèges de l'Etat ;

— le contrôle et le contentieux ;

— les pénalités en cas d'omission, ou de retard des déclarations, ou en cas de déclarations erronnées ;

— les délais de prescription ;

— les impôts et frais divers.

La Troisième partie traite des *questions diverses* qui peuvent se poser lors d'un décès. Il s'agit, entre autres :

— de la preuve de la qualité d'héritier ;

— de la récupération des arrérages de vieillesse et d'aide sociale ;

— des comptes en banque, C.C.P., livrets de Caisse d'épargne ;

— du registre du commerce et des sociétés ;

— de la carte grise automobile ;

— du droit des femmes seules ;

— de l'avantage fiscal destiné à favoriser l'acquisition de logements locatifs.

Enfin, *la Quatrième partie propose des Formulaires* tels que des modèles de :

— convention d'indivision ;

— convention de partage à l'amiable ;

— pouvoir pour faire une déclaration de succession ;

— attestation de créancier ;

— pétition en remise d'une pénalité fiscale.

A noter que les règles exposées dans le présent ouvrage peuvent, dans une certaine limite, se trouver *modifiées, s'il existe un testament (voir dans la même Collection, l'ouvrage « Testament ou donation ? Marche à suivre »).*

Tout en exposant la loi sur laquelle est basé le présent ouvrage (Code civil et Code général des impôts), les questions sont traitées dans *un but essentiellement pratique.*

Lorsque certaines *expressions juridiques* n'ont pu être évitées, notamment lors de citations de textes, elles sont expliquées en fin d'ouvrage et signalées par un*.

Pour permettre la lecture plus aisée, *la Jurisprudence,* c'est-à-dire les décisions des cours et tribunaux qui forment l'application pratique du Droit, est groupée également en fin d'ouvrage. Elle est signalée par des numéros entre ( ).

Enfin, une *Division du sujet* très développée facilite à l'extrême les recherches du lecteur.

Editions du **Puits Fleuri**
77850 HÉRICY
R.C.S. Melun A 314 587 734

DIVISION DU SUJET

PREMIÈRE PARTIE
LE DROIT SUCCESSORAL

DEUXIÈME PARTIE
IMPÔTS ET TAXES

TROISIÈME PARTIE
QUESTIONS DIVERSES

QUATRIÈME PARTIE

FORMULAIRES

Première partie

Le droit successoral

I. OUVERTURE DE LA SUCCESSION

A. Date

L'article 718 du Code civil stipule expressément que : *« Les successions s'ouvrent par la mort naturelle ».* § 1

A l'origine, l'article 718 suscité ajoutait « et par la mort civile ». Mais la « mort civile » a été abolie par la loi du 31 mai 1854.

La date du décès est donc très importante car : § 2

— *le droit des héritiers est fixé par la loi en vigueur* au jour du décès (1) ;

— c'est à la date du décès qu'il faut se placer pour apprécier *la qualité et la capacité des héritiers ;*

— c'est également au jour du décès qu'il faut se référer pour la détermination de l'actif successoral (2).

La *preuve* de la date du décès est donc capitale. Elle résulte d'une copie de l'acte de décès délivrée par le bureau de l'état civil de la mairie de la commune où le décès a eu lieu. § 3

Il a été jugé que l'ouverture de la succession d'une personne dont le cadavre a été retiré de l'eau un certain temps après sa disparition date, si le jour du décès ne peut être déterminé avec exactitude, non pas du jour de la disparition, mais du jour de l'acte de l'état civil qui constate le décès (3). § 4

L'absence, même prolongée, n'est pas une preuve du décès. Ce n'est que la transcription sur le registre des décès du jugement déclaratif d'absence qui permet l'ouverture de la succession *(Code civil, art. 128).* § 5

Il peut arriver que plusieurs personnes normalement appelées par la loi à hériter l'une de l'autre (ex. parents et enfants) périssent ensemble, notamment dans un accident. La *personne qui survit à l'autre*, ne serait-ce qu'un instant, hérite de cette dernière et transmet par sa mort les biens ainsi hérités à ses propres héritiers qui ne sont pas forcément les mêmes personnes que les héritiers du prédécédé. § 6

§ 7 Mais qu'advient-il lorsqu'il n'est pas possible de déterminer si une personne a survécu à l'autre ?

Cette question, connue en droit sous la désignation de *la « théorie des comourants »* fait l'objet des *articles 720, 721 et 722 du Code civil.*

§ 8 Il résulte de *l'article 720 du Code civil* que si plusieurs personnes respectivement appelées à la succession l'une de l'autre périssent dans un même événement, sans qu'on puisse reconnaître laquelle est décédée la première, la présomption de survie est déterminée par *les circonstances de fait*, et, à leur défaut, par la force de l'âge ou du sexe.

Ainsi, deux personnes ayant péri dans un naufrage a été considérée comme ayant survécu le plus longtemps, celle qui savait nager (4).

§ 9 *Les circonstances de fait* doivent toujours l'emporter sur la force de l'âge ou du sexe (5). Ce n'est qu'à leur défaut qu'il y a lieu de faire application *des présomptions légales* de la force de l'âge ou du sexe telles que déterminées par les *articles 721 et 722 du Code civil* dont résultent les règles suivantes :

— Toutes les victimes ont moins de 15 ans. Le plus agé est présumé avoir survécu ;

— Toutes les victimes ont plus de 60 ans. Le plus jeune est présumé avoir survécu ;

— Certaines victimes ont moins de 15 ans et les autres ont plus de 60 ans ; Les moins de 15 ans sont présumés avoir survécu ;

— Certaines victimes ont plus de 15 ans et les autres ont moins de 60 ans. Si les victimes sont toutes du même sexe, le plus jeune est présumé avoir survécu. Si les victimes sont de sexe différent, le mâle est toujours présumé avoir survécu lorsqu'il y a égalité d'âge, ou si la différence qui existe n'excède pas une année ;

— Si une victime a moins de 15 ans et l'autre entre 15 et 60 ans, le plus âgé est présumé avoir survécu ;

— Si une victime a entre 15 et 60 ans et l'autre plus de 60 ans, le plus jeune est présumé avoir survécu.

Disons encore que s'il s'agit *de jumeaux*, celui qui est né le premier est réputé l'aîné. A défaut de preuve à ce sujet, notamment par l'acte de naissance, les jumeaux doivent être considérés comme étant du même âge et décédés au même instant.

Un cas spécial est celui des *époux mariés sous le régime de la communauté universelle,* avec attribution intégrale de la communauté à l'époux survivant. S'ils décèdent dans un même événement, il y a forcément *application de la théorie des comourants.* Il faut faire jouer la clause d'attribution intégrale laquelle ne peut revenir au conjoint survivant qu'autant qu'il a été déterminé quel époux a survécu à l'autre. Sa succession ira alors à ses héritiers ou légataires. § 10

B. Lieu

En application de *l'article 110 du Code civil,* le lieu où la succession s'ouvre est déterminé par *le domicile du défunt,* quel que soit le lieu du décès. § 11

Le lieu où s'ouvre la succession détermine *la compétence territoriale du tribunal de grande instance* en cas de procès se rattachant à la succession et jusqu'au partage inclusivement. § 12

C. Droit international

La règle générale veut qu'en ce qui concerne la transmission des *biens meubles** la succession est réglée par la loi du dernier domicile du défunt et qu'en ce qui concerne la transmission des *biens immeubles** la succession est réglée par la loi du lieu de situation des immeubles. § 13

Il existe toutefois un certain nombre de *conventions internationales* et de règles spéciales et il est indispensable, si le défunt était étranger, ou domicilié à l'étranger, ou encore si la succession comporte des biens situés à l'étranger, de recourir à un juriste accrédité auprès de la représentation diplomatique du pays étranger pour se faire délivrer un certificat de coutume.

Il faut signaler ici qu'une *loi du 14 juillet 1819,* dispose en son article premier, que *les étrangers auront le droit de succéder* de la même manière que les français. § 14

Dans le cas de *partage* d'une même succession entre des cohéritiers étrangers et français, *l'article 2* de la même loi prévoit que les cohéritiers français prélèveront sur les biens situés en France une portion égale à la valeur des biens situés en pays étranger dont ils seraient exclus à quelque titre que ce soit, en vertu des lois et coutumes locales.

La Cour de cassation a confirmé que l'étranger auquel est échue une succession doit subir le concours des parents français que la loi française appelle à la succession, alors même qu'ils seraient exclus d'après la loi de son pays (6) et que le prélèvement peut s'exercer sur les meubles qui se trouvent en France aussi bien que sur les immeubles, alors même que la succession mobilière serait régie par la loi étrangère (7).

II. CONDITIONS REQUISES POUR SUCCÉDER

A. Etre né ou conçu

Selon *L'article 725 du Code civil*, est incapable de succéder : § 15
1. celui qui n'est pas encore conçu ;
2. l'enfant qui n'est pas né viable.

La preuve de la conception au moment de l'ouverture de la succession se fait comme en matière de filiation légitime. Il en résulte qu'un enfant né plus de 300 jours après le décès ne doit pas être considéré comme conçu au moment du décès. Il ne pourra donc pas être admis à la succession. § 16

Précisons que durant le temps qui s'écoule entre la conception et la naissance, les parents d'un degré* inférieur peuvent uniquement se faire autoriser par la justice à prendre des *mesures conservatoires**. § 17

Les cohéritiers de l'enfant à naître ne peuvent pas provoquer ou subir le partage* d'héritage avant la naissance.

La preuve que l'enfant est né viable résultera de la production de l'acte de l'état civil constatant la naissance, puis le décès. § 18

B. Etre parent

1. Les ordres

Selon *l'article 731 du Code civil*, les successions sont déférées aux enfants et descendants* du défunt, à ses ascendants*, à ses parents collatéraux* et à son conjoint survivant*. § 19

Précisons que, sauf en ce qui concerne les droits de la parenté adoptive, pour succéder il faut *être parent par le sang*. § 20

Mais tous les parents ne sont pas appelés à succéder et la loi a institué cinq groupes d'héritiers dits « ordres ». § 21

Ces groupes sont classés par *rang de préférence*, de sorte que le premier ordre recueille à lui seul l'héritage tout entier. Ce n'est que dans le cas où un ordre préclassé n'a pas de représentant que l'héritage passe aux représentants de l'ordre suivant.

§ 22 Les *ordres sont classés* de la façon suivante :

1er ordre :
— *Les descendants* :* enfants, petits-enfants, arrière-petits-enfants.

2e ordre :
— *Les ascendants privilégiés* :* père et mère.
— *Les collatéraux privilégiés* :* frères et sœurs, neveux et nièces.

3e ordre :
— *Les ascendants ordinaires* :* grands-parents, arrière-grands-parents.

4e ordre :
— *Le conjoint survivant*.*

5e ordre :
— *Les collatéraux ordinaires* :* oncles, tantes, cousins, cousines.

§ 23 A noter que *le conjoint survivant,* qui n'est pas parent, peut cependant, dans certains cas, être appelé à la succession s'il n'existe pas de jugement de séparation de corps passé en force de chose jugée* (voir ci-dessous § 94 et suiv.)

Il reçoit alors une part de la succession en présence des trois premiers ordres. En revanche, il exclut le 5e ordre.

2. Les degrés et les lignes

§ 24 Si un même ordre est composé de *plusieurs personnes ayant vocation successorale*, l'héritage est attribué en application de la règle du degré le plus proche, c'est-à-dire que le degré le plus proche du défunt hérite et exclut les autres.

§ 25 *Chaque génération* s'appelle un degré *(Code civil art. 735)*. On peut donc dresser le tableau suivant :

Ordre des descendants :*
— Les enfants sont à l'égard des parents au premier degré :
— Les petits-enfants sont à l'égard des grands-parents au deuxième degré ;
— Les arrière-petits-enfants sont à l'égard des arrière-grands-parents au troisième degré, etc. *(Code civil art. 737)*.

Ordre des ascendants :*
— Les parents sont à l'égard des enfants au premier degré ;
— Les grands-parents sont à l'égard des petits-enfants aux deuxième degré ;
— Les arrière-grands-parents sont à l'égard des arrière-petits-enfants au troisième degré, etc. *(Code civil art. 737).*

Ordre des collatéraux :*
— Les frères et sœurs sont parents au deuxième degré ;
— Les neveux et nièces, les oncles et tantes sont parents au troisième degré ;
— Les petits-neveux et petites-nièces, les cousins germains, les grands-oncles et grands-tantes sont parents au quatrième degré ;
— Les arrière-petits-neveux et arrière-petites-nièces, les cousins issus de germains, les arrière-grands-oncles et arrière-grands-tantes sont parents au cinquième degré ;
— Les descendants d'arrière-petits-neveux et d'arrière-petites-nièces, les cousins issus de cousins issus de germains, les arrière-arrière-grands-oncles et les arrière-arrière-grands-tantes sont parents au sixième degré. *(Code civil art. 738).*

L'article 736 du Code civil précise que la suite des degrés § 26
forme *la ligne.*

On appelle *ligne directe* la suite des degrés entre personnes qui descendent l'une de l'autre. Il y a lieu de distinguer la *ligne directe descendante* qui est celle qui lie une personne avec ceux qui descendent d'elle et la *ligne ascendante* qui est celle qui lie une personne avec ceux dont elle descend.

On appelle *ligne collatérale* la suite des degrés entre personnes qui ne descendent pas les uns des autres, mais qui descendent d'un auteur commun.

La notion de la ligne est importante pour l'application de la § 27
règle de *la fente entre les lignes. L'article 733 du Code civil* dispose, en effet, que toute succession échue à des ascendants ou à des collatéraux, qu'ils soient légitimes ou naturels, se divise en deux parts égales, l'une pour les parents de la ligne paternelle, l'autre pour les parents de la ligne maternelle.

Les parents utérins ou les parents consanguins** ne sont pas exclus par les parents germains* ; mais ils ne prennent part que dans leur ligne, sauf application des dispositions de l'article 752 du Code civil (voir ci-dessous § 54).

Les *parents germains* prennent part dans les deux lignes.

Sous réserve des dispositions de l'article 753 du Code civil (voir ci-dessous § 58) il ne se fait aucune dévolution d'une ligne à l'autre que lorsqu'il ne se trouve aucun ascendant ni collatéral de l'une des deux lignes.

§ 28 Cette première division opérée, l'une pour les parents de la ligne paternelle, l'autre pour les parents de la ligne maternelle, il ne se fait plus, dit *l'article 734 du Code civil, de division entre les diverses branches*; mais la moitié dévolue à chaque ligne appartient à l'héritier ou aux héritiers les plus proches en degrés, sauf le cas de la représentation (voir ci-dessous § 32 et suiv.).

C. Etre vivant ou représenté

§ 29 Il résulte de *l'article 725 du Code civil* que pour succéder il faut nécessairement exister à l'instant de l'ouverture de la succession. Il faut donc non seulement être né ou conçu (voir ci-dessus § 15 et suiv.), mais également être vivant, sous réserve des cas de représentation (voir ci-dessous § 32 et suiv.).

§ 30 Se pose donc ici le cas *des absents**. Nous avons déjà vu ci-dessus (§ 5) que l'absence prolongée n'est pas une preuve du décès qui n'est considéré comme effectif qu'à partir de la transcription sur le registre des décès du jugement déclaratif d'absence.

L'absent peut donc succéder tant qu'il n'y a pas transcription sur le registre des décès d'un jugement déclaratif d'absence. L'article 725 du Code civil confirme d'ailleurs expressément que « peut succéder celui dont l'absence est seulement présumée ».

§ 31 Le juge des tutelles pourra désigner un ou plusieurs parents ou alliés, ou le cas échéant, toutes autres personnes pour remplacer la personne présumée absente (en attendant sa réapparition ou le jugement déclaratif d'absence), dans l'exercice de ses droits ainsi que pour administrer tout ou partie de ses biens *(Code civil art. 113)*.

§ 32 Se pose également le cas de *la représentation. L'article 739 du Code civil* définit la représentation comme une fiction de la loi, dont l'effet est de faire entrer les représentants dans la place, dans le degré et dans les droits du représenté.

On ne représente *pas les personnes vivantes*, mais seulement celles qui sont mortes. § 33

On peut représenter celui à la succession duquel on a renoncé.

La loi ne distingue pas, pour l'exercice de la représentation, entre la filiation légitime et la filiale naturelle*. *(Code civil, article 744)*.

Par l'effet de la représentation le représentant monte au degré* de parenté qu'aurait occupé le représenté s'il avait vécu. Le partage s'opère donc *par souche*, c'est-à-dire que les représentants, quels que soit leur nombre, prennent à eux tous seulement la part qui serait revenue au représenté. Ils partagent ensuite entre eux par tête *(Code civil, art. 743)*. § 34

Lorsqu'il y a partage par souches, il doit donc être procédé d'abord à la composition d'autant de lots qu'il y a de souches copartageantes, les divisions des lots entre les différents membres d'une souche n'intervenant qu'après (8).

Dans *la ligne directe descendante* (voir ci-dessus § 26), *l'article 740 du Code civil* permet la représentation *à l'infini*. Elle est admise dans tous les cas, soit que les enfants du défunt concourent avec les descendants d'un enfant prédécédé, soit que tous les enfants du défunt étant morts avant lui, les descendants desdits enfants se trouvent entre eux en degrés égaux ou inégaux. § 35

Soit un défunt laissant un fils A., un petit-fils B. né d'un fils prédécédé et deux petits-fils C. et D. nés d'une fille prédécédée. La succession se divisera en trois souches. § 36

Le fils A. recevra 1/3 de la succession.

Le petit-fils B., représentant de son père prédécédé recevra également 1/3 de la succession.

Les petits-fils C. et D. représentant leur mère prédécédée recevront à eux deux 1/3 de la succession, soit chacun 1/6e.

L'article 741 du Code civil exclut de la représentation *les ascendants**. Le plus proche dans chacune des deux lignes exclut toujours le plus éloigné. § 37

En ligne collatérale, l'article 742 du Code civil* admet la représentation en faveur des enfants et descendants* de frères ou sœurs du défunt, soit qu'ils viennent à sa succession concurremment avec des oncles ou tantes, soit que tous les frères et sœurs du défunt étant prédécédés, la succession se § 38 trouve dévolue à leurs descendants en degrés égaux ou inégaux.

La représentation n'est pas admise pour les collatéraux ordinaires*.

§ 39 Soit un défunt ne laissant ni descendant, ni ascendant, mais un frère, deux nièces nées d'un frère prédécédé et trois petit-neveux nés d'un neveu prédécédé, lui-même d'un autre frère prédécédé du défunt. La succession se divisera en trois souches.

Le frère recevra 1/3 de la succession.

Les deux nièces, représentant le frère prédécédé recevront à elle deux également 1/3 de la succession, soit chacune 1/6e.

Les trois petits-neveux, représentant leur père prédécédé et leur grand-père prédécédé recevront aussi à eux trois 1/3 de la succession, soit chacun 1/9e.

D. Indignité successorale

§ 40 Aux termes de *l'article 727 du Code civil*, sont indignes de succéder, et, comme tels, exclus des successions :

1° Celui qui sera condamné pour *avoir donné ou tenté de donner la mort au défunt* ;

2° Celui qui a porté contre le défunt *une accusation capitale* jugée calomnieuse ;

3° L'héritier majeur qui, instruit du meurtre du défunt, ne l'aura pas dénoncé à la justice.

L'indignité successorale constitue une *sanction personnelle* qui ne saurait être étendue au-delà des textes qui l'instituent. Elle est donc inapplicable au père du meurtrier (9) (voir également infra § 45).

§ 41 Le 1° vise tant l'auteur du délit que *son complice*.

Il a été jugé que l'héritier condamné pour avoir porté au de cujus* des coups et blessures ayant *entraîné la mort sans intention de la donner* ne tombe pas sous le coup du 1° de l'article 727 du Code civil suscité (10).

§ 42 Par *accusation capitale* il y a lieu d'entendre une accusation pouvant entraîner la réclusion perpétuelle. Elle doit être calomnieuse.

En ce qui concerne *la dénonciation à la justice* du meurtre du défunt, *l'article 728 du Code civil* veut cependant que le défaut de dénonciation ne peut être opposé aux ascendants* et descendants* du meurtrier, ni à ses alliés au même degré, ni à son époux ou à son épouse, ni à ses frères et sœurs, ni à ses oncles et tantes, ni à ses neveux et nièces. § 43

L'héritier exclu de la succession pour cause d'indignité est tenu de *rendre tous les fruits* et les revenus* dont il a eu la jouissance depuis l'ouverture de la succession *(Code civil, art. 729)*. § 44

Les enfants de l'indigne, venant à la succession de leur chef, et sans le secours de la représentation, ne sont pas exclus pour la faute de leur père ; mais celui-ci ne peut, en aucun cas, réclamer sur les biens de cette succession, l'usufruit* que la loi accorde aux pères et mères sur les biens de leurs enfants *(Code civil, art. 730)*. § 45

III. DROITS DE LA PARENTÉ LÉGITIME

A. Les descendants*

§ 46 Nous avons vu ci-dessus (§ 22) que le premier ordre appelé à la succession est celui des descendants. Sous réserve des droits accordés au conjoint survivant* (voir ci-dessous § 94 et suiv.), aux enfants naturels* (voir ci-dessous § 65) et aux enfants adoptés (voir ci-dessous § 87 et suiv.), l'héritage revient donc tout d'abord aux descendants légitimes* ou légitimés* par le mariage subséquent de leurs parents qui priment tous les autres ordres.

§ 47 *L'article 745 du Code civil* règle ainsi les successions déférées aux descendants :

Les enfants ou leurs descendants succèdent à leurs père et mère, aïeuls, aïeules, ou autres ascendants* sans distinction de sexe ni de primogéniture, et encore qu'ils soient issus de différents mariages.

Ils succèdent par *égales portions* et par tête, quand ils sont tous au premier degré et appelés de leur chef ; ils succèdent *par souche* (voir ci-dessus § 34) lorsqu'ils viennent tous ou en partie par représentation (voir ci-dessus § 35 et § 36).

§ 48 Ainsi, si le défunt laisse une fille d'un premier mariage, deux fils d'un second mariage et deux petits-fils nés d'une fille du second mariage, la succession se répartira comme suit :

La fille du premier mariage recevra 1/4 de la succession.

Chaque fils du second mariage recevra également 1/4 de la succession.

Les deux petits-fils nés de la fille du second mariage, prédécédée, recevront à eux deux 1/4 de la succession, soit chacun 1/8e.

§ 49 Précisons encore qu'à l'intérieur de l'ordre des descendants s'applique *la règle du degré le plus proche*, c'est-à-dire qu'en présence d'un fils et d'un petit-fils, issu de ce fils, seul le fils descendant au premier degré héritera, à l'exclusion du petit-fils descendant au deuxième degré.

Le petit-fils ne viendra à la succession qu'en cas de représentation de son père prédécédé.

B. Ascendants* et collatéraux privilégiés*

Comme nous l'avons vu ci-dessus (§ 21 et § 22), ce n'est qu'en l'absence d'un représentant de l'ordre des descendants*, et sous réserve des droits accordés au conjoint survivant* (voir ci-dessous § 94 et suiv.), aux enfants naturels* (voir ci-dessous § 65 et suiv.), et aux enfants adoptés (voir ci-dessous § 87 et suiv.), que la succession revient aux ascendants et collatéraux privilégiés. § 50

Par *ascendants privilégiés* il faut entendre les ascendants au premier degré, c'est-à-dire le père et la mère du défunt. Rappelons que la représentation n'est pas possible (voir ci-dessus § 37). § 51

Par *collatéraux privilégiés* il faut entendre les frères et sœurs du défunt ainsi que leurs descendants légitimes ou légitimés, c'est-à-dire les neveux et nièces du défunt. La représentation est possible (voir ci-dessus § 38).

Si l'ordre des ascendants privilégiés vient après l'ordre des descendants, il peut cependant venir *en concours* avec l'ordre suivant qui est celui des collatéraux privilégiés, ce qui aboutit aux *cas* suivants : § 52

Premier cas : Présence du père et de la mère et absence de collatéraux privilégiés. Les père et mère du défunt héritent chacun par moitié.

Deuxième cas : Présence du père ou de la mère seulement et absence de collatéraux privilégiés. Le survivant recueille la totalité de la succession.

Troisième cas : Présence de collatéraux privilégiés et absence du père et de la mère. Les collatéraux privilégiés se partagent la totalité de la succession en excluant tout autre ascendant ou collatéral non privilégié.

Quatrième cas : Présence de collatéraux privilégiés et présence du père ou de la mère seulement. L'ascendant privilégié survivant héritera du 1/4 de la succession et les collatéraux privilégiés recevront et se partageront les 3/4 de la succession.

Cinquième cas : Présence de collatéraux privilégiés et présence du père et de la mère. Le père recevra 1/4 de la succession, la mère recevra également 1/4 de la succession et les collatéraux privilégiés recevront et se partageront la moitié de la succession.

§ 53 *L'article 752 du Code civil* dispose que le partage de la moitié ou des 3/4 dévolus aux collatéraux privilégiés s'opère entre eux par égales portions, s'ils sont tous du même lit.

§ 54 Dans le cas où les frères et sœurs sont de *lits différents*, le législateur distingue les frères et sœurs germains, c'est-à-dire nés du même père et de la même mère, les frères et sœurs *consanguins*, c'est-à-dire nés du même père seulement, la mère étant différente, et les frères et sœurs *utérins*, c'est-à-dire de la même mère seulement, le père étant différent.

L'article 752 du Code civil dispose que si les frères et sœurs sont de lits différents, la division se fait par moitié entre les deux lignes paternelles et maternelles du défunt ; les germains prennent part dans les deux lignes et les consanguins ou utérins chacun dans leur ligne seulement : s'il n'y a de frères et sœurs que d'un côté, ils succèdent à la totalité, à l'exclusion de tous autres parents de l'autre ligne.

C. Ascendants ordinaires*

§ 55 En l'absence de descendants*, d'ascendants* ou de collatéraux privilégiés*, et sous réserve des droits accordés au conjoint survivant* (voir ci-dessous § 94 et suiv.), aux enfants naturels* (voir ci-dessous § 65 et suiv.) et aux enfants adoptés (voir ci-dessous § 87 et suiv.), l'ordre qui vient à la succession, nous l'avons vu ci-dessus (§ 22) est celui des ascendants ordinaires, c'est-à-dire des *grands-parents*, arrière-grands-parents, etc.

§ 56 Les ascendants ordinaires recueillent alors la totalité de la succession, mais celle-ci est dominée par le principe de *la fente entre les lignes* (voir ci-dessus § 27). En vertu de ce principe la succession sera divisée en deux parts égales, l'une pour les ascendants de la ligne paternelle, l'autre pour les ascendants de la ligne maternelle.

§ 57 *A l'intérieur d'une ligne*, l'ascendant qui se trouve au degré le plus proche recueille la moitié affectée à sa ligne, à l'exclusion de tous les autres. Les ascendants au même degré succèdent par tête *(Code civil, art. 746)*.

Mais d'une ligne à l'autre, il n'a pas à se préoccuper du degré de parenté. C'est ainsi que le grand-père paternel aura les mêmes droits que l'arrière-grand-père maternel si le grand-père maternel est prédécédé.

Si *dans une ligne il n'y a plus d'ascendant*, la succession est dévolue en totalité aux ascendants de l'autre ligne *(Code civil, art. 753)*. § 58

D. Collatéraux ordinaires

En vertu de *l'article 753 du Code civil*, et sous réserve des droits accordés au conjoint survivant* (voir ci-dessous § 94 et suiv.), aux enfants naturels* (voir ci-dessous § 65 et suiv.), aux enfants adoptés (voir ci-dessous § 87 et suiv.), lorsqu'il n'y a aucun représentant des trois premiers ordres de la succession est dévolue aux collatéraux ordinaires (voir ci-dessus § 22), c'est-à-dire aux oncles, tantes, cousins, cousines du défunt à raison de *la moitié aux parents les plus proches dans chaque ligne*. § 59

La règle de *la fente entre les lignes* (voir ci-dessus § 27) trouve alors sa pleine application, une part revenant à la ligne paternelle et l'autre à la ligne maternelle. § 60

A l'intérieur *d'une même ligne*, il y a lieu de tenir compte du *degré de parenté* (voir ci-dessus § 25 et suiv.), le collatéral le plus proche excluant les autres. § 61

S'il y a concours de parents collatéraux au même degré, ils partagent par tête *(Code civil, art. 753)*.

Rappelons ici que *la représentation* n'est pas admise pour les collatéraux ordinaires (voir ci-dessus § 38). § 62

L'article 755 du Code civil dispose que les parents collatéraux *au-delà du sixième degré ne succèdent pas, à l'exception des descendants des frères et sœurs du défunt*. § 63

Toutefois, les parents collatéraux succèdent jusqu'au douzième degré lorsque le défunt n'était pas capable de tester et n'était pas frappé d'interdiction légale.

§ 64 A défaut de parents successibles dans une ligne, et sous réserve des droits accordés au conjoint survivant* (voir ci-dessous § 94 et suiv.), *les parents de l'autre ligne* succèdent pour le tout.

IV. DROITS DE LA PARENTÉ NATURELLE

A. Filiation naturelle légale

L'article 756 du Code civil stipule expressément que la filiation naturelle ne crée de droits successoraux qu'autant qu'elle est *légalement établie.* § 65

B. Egalité de principe

L'article 757 du Code civil pose le principe que l'enfant naturel a en général dans la succession de ses père et mère et autres ascendants* ainsi que de ses frères et sœurs et autres collatéraux*, *les mêmes droits qu'un enfant légitime.* (voir ci-dessus § 46 et suiv.), il exclut donc les autres ordres. § 66

Réciproquement, les père et mère et autres ascendants de l'enfant naturel, ainsi que ses frères et sœurs et autres collatéraux *viennent à sa succession comme s'il était un enfant légitime (Code civil, art. 758).* § 67

C. Filiation naturelle adultérine

Le principe de l'égalité entre enfants légitimes et enfants naturels est cependant mis en échec lorsque les enfants naturels se trouvent en présence du *conjoint survivant victime de l'adultère* du défunt. § 68

L'article 759 du Code civil dispose, en effet, que les enfants naturels dont le père ou la mère était, au temps de la conception, engagé dans les liens du mariage avec une autre personne n'excluent pas celle-ci de la succession de leur auteur, lorsque, à leur défaut, elle y eut été appelée par application des articles 765 et 766 du Code civil (voir ci-dessous § 94 et § 95).

En pareil cas, ils ne recevront quel que soit leur nombre, *que la moitié* de ce qui, en leur absence, aurait été dévolu au conjoint survivant, le calcul étant fait ligne par ligne.

La répartition de la succession se fixe d'après l'état des vocations héréditaires* au jour du décès, nonobstant toutes renonciations ultérieures.

§ 69 L'article 759 du Code civil suscité ne concerne que les conjoints survivants, victimes de l'adultère, qui en l'absence des enfants naturels conçus durant le mariage auraient pu prétendre à succession *en pleine propriété* (11).

Mais, le principe de l'égalité entre enfants légitimes et enfants naturels est également mis en échec lorsque le conjoint survivant victime de l'adultère du défunt ne peut prétendre qu'à un droit *d'usufruit puisque l'article 767 du Code civil* lui accorde *l'usufruit** du quart seulement de la succession s'il se trouve en concurrence avec des enfants légitimes ou naturels simples et de la moitié s'il se trouve en concurrence avec des enfants naturels conçus pendant le mariage. (voir ci-dessous § 96).

Précisons que le principe de l'égalité entre enfants légitimes et enfants naturels reste entier lorsque l'enfant naturel se trouve en présence d'un conjoint survivant non victime de l'adultère.

§ 70 Dans *la pratique*, les règles sus-énoncées peuvent se traduire ainsi :

Le défunt laisse des collatéraux ordinaires* dans les deux lignes, des enfants naturels conçus pendant le mariage, un conjoint survivant victime de l'adultère. En l'absence des enfants naturels tous les biens de la succession reviendraient au conjoint survivant en pleine propriété. Mais par l'application de *l'article 759 du Code civil* les enfants naturels recevront en pleine propriété la moitié de la succession et le conjoint survivant, également en pleine propriété, l'autre moitié de la succession. Les enfants naturels partageront par tête.

§ 71 Le défunt laisse des collatéraux ordinaires dans une ligne, un ascendant* dans l'autre ligne, des enfants naturels conçus pendant le mariage, un conjoint survivant victime de l'adultère. En l'absence des enfants naturels l'ascendant recueillerait la moitié de la succession en pleine propriété et le conjoint survivant l'autre moitié de la succession en pleine propriété également. Mais par application de l'article 759 du Code civil, la part du conjoint survivant est réduite de moitié, c'est-à-dire qu'il ne recevra que le quart de la succession en pleine propriété. L'autre quart reviendra aux enfants naturels. De plus, ceux-ci primant l'ascendant recevront également sa part, soit en total les trois quarts de la succession en pleine propriété. Les enfants naturels partageront par tête.

Le défunt laisse son père et sa mère ou des collatéraux privilégiés*, des enfants naturels conçus pendant le mariage et un conjoint survivant victime de l'adultère. Par l'application de *l'article 767 du Code civil*, le conjoint survivant recevra la moitié de la succession en usufruit, l'autre moitié allant aux enfants naturels en pleine propriété. Ils ont de plus la nue-propriété* de la moitié dont le conjoint survivant a l'usufruit*. § 72

Le principe de l'égalité entre enfants légitimes et enfants naturels est encore mis en échec lorsque se trouvent en présence des *enfants légitimes nés du mariage* et des enfants naturels dont le père ou la mère était, au temps de leur conception, engagé dans les liens d'un mariage d'où sont issus les enfants légitimes. C'est le cas des enfants qui ont un même père, mais dont l'un a pour mère la femme du père et l'autre une personne qui n'est pas la femme du père au moment de sa conception. C'est également le cas des enfants qui ont une même mère, mais dont l'un a pour père le mari de la mère et l'autre une personne qui n'est pas le mari de la mère au moment de la conception. § 73

L'article 760 du Code civil stipule en effet que les enfants naturels dont le père ou la mère était, au temps de leur conception, engagé dans les liens d'un mariage d'où sont *issus des enfants légitimes*, sont appelés à la succession de leur auteur *en concours avec ces enfants*; mais chacun d'eux ne recevra que la moitié de la part à laquelle il aurait eu droit si tous les enfants du défunt, y compris lui-même, eussent été légitimes. § 74

La fraction dont sa part héréditaire est ainsi diminuée accroîtra aux seuls enfants issus du mariage auxquels l'adultère a porté atteinte. Elle se divisera entre eux à proportion de leurs parts héréditaires.

On fera le calcul comme si tous les enfants nés de l'adultère étaient légitimes et comme si tous les enfants légitimes venaient effectivement à la succession. Il n'y a pas lieu de retenir l'incapacité ou l'indignité éventuelle.

Jugé que selon l'article 760 du Code civil, les enfants naturels dont le père ou la mère était, au temps de leur conception, engagé dans les liens d'un mariage d'où sont issus des enfants légitimes sont appelés à la succession de leur auteur en concours avec ces enfants, mais n'y reçoivent que la moitié de la part à laquelle ils auraient eu droit si tous les enfants du défunt, y compris eux-mêmes, eussent été légitimes ; la limitation ainsi apportée aux droits de ces enfants naturels doit s'appliquer dans les successions de tous leurs ascendants* auxquelles ils sont appelés concurremment avec lesdits enfants légitimes (12).

§ 75 Il faut remarquer que *l'article 760 du Code civil* ne réduit les droits des enfants naturels issus de l'adultère qu'en présence *d'enfants légitimes issus du mariage*. Il semble que l'on puisse en déduire que les droits des enfants naturels issus de l'adultère ne sont pas réduits en présence d'enfants simplement légitimés* ou adoptifs, ou naturels simples.

Il semble également, si l'on applique l'article 760 du Code civil à la lettre, que seuls les enfants légitimes issus du mariage au cours duquel a eu lieu l'adultère peuvent réduire les droits des enfants naturels, mais non les enfants légitimes issus d'un autre mariage.

(Réponse ministérielle J.O.A.N. 13-1-1973).

§ 76 Sous réserve des droits éventuels du conjoint survivant, (voir ci-dessous § 94 et suiv.) on peut donc donner les *exemples* suivants :
1 enfant légitime né du mariage 1/2 + 1/4 = 3/4
1 enfant né de l'adultère 1/4

2 enfants légitimes nés du mariage 1/3 + 1/12 = 5/12 chacun
1 enfant né de l'adultère 2/12

3 enfants légitimes nés du mariage 1/4 + 1/24 = 7/24 chacun
1 enfant né de l'adultère 3/24

1 enfant légitime né du mariage 1/4 + 2/8 = 4/8
1 enfant légitime né d'un autre mariage ou un enfant naturel simple 2/8
2 enfants nés de l'adultère 1/8 chacun

1 enfant légitime né du mariage 1/5 + 3/10 = 5/10
1 enfant légitime né d'un autre mariage ou un enfant naturel simple 2/10
3 enfants nés de l'adultère 1/10 chacun

S'il n'y a pas d'enfant issu du mariage les enfants ont tous les mêmes droits soit :
1 enfant légitime né d'un autre mariage ou un enfant naturel simple 1/2
1 enfant né de l'adultère 1/2

1 enfant légitime né d'un autre mariage ou un enfant naturel simple 1/3
2 enfants nés de l'adultère 1/3 chacun.

La question est plus délicate lorsque des enfants naturels nés de l'adultère sont *en concurrence avec des enfants légitimes nés du mariage et des enfants légitimes nés d'un autre mariage* soit : § 77
2 enfants légitimes nés d'un premier mariage 6/24 chacun
1 enfant légitime né d'un deuxième mariage
6/24 + 1/24 = 7/24
1 enfant né de l'adultère pendant le deuxième mariage
6/24 – 1/24 = 5/24
Ce calcul appelle les explications suivantes.

L'enfant naturel se trouvant en présence des 3 enfants légitimes n'aurait droit, si tous ceux-ci étaient issus du mariage au cours duquel l'adultère a été commis, qu'à la moitié de la part qu'il aurait eue s'il avait lui-même été légitime, soit 1/8 ou 3/24 de la succession. La fraction dont sa part aurait été diminuée se serait alors répartie entre chacun des enfants légitimes par égale portion, soit 1/24 pour chacun. Mais l'un seulement des enfants légitimes, celui issu du deuxième mariage peut se prévaloir des dispositions de l'article 760 du Code civil d'où il suit qu'il peut seul réclamer ce 1/24 supplémentaire.

La solution qui consisterait à donner à l'enfant légitime du deuxième mariage les 9/24 de la succession (obtenus par addition à sa part normale de 6/24 des 3/24 correspondant à la moitié de la part de l'enfant né de l'adultère) ne paraît pas, dit une réponse ministérielle au J.O.A.N. du 13 janvier 1973, pouvoir être retenue car elle aboutirait à donner à l'enfant légitime du deuxième mariage une part successorale plus forte que celle qu'il aurait eue en l'absence de l'enfant né de l'adultère (8/24) ce qui serait contraire à toute logique ainsi qu'à l'esprit de la loi et aux dispositions de l'article 334 du Code civil aux termes duquel les droits de l'enfant naturel ne préjudicient que dans la mesure réglée par la loi, aux engagements que par le fait du mariage son auteur avait contractés.

Un certaine doctrine soutient cependant qu'il y a lieu de retenir la solution écartée par le Ministre.

Pour limiter les conflits que ne manqueront pas de se produire entre conjoint survivant, enfants légitimes issus du mariage et enfants nés de l'adultère, *l'article 761 du Code civil* a prévu que si le conjoint survivant ou les enfants issus du § 78 mariage demandent, à charge de soulte* s'il y a lieu, que certains biens de la succession leur soient *attribués par préférence* dans les conditions de l'article 832 (voir ci-dessous § 357 et suiv.), les enfants nés de l'adultère ne pourront s'opposer à cette attribution préférentielle. La même faculté s'étend au local d'habitation dans lequel le ou les demandeurs avaient leur résidence secondaire.

Le conjoint peut exercer ce droit lorsqu'il vient à la succession soit en pleine propriété, soit par un droit d'usufruit*, et il peut, dans tous les cas, l'exercer en demandant une attribution préférentielle*, sur ces mêmes biens en usufruit seulement.

§ 79 Toujours pour limiter les conflits, le législateur a prévu la possibilité d'une *attribution anticipée. L'article 762 du Code civil* dispose en effet que le père ou la mère pourra écarter les enfants nés de l'adultère *de toute participation personnelle aux opérations futures de liquidation* et de partage, en leur faisant, de son vivant, une attribution suffisante de biens, sous la stipulation expresse qu'elle a lieu en règlement anticipé de leurs droits successoraux.

§ 80 *L'attribution*, dit *l'article 763 du Code civil*, se fait en la forme de donations*. Elle emportera transfert de la propriété par l'acceptation de l'attributaire* ou de son représentant légal.

Tant qu'elle n'est pas acceptée, elle peut être révoquée ou modifiée par son auteur dans les mêmes formes. Si l'attributaire ne veut ou ne peut en percevoir les revenus, ils seront employés pour son compte et à son nom.

L'attribution prend effet à l'ouverture de la succession lorsqu'elle n'a pas été antérieurement acceptée par l'attributaire.

§ 81 Si, à l'ouverture de la succession, les estimations ayant été faites comme en matière de rapport* (voir ci-dessous § 272 et suiv.) il est constaté que la valeur des biens attribués excède les droits successoraux d'un attributaire, ou, à l'inverse, leur est inférieure, il y a lieu *à réduction ou à complément*, selon le cas, sans toutefois que les autres héritiers ou l'enfant puissent élever aucune réclamation quant aux revenus perçus en trop ou en moins avant le décès.

S'il y a lieu à complément, celui-ci est fourni en argent ou en nature, au gré des autres héritiers *(Code civil, art. 763-1)*.

§ 82 Aux termes de *l'article 763-2 du Code civil*, l'attribution ne vaut règlement anticipé de la succession que si elle confère *à un tiers*, désigné dans les catégories professionnelles qui seront agréées par décret, le pouvoir exclusif et irrévocable de représenter l'attributaire dans toutes les opérations à venir de liquidation et de partage, ainsi que d'agir et de défendre pour son compte dans toutes les instances qui pourraient s'élever au sujet de ses droits successoraux.*

C'est un décret N° 72-753 du 9 août 1972 (J.O. 17-8) qui habilite les notaires et les établissements ou professionnels agréés pour recevoir les capitaux et valeurs mobilières appartenant aux mineurs à être désignés comme tiers pour l'application de l'article 763-2 suscité.

Si le défunt a désigné une personne physique et si celle-ci est décédée, son successeur lui sera substitué de plein droit.

L'article 763-3 du Code civil précise que le tiers* constitué **§ 83**
par le défunt pour représenter un attributaire est tenu envers celui-ci de toutes les obligations d'un *mandataire**.

Si, à l'ouverture de la succession, il n'y a ni conjoint **§ 84**
survivant, ni enfant issu du mariage, ou s'ils renoncent, les pouvoirs du représentant cesseront de plein droit, et les attributions seront traitées comme *avancements d'hoiries* (Code civil art. 764)*.

Terminons en signalant que *l'article 915-2 du Code civil* **§ 85**
permet à l'enfant naturel dont le père ou la mère était au temps de sa conception, engagé dans les liens du mariage avec une autre personne et dont les droits se trouvent réduits soit parce qu'il est en présence d'un conjoint survivant victime de l'adultère (voir ci-dessus § 68 et suiv.), soit parce qu'il est en présence d'enfants légitimes issus du mariage violé (voir ci-dessus § 73 et suiv.), et seulement s'il est dans le besoin, de *demander contre l'abandon de ses droits aux héritiers, une pension alimentaire à la succession.*

Cette pension obéit aux règles de l'article 207-1 du Code civil (voir ci-dessous § 102 et suiv.).

Les héritiers peuvent, toutefois, écarter cette réclamation en accordant au demandeur une part égale à celle dont il eût bénéficié s'il n'était pas né de l'adultère.

D. Filiation naturelle incestueuse

§ 86 Lorsque l'enfant est issu des relations entre ascendants* et descendants*, légitimes ou naturels, ou encore lorsque l'enfant est issu des relations entre frères et sœurs, légitimes ou naturels, la filiation étant déjà établie à l'égard de l'un des parents, *il est interdit de l'établir à l'égard de l'autre (Code civil art. 334-10)*.

L'enfant naturel incestueux ne pourra donc succéder qu'au parent à l'égard duquel sa filiation naturelle est légalement établie (voir ci-dessus § 65).

V. DROITS DE LA PARENTÉ ADOPTIVE

A. L'adoption plénière

Il résulte de *l'article 356 du Code civil* que l'adoption plénière confère à l'enfant une filiation qui se substitue à sa filiation d'origine et de *l'article 358 du Code civil* que l'adopté a, dans la famille de l'adoptant, les mêmes droits et les mêmes obligations qu'un enfant légitime. **§ 87**

L'enfant ayant fait l'objet d'une adoption plénière a cessé d'appartenir à sa famille de sang et doit être considéré comme un enfant légitime dans sa famille d'adoption. *Sa présence exclut donc les autres ordres. Il a la qualité de réservataire**. Il n'y a pas de droit de retour (voir ci-dessous § 92).

La *légitimation adoptive* prononcée avant le 1er novembre 1966, date d'application de la *loi n° 66-500 du 11 juillet 1966* portant réforme de la filiation adoptive emporte les mêmes effets que l'adoption plénière. **§ 88**

B. L'adoption simple

L'article 364 du Code civil dispose qu'en cas d'adoption simple, l'adopté reste dans sa famille d'origine et y conserve tous ses droits, notamment ses droits héréditaires. **§ 89**

Par ailleurs, *l'article 368 du Code civil stipule* que l'adopté et ses descendants* légitimes ont dans la famille de l'adoptant les mêmes droits successoraux qu'un enfant légitime sans acquérir cependant la qualité d'héritier réservataire* à l'égard des ascendants* de l'adoptant. **§ 90**

Si *l'adopté meurt sans descendants,* les biens donnés par l'adoptant ou recueillis dans sa succession retournent à l'adoptant ou à ses descendants, s'ils existent encore en nature lors du décès de l'adopté, à charge de contribuer aux dettes et sous réserve des droits acquis par les tiers*. **§ 91**

Les biens que l'adopté avait reçus à titre gratuit de ses père et mère retournent pareillement à ces derniers ou à leurs descendants.

Le surplus des biens de l'adopté se divise par moitié entre la famille d'origine et la famille de l'adoptant, sans préjudice des droits du conjoint sur l'ensemble de la succession *(Code civil, art. 368-1)*.

§ 92 L'article 368-1 suscité ne prévoit *le droit de retour* que si l'adopté meurt sans descendants et si les biens donnés existent encore en nature. Il y a cependant lieu de considérer que si les biens ont été vendus, le droit de retour peut s'exercer sur le prix de vente, s'il est encore dû. L'extinction du droit de retour peut n'être que partielle si l'adopté a seulement disposé d'une partie des biens donnés, de l'usufruit*, par exemple.

§ 93 *L'adoption prononcée avant le 1er novembre 1966*, date d'application de la *loi n° 66-500 du 11 juillet 1966 suscitée*, emporte les mêmes effets que l'adoption simple.

VI. DROITS DU CONJOINT SURVIVANT
(voir également ci-dessous § 564)

Les règles ci-dessous ne concernent pas le cas où le mariage a été célébré dans les conditions de l'article 171 du Code civil (futur époux décédé). Un tel mariage, en l'absence de testament, n'entraîne aucun droit de succession au profit de l'époux survivant.

A. Pleine propriété

Lorsque le défunt, *dit l'article 765 du Code civil, ne laisse dans aucune ligne* de parenté au degré successible*, ou s'il ne laisse que des collatéraux* autres que des frères ou sœurs ou des descendants* de ceux-ci, les biens de sa succession appartiennent en pleine propriété au conjoint non divorcé qui lui survit et contre lequel n'existe pas de jugement de séparation de corps passé en force de chose jugée*. § 94

Lorsque le défunt *ne laisse dans une ligne, paternelle ou maternelle, aucun parent au degré successible*, ou s'il ne laisse, dans cette ligne, que des collatéraux autres que des frères ou sœurs ou descendants de ceux-ci, la moitié de la succession est dévolue au conjoint non divorcé qui lui survit et contre lequel n'existe pas de jugement de séparation de corps passé en force de chose jugée* *(Code civil, art. 766)*. § 95

L'autre moitié revient à la ligne qui a vocation à la succession.

A noter, comme l'a confirmé la Cour de cassation, qu'en cas de prédécès des père et mère d'une même personne morte sans postérité, s'il existe dans la ligne non vacante, des frères ou sœurs consanguins ou utérins, ou des descendants de ceux-ci (voir § 54), la totalité de la succession leur est dévolue, ce qui empêche toute transmission à l'autre ligne et exclut le conjoint survivant qui est seulement appelé à remplacer les collatéraux ordinaires (13).

B. Usufruit*

§ 96 *L'article 767 du Code civil* prévoit que le conjoint survivant non divorcé, qui ne succède pas à la pleine propriété et contre lequel n'existe pas de jugement de séparation de corps passé en force de chose jugée* a, sur la succession du prédécédé un droit d'usufruit qui est :
— *d'un quart*, si le défunt laisse un ou plusieurs enfants soit légitimes, issus ou non du mariage, soit naturels*. Les enfants légitimés* ou adoptés réduisent également l'usufruit du conjoint survivant au quart ;
— *de moitié*, si le défunt laisse des frères et sœurs, des descendants* de frères et sœurs, des ascendants* ou des enfants naturels conçus pendant le mariage.

§ 97 Le *calcul* sera opéré sur une masse faite de tous les biens existant au décès du de cujus*, auxquels seront réunis fictivement ceux dont il aurait disposé, soit par acte entre vifs (donations), soit par acte testamentaire, au profit de successibles, sans dispense de rapport*.

Mais l'époux survivant ne pourra exercer son droit que sur les biens dont le prédécédé n'aura disposé ni par acte entre vifs, ni par acte testamentaire, et sans préjudicier aux droits de réserve*, ni aux droits de retour*.

Il cessera de l'exercer dans le cas où il aurait reçu du défunt des *libéralités**, même faites par préciput* et hors part*, dont le montant représente celui des droits que la loi lui attribue et, si ce montant était inférieur, il ne pourrait réclamer que le complément de son usufruit *(Code civil, art. 767)*.

A noter que le conjoint survivant, s'il bénéficie d'un usufruit légal, n'est pas un héritier réservataire* et, en disposant de la totalité de la succession au profit d'un tiers* institué légataire universel, le testateur a nécessairement privé celui-ci de son droit d'usufruit légal (14).

§ 98 En tenant compte des règles que nous venons de voir relatives aux droits du conjoint survivant à pleine propriété ou à usufruit et des règles exposées ci-dessus au § 68 et suiv., lorsque le conjoint survivant se trouve en présence d'enfants nés de l'adultère, nous pouvons dresser le tableau ci-dessous :
— Le défunt laisse un ou plusieurs enfants légitimes, issus du mariage ou non, légitimés, naturels simples* ou adoptifs : 1/4 en usufruit. La présence d'enfants nés de l'adultère est sans influence sur les droits du conjoint survivant.

× #

Marceau

Dubois

Amza

T 22

03/94

Citel

Pas Prélever

Fax

39553.52

Mc 94

— Le défunt laisse des enfants adultérins : 1/2 en usufruit.
— Le défunt laisse des ascendants* dans les deux lignes : 1/2 en usufruit. La présence d'enfants nés de l'adultère est sans influence sur les droits du conjoint survivant, mais seulement sur ceux des ascendants.
— Le défunt laisse des ascendants dans une seule ligne et des collatéraux ordinaires* dans l'autre ligne : 1/2 en pleine propriété. La présence d'enfants nés de l'adultère réduit les droits du conjoint survivant à 1/4 en pleine propriété.
— Le défunt laisse des frères et sœurs ou des descendants d'eux, des ascendants : 1/2 en usufruit. La présence d'enfants nés de l'adultère est sans influence sur les droits du conjoint survivant mais seulement sur ceux des ascendants ou des collatéraux privilégiés.
— Le défunt laisse des frères et sœurs ou des descendants d'eux : 1/2 en usufruit. La présence d'enfants nés de l'adultère est sans influence sur les droits du conjoint survivant, mais seulement sur ceux des collatéraux privilégiés.
— Le défunt laisse des collatéraux ordinaires seulement : le conjoint survivant recueille la totalité en pleine propriété. La présence d'enfants nés de l'adultère réduit ses droits à 1/2 en pleine propriété.

Il faut remarquer que *la présence d'enfants adultérins ne modifie pas les droits d'usufruit du conjoint survivant mais seulement ses droits à pleine propriété.*

C. Rente viagère

Il résulte encore de *l'article 767 du Code civil*, que *jusqu'au partage définitif* (voir ci-dessous § 391 et suiv.), les héritiers peuvent exiger, moyennant sûretés* suffisantes et garantie du maintien de l'équivalence initiale, que l'usufruit* de l'époux survivant soit converti en une rente viagère équivalente. § 99

S'ils sont en désaccord, la conversion sera facultative pour les tribunaux.

Jugé que l'héritier demandeur en conversion en rente viagère de l'usufruit du conjoint survivant peut limiter sa demande à certains biens, et dans ce cas n'est pas tenu de fournir des sûretés pour garantir l'équivalence entre la rente et la part d'usufruit dont la conversion n'a pas été réclamée (15).

§ 100 Le montant de la rente viagère peut être fixé à *titre provisionnel* pour le temps nécessaire aux opérations de partage de la communauté et de liquidation de la succession qui permettront d'établir définitivement l'étendue de l'usufruit et le montant de la rente viagère qui lui sera substituée (16).

Mais, *après le partage définitif*, la conversion en rente viagère n'est plus possible que par l'effet d'un accord amiable entre le conjoint survivant et tous les héritiers.

§ 101 La conversion de l'usufruit en rente viagère n'est également possible qu'à l'amiable lorsque *l'usufruit résulte des dispositions testamentaires* et non légales.

D. Avantages divers

1. Pension alimentaire

§ 102 En vertu de *l'article 207-1 du Code civil*, la succession de l'époux prédécédé doit les aliments à l'époux survivant qui est *dans le besoin*.

Ce droit ne s'éteint pas avec le partage de la succession (17).

Le délai pour les réclamer est d'un an à partir du décès et se prolonge, en cas de partage, jusqu'à son achèvement.

§ 103 La Cour de cassation a confirmé que dès lors que le partage n'est pas achevé, le délai d'un an donné au conjoint survivant pour demander des aliments à la succession du prédécédé est prolongé jusqu'à l'achèvement du partage (18).

§ 104 La pension alimentaire est *prélevée* sur l'hérédité*. Elle est *supportée* par tous héritiers, et en cas d'insuffisance, par tous les légataires particuliers*, proportionnellement à leur émolument.

§ 105 Toutefois, si le défunt a expressément déclaré que *tel legs* sera acquitté de préférence* aux autres, il sera fait application de *l'article 927 du Code civil* qui veut que l'on tienne compte de cette préférence et que le legs qui en est l'objet ne sera réduit qu'autant que la valeur des autres legs ne permet pas de respecter la réserve légale.

§ 106 La pension alimentaire *sera fonction* des besoins du conjoint survivant.

Le cas échéant, elle sera fixée par le juge qui pourra l'assortir d'une clause de variation permise par les lois en vigueur *(Code civil, art. 208)*.

2. Droits d'auteur

Une *loi du 11 mars 1957* sur la propriété littéraire et artistique dispose en son article 24, que pendant *une période de cinquante ans* qui suit l'année du décès, le conjoint survivant contre lequel n'existe pas un jugement passé en force de chose jugée* de séparation de corps, bénéficie, quel que soit le régime matrimonial et indépendamment des droits d'usufruit* qu'il tient de l'article L. 767 du Code civil (voir § 96 et suiv.) sur les autres biens de la succession, de l'usufruit du droit d'exploitation dont l'auteur n'aura pas disposé. **§ 107**

Toutefois, si l'auteur laisse des héritiers à réserve*, cet usufruit est réduit au profit des héritiers, suivant les proportions de la réserve.

Si le conjoint survivant contracte *un nouveau mariage*, son droit s'éteint. **§ 108**

Un *testament peut priver le conjoint survivant du bénéfice des droits d'auteur.* **§ 109**

VII. DROITS DE L'ÉTAT, DES DÉPARTEMENTS, DES HOSPICES ET HÔPITAUX

§ 110 L'article 768 du Code civil est formel. *A défaut d'héritiers, la succession est acquise à l'Etat.*

Pour que l'Etat vienne à la succession il faut donc qu'il n'y ait ni descendants*, ni ascendants*, privilégiés ou non, ni collatéraux* privilégiés sans limitation de degré, ni collatéraux ordinaires au degré successible, ni conjoint survivant.

Il ne faut pas non plus qu'il y ait d'héritier par testament.

Le notaire s'assurera de l'absence de testament en consultant le fichier central des testaments.

En l'absence d'héritiers *réguliers* ou irréguliers**, une clause testamentaire *déshéritant l'Etat est nulle* (19).

§ 111 L'*administration des Domaines* qui prétend droit à la succession est tenue de faire apposer *les scellés** et de faire faire l'inventaire dans les formes prescrites pour l'acceptation des successions sous bénéfice d'inventaire *(Code civil, art. 769)*.

§ 112 Elle doit demander, dit *l'article 770 du Code civil, l'envoi en possession** au tribunal de grande instance dans le ressort duquel la succession est ouverte.

Elle est dispensée de recourir au ministère d'avocat et le tribunal doit statuer sur la demande trois mois et quarante jours après une publication et affiche dans les formes usitées, et après avoir entendu le procureur de la République.

Lorsque, la vacance ayant été régulièrement déclarée, l'administration des Domaines a été nommée curateur*, elle peut, avant de former sa demande, procéder elle-même aux formalités de publication prévues ci-dessus.

Dans tous les cas, il sera justifié de *l'affichage* par un exemplaire du placard signé du directeur des Domaines et revêtu d'un certificat du maire du lieu d'ouverture de la succession.

Selon l'article 772 du Code civil, l'administration des Domaines qui n'aurait pas rempli les formalités qui lui sont prescrites pourra être condamnée aux dommages et intérêts envers les héritiers, s'il s'en représente.

En attendant son envoi en possession* ou l'appréhension de la succession* par un héritier, l'Etat doit pourvoir à tous les actes conservatoires* (20) (voir également ci-dessous § 196 et suiv.) § 113

Les biens d'un *pupille de l'Etat* décédé, lorsqu'aucun héritier ne se présente, sont *recueillis par le département* du domicile de secours et consacrés à la création des dots de mariage en faveur de pupilles ou d'anciens pupilles des deux sexes de ce département *(Code de la famille et de l'aide sociale).* § 114

Les *effets mobiliers,* apportés par *les personnes décédées dans les établissements publics de santé* après y avoir été traitées *gratuitement,* appartiennent auxdits établissements, à l'exclusion des héritiers et du domaine en cas de deshérence* (Code santé publique, art. L. 714-39). § 115

Les héritiers et légataires* des personnes dont le traitement et l'entretien *ont été acquittés,* de quelque manière que ce soit, peuvent exercer leurs droits sur tous les effets apportés ; dans le cas de deshérence, ces effets appartiennent aux établissements publics de santé.

Les dispositions ci-dessus ne sont pas applicables aux militaires et marins.

En cas de décès d'un hospitalisé, lorsque des mesures de *police sanitaire* y obligent, les effets et objets mobiliers ayant appartenu au défunt sont incinérés par mesure d'hygiène. Dans ce cas, aucune réclamation ne peut être présentée par les ayants droit*, qui ne peuvent exiger le remboursement de la valeur desdits objets et effets (Décret n° 74-27 du 14-1-1974, art. 76).

VIII. TRANSMISSION DE LA SUCCESSION

A. La saisine* des héritiers légitimes ou réguliers*

§ 116 Aux termes de *l'article 724 du Code civil*, les héritiers légitimes, ou réguliers, c'est-à-dire qui viennent à la succession par application des règles de droit, en l'absence de dispositions testamentaires valables (voir § 46 et suiv. ci-dessus), sont *saisis de plein droit** des biens, droits et actions du défunt, sous l'obligation d'acquitter toutes les charges de la succession.

§ 117 Ces héritiers n'ont donc aucune formalité à remplir pour entrer en possession des biens de la succession. Il suffit qu'ils puissent prouver leur qualité d'héritier, généralement à l'aide de l'acte de notoriété* et qu'ils fournissent l'acte de décès.

§ 118 Naturellement, la saisine n'est accordée que si les héritiers *ont accepté la succession, soit sans condition, soit sous bénéfice d'inventaire (voir ci-dessous § 140 et suiv.).*

§ 119 La saisine est *individuelle et successive* c'est-à-dire qu'elle appartient exclusivement à l'héritier le plus proche. Elle ne passe aux héritiers des degrés* inférieurs qu'à défaut d'héritier au degré supérieur ou en cas de renonciation du ou des héritiers au degré supérieur. Le bénéfice de la saisine se transmet alors de plein droit* aux suivants.

§ 120 Si *plusieurs héritiers* sont appelés simultanément à la succession, chacun a la saisine pour la totalité et peut, en cas d'absence ou d'empêchement des autres, prendre possession de tous les biens héréditaires et les administrer provisoirement.

La Cour de cassation a confirmé que chacun des héritiers légitimes étant saisi de l'universalité de l'hérédité* est, en vertu de cette saisine légale, en possession de toute l'hérédité (21), et que tout héritier est fondé, même avant partage et même sans le concours de ses coïndivisaires, à agir en cette qualité contre le tiers* détenteur d'un bien, qui aurait été soustrait à l'actif de la succession (22).

De même, chacun des héritiers réguliers, saisi de plein droit* de l'action du défunt a qualité pour la poursuivre seul (23).

Par l'effet de la saisine, l'héritier régulier peut, dès le décès, *se mettre en possession des biens* du « de cujus »* et en percevoir les fruits* et revenus. Il peut également exercer tous les droits et actions du défunt, notamment, poursuivre les débiteurs de la succession. § 121

Inversement, *il peut être poursuivi lui-même* par les créanciers du défunt, sauf, dans ce dernier cas, la faculté qui lui appartient d'opposer l'exception dilatoire*. § 122

Un héritier supposé peut donc être poursuivi par les créanciers de cette succession sauf à lui à renoncer à celle-ci, s'il est encore dans les délais pour le faire, ou à démontrer qu'il est primé par des héritiers plus proches ou exclu par un légataire universel (24).

Terminons en disant que la saisine bénéficie également aux *biens situés à l'étranger*. Dans certains cas il sera cependant exigé un certificat d'acquit des droits de mutation lorsque l'héritier est domicilié à l'étranger. § 123

B. L'envoi en possession* des héritiers irréguliers*

Les héritiers irréguliers sont obligés de demander et d'obtenir une ordonnance d'envoi en possession du tribunal de grande instance du lieu d'ouverture de la succession (voir ci-dessus § 12). § 124

Sont à considérer comme héritiers irréguliers tous les héritiers qui ne viennent pas à la succession par application des règles de droit, telles que nous les avons étudiées au § 46 et suiv. ci-dessus.

Les héritiers irréguliers sont donc *les étrangers à la famille successible* du défunt qui tiennent leur droit d'un testament.

Le *conjoint survivant* qui vient à la succession non par application des articles 765, 766 et 767 du Code civil (voir ci-dessus § 94 et suiv.), mais comme légataire*, doit demander et obtenir l'envoi en possession. § 125

L'Etat est également un successeur irrégulier et l'article 724 du Code civil dispose expressément que l'Etat doit se faire envoyer en possession (voir ci-dessus § 113). § 126

C. L'apposition des scellés* et autres mesures conservatoires*

§ 127 L'apposition des scellés est une opération qui consiste à faire poser par *le juge d'instance* du domicile du défunt ou par son greffier une bande de toile sur certains objets ou sur la porte de l'appartement *pour prévenir tout enlèvement ou distraction* de meubles ou d'objets. L'inventaire (voir ci-dessous § 157) est le corollaire de l'apposition des scellés.

§ 128 Celui qui *brise les scellés* se rend coupable d'une infraction punie d'emprisonnement et d'amende.

§ 129 En vertu de *l'article 820 du Code civil*, les biens successoraux peuvent, en tout ou partie, faire l'objet de mesures conservatoires, telles que l'apposition de scellés, *à la requête d'un intéressé ou du ministère public**, dans les conditions et suivant les formes déterminées par le Code de procédure civile.

§ 130 En application de ce texte est intervenu un décret n° 86-951 du 30 juillet 1986 qui a introduit *au nouveau Code de procédure civile, les articles 1304 à 1327* d'où résultent les dispositions ci-dessous.

§ 131

Les scellés

« Art. 1304 — L'apposition des scellés peut être demandée :

1. Par le conjoint ;
2. Par tous ceux qui prétendent avoir un droit dans la succession ;
3. Par l'exécuteur testamentaire ;
4. Par le ministère public ;
5. Par le propriétaire des lieux ;
6. Par tout créancier muni d'un titre exécutoire ou d'une permission du juge ;
7. En cas d'absence du conjoint ou des héritiers, ou s'il y a parmi les héritiers des mineurs non pourvus d'un représentant légal, par les personnes qui demeuraient avec le défunt, par le maire, le commissaire de police ou le commandant de la brigade de gendarmerie.

« Art. 1305 — La décision est prise par le greffier en chef du tribunal d'instance du lieu où se trouvent les biens qui sont l'objet de la mesure sollicitée.

« Art. 1306 — Le greffier en chef appose les scellés au moyen d'un sceau particulier qui reste entre ses mains et dont l'empreinte est déposée au greffe.

« Art. 1307 — L'apposition ne peut être pratiquée après achèvement de l'inventaire, à moins que celui-ci ne soit attaqué et qu'il n'en soit ainsi ordonné par le juge du tribunal d'instance.

« Art. 1308 — Le greffier en chef peut prendre toutes les dispositions nécessaires à l'apposition des scellés.

« Lorsque les locaux sont fermés, il peut y pénétrer par tous moyens ou apposer les scellés sur la porte si le requérant n'en demande pas l'ouverture.

« Art. 1309 — Le greffier en chef désigne un gardien des scellés si la consistance et la valeur apparente des biens le justifient.

« Lorsque des personnes demeurent dans les lieux où est faite l'apposition, le gardien est choisi parmi ces personnes.

« Le gardien ne peut être choisi parmi les membres du personnel du greffe.

« Art. 1310 — S'il est trouvé des papiers ou paquets fermés, ils sont placés dans un meuble sur lequel les scellés sont apposés.

« Art. 1311 — S'il est découvert un testament, le greffier en chef le paraphe avec les personnes présentes. Il le dépose ensuite entre les mains d'un notaire.

« Art. 1312 — Le greffier en chef dépose soit au greffe, soit entre les mains d'un notaire ou d'un établissement bancaire les titres, sommes, valeurs, bijoux ou autres objets précieux pour lesquels l'apposition des scellés ne paraîtrait pas une précaution suffisante.

« Art. 1313 — Si des papiers ou paquets fermés paraissent, par leur suscription ou quelque autre preuve écrite, appartenir à des tiers*, le greffier en chef les dépose au greffe.

« Le juge du tribunal d'instance appelle ces tiers devant lui dans un délai qu'il fixe pour qu'ils puissent assister à l'ouverture.

« Si, lors de l'ouverture, il se révèle que les papiers ou paquets sont étrangers à la succession, il les remet aux intéressés. Si ceux-ci ne se présentent pas ou si les papiers ou paquets se rapportent à la succession, le juge en ordonne le dépôt, soit au greffe, soit entre les mains d'un notaire.

« Art. 1314 — Le procès-verbal d'apposition est signé et daté par le greffier en chef. Il comprend :

« 1. Les motifs de l'apposition ;

« 2. Les noms et adresses du ou des requérants et la qualité en laquelle ils ont demandé l'apposition ;

« 3. Une relation sommaire des déclarations des personnes présentes et des suites, qui, le cas échéant, leur ont été réservées ;

« 4. La désignation des lieux et des meubles meublants sur lesquels les scellés ont été apposés ;

« 5. Une description sommaire des objets qui ne sont pas mis sous scellés ;

« 6. L'indication des dispositions prises pour assurer la conservation des locaux et des biens et la sauvegarde des animaux domestiques ;

« 7. La mention des formalités accomplies, s'il y a lieu, en application des articles 1310 à 1313 ;

« 8. Le cas échéant, la désignation du gardien établi.

« Art. 1315 — S'il n'y a aucun effet mobilier, le greffier en chef dresse un procès-verbal de carence.

« S'il y a des effets nécessaires à l'usage des personnes qui restent dans les lieux, ou sur lesquels les scellés ne peuvent être mis, le greffier en dresse un état descriptif.

« Art. 1316 — La levée des scellés peut être requise par les personnes ayant qualité pour en demander l'apposition, et par le service des domaines lorsqu'il a été chargé de gérer la succession.

« Art. 1317 — Le requérant présente au greffier en chef une liste des personnes qui doivent être appelées à la levée des scellés, comprenant celles qui avaient requis l'apposition, les successibles connus ou le service des domaines désigné pour gérer la succession, et le cas échéant, l'exécuteur testamentaire.

« Le greffier en chef fixe le jour et l'heure où il sera procédé à la levée des scellés.

« A moins que les personnes devant assister à la levée des scellés ne l'en aient expressément dispensé, le requérant les somme, par lettre recommandée avec demande d'avis de réception ou par acte d'huissier de justice, d'assister aux opérations de levée des scellés. Dans ce cas, il ne peut être procédé à ces opérations que s'il est justifié que les sommations ont été reçues huit jours avant la date fixée pour la levée des scellés.

« Art. 1318 — Le greffier en chef donne avis de la levée des scellés aux personnes qui par déclaration écrite et motivée au greffe ont demandé à y assister.

« Art. 1319 — Les scellés peuvent être levés sans inventaire lorsque toutes les parties appelées sont présentes ou représentées et ne s'opposent pas à ce qu'il soit ainsi procédé.

« Dans le cas contraire, il est dressé un inventaire qui peut être établi même si certaines parties ne comparaissent pas, dès lors qu'elles ont été dûment appelées. Le conjoint commun en biens, les héritiers, l'exécuteur testamentaire et les légataires universels ou à titre universel peuvent convenir du choix d'un ou deux notaires, commissaires-priseurs ou experts. S'ils n'en conviennent pas, ou ne sont pas présents ni représentés, il est procédé par un ou deux notaires, commissaires-priseurs ou experts nommés par le juge du tribunal d'instance.

« Art. 1320 — Le procès-verbal de levée des scellés est daté et signé par le greffier en chef. Il comprend :

« 1. La mention de la demande de levée et la décision du greffier en chef fixant le jour et l'heure de la levée ;

« 2. Les noms et adresses du ou des requérants ;

« 3. Les noms et adresses des parties présentes, représentées ou appelées ;

« 4. La reconnaissance des scellés s'ils sont sains et entiers, ou s'ils ne le sont pas, l'état des altérations ;

« 5. Les observations des requérants et des comparants et les suites qui, le cas échéant, leur ont été réservées ;

« 6. L'indication du notaire qui procède à l'inventaire.

« Art. 1321 — Les scellés sont levés successivement et au fur et à mesure de la confection de l'inventaire ; ils sont réapposés à la fin de chaque vacation.

« Art. 1322 — En cas de nécessité, le greffier en chef peut procéder à une levée provisoire des scellés, lesquels devront être ensuite réapposés aussitôt qu'aura été accomplie l'opération qui avait rendu cette levée nécessaire.

« Le greffier dresse procès-verbal de ses diligences.

« La levée provisoire suivie de réapposition immédiate n'est pas soumise aux dispositions des articles 1316 à 1321.

Autres mesures conservatoires § 132

« Art. 1323 — Lorsqu'il apparaît que la consistance des biens ne justifie pas une apposition des scellés, le greffier en chef compétent pour celle-ci dresse un état descriptif du mobilier ; à défaut d'héritier présent, il assure la clôture des lieux si ceux-ci sont inoccupés et dépose les clés au greffe.

« Tout héritier peut obtenir la remise des clés en donnant décharge des meubles sur l'état descriptif, après en avoir reconnu la consistance en présence du greffier en chef. Dans les mêmes conditions, les clés peuvent être remises, sur permission du juge du tribunal d'instance, à un légataire universel ayant la saisine et la possession de la succession.

« Le service des domaines peut également demander la remise des clés, dans le cas où il a été désigné pour gérer la succession.

« Art. 1324 — Un mois après le décès, lorsqu'il n'y a pas de successible connu et si le contrat de location a pris fin, le juge du tribunal d'instance peut autoriser le propriétaire des locaux sur lesquels ont été apposés des scellés ou dans lesquels à été dressé un état descriptif, à faire enlever les meubles et à les faire soit déposer dans un autre lieu, soit cantonner dans une partie du local qui était occupé par le défunt. Les frais d'enlèvement et de conservation des meubles sont avancés par le propriétaire.

« Le greffier en chef assiste au déplacement des meubles et dresse procès-verbal des opérations.

« Si des scellés avaient été apposés, il les lève puis les réappose sur les lieux dans lesquels le juge a autorisé le dépôt ou le cantonnement des meubles.

« Lorsqu'il avait été dressé un état descriptif, le greffier en chef assure la clôture des lieux où sont déposés ou cantonnés les meubles et il conserve les clés au greffe.

« Art. 1325 — Les dispositions des articles 1307, 1308 et 1311 à 1313 sont applicables aux mesures conservatoires.

§ 133 **Dispositions communes**

« Art. 1326 — En cas d'empêchement, le greffier en chef peut donner délégation, pour toutes les mesures prévues à la présente section, à un greffier de son tribunal.

« Art. 1327 — S'il survient des difficultés relatives aux mesures prévues à la présente section, les parties ou le greffier en chef peuvent en saisir le juge du tribunal d'instance par simple requête.

« Si une contestation oppose les parties entre elles, le juge du tribunal d'instance est saisi en référé ».

D. L'administration provisoire

§ 134 Lorsqu'il y a *opposition d'intérêts* entre les héritiers et qu'ils n'arrivent pas à se mettre d'accord, ils peuvent demander au président du tribunal de grande instance *une ordonnance en référé** nommant *un administrateur provisoire*.

E. Pétition d'hérédité

La pétition d'hérédité est une action en justice par laquelle une personne *qui se prétend héritier* d'une autre personne décédée réclame à celui ou à ceux qui ont pris possession de tout ou partie des biens composant la succession, la reconnaissance de son droit. § 135

A défaut *d'accord amiable*, l'action sera portée devant le *tribunal de grande instance* du lieu d'ouverture de la succession (voir ci-dessus § 12). § 136

Si l'action est *reconnue fondée*, seront restitués non seulement les biens de la succession mais également les fruits* et revenus perçus depuis l'introduction de l'action en pétition d'hérédité. Si celui qui avait pris possession de la succession est *reconnu de mauvaise foi*, il devra restituer tous les fruits et revenus depuis qu'il a pris possession de la succession, sans préjudice des dommages-intérêts. § 137

Disons encore qu'en application de *l'article 2262 du Code civil*, la pétition d'hérédité *se prescrit* par 30 ans*, c'est-à-dire que l'héritier resté inactif pendant 30 ans doit être considéré comme étranger à la succession (25). § 138

Le délai de prescription court du jour de l'ouverture de la succession ou, le cas échéant, du jour ou l'héritier en a eu connaissance.

Le *tiers** qui s'est rendu acquéreur d'un bien immobilier de la succession peut opposer la prescription de 10 ou de 20 ans *(Code civil, art. 2265 et 2266)*. S'il est de bonne foi, la vente ne peut être annulée. § 139

IX. LES DROITS D'OPTION ET DE CESSION

A. Règles générales

§ 140 L'héritier, qu'il soit régulier*, légataire universel* ou légataire à titre universel* à qui échoit une succession bénéficie d'un droit d'option et de cession. Il peut en effet *opter pour l'une des solutions suivantes* :

— acceptation pure et simple
— acceptation sous bénéfice d'inventaire
— renonciation.

De plus, en cas d'acceptation pure et simple ou en cas d'acceptation sous bénéfice d'inventaire, l'héritier peut céder ses droits dans la succession.

§ 141 L'option est *indivisible*, c'est-à-dire que l'héritier ne peut pas à la fois accepter la succession pour une partie et y renoncer pour une autre partie.

§ 142 Lorsque, dit *l'article 781 du Code civil*, celui à qui une succession est échue *est décédé* sans l'avoir répudiée ou sans l'avoir acceptée expressément ou tacitement, ses héritiers peuvent l'accepter ou la répudier de son chef.

B. Acceptation pure et simple

§ 143 *L'article 774 du Code civil* prévoit qu'une succession peut être acceptée purement et simplement. C'est la solution la plus simple car elle n'exige *aucune formalité spéciale*.

Mais cette solution ne sera adoptée que s'il est manifeste que *l'actif de la succession est supérieur au passif*. Elle comporte en effet un risque car l'acceptation pure et simple d'une succession emporte *confusion des biens* de l'héritier et de la succession de sorte que si le passif s'avérait supérieur à l'actif, l'héritier devrait payer les dettes de la succession sur son patrimoine personnel.

§ 144 Il résulte de *l'article 778 du Code civil* que l'acceptation peut *être expresse*. Il en est ainsi quand on prend le titre ou la qualité d'héritier soit dans un acte authentique*, soit par acte sous seing privé*.

Il résulte également de *l'article 778 du Code civil* que l'acceptation peut *être tacite.* Il n'y a cependant acceptation tacite d'une succession que si l'héritier fait un acte qui suppose, nécessairement, son intention d'accepter et qu'il n'aurait droit de faire qu'en sa qualité d'héritier. § 145

Dans cet ordre d'idées, le fait d'aliéner* un immeuble, de disposer du mobilier sans en avoir fait préalablement dresser inventaire constitue un acte d'acceptation tacite. Il en est de même si l'héritier donne à bail*, un ou plusieurs objets de la succession en prenant dans l'acte la qualité de propriétaire, s'il accorde une remise de dette, s'il constitue sur un immeuble des droits réels*.

Il a été jugé qu'il y a acceptation tacite lorsqu'un héritier a fait établir à son nom un procès-verbal de bornage de la terre qui constituait l'actif de la succession (26).

Mais, l'héritier qui dispose d'un bien de la succession n'est pas réputé l'accepter lorsqu'il est justifié qu'il ignorait que ce bien dépendait en tout ou en partie de la succession (27).

Les juges du fond apprécient souverainement les faits présentés comme impliquant acceptation tacite (28).

Toutefois, dit *l'article 779 du Code civil, les actes purement conservatoires**, de surveillance et d'administration provisoire, n'emportent pas acceptation lorsque l'on n'y a pas pris le titre ou la qualité d'héritier. § 146

La Cour de cassation a confirmé que les actes purement conservatoires, de surveillance et d'administration provisoire, ne supposent pas l'acceptation tacite (29).

Il est donc possible d'accomplir les actes interruptifs de prescription*, de prendre ou de renouveler l'inscription d'une hypothèque*, de faire faire les réparations urgentes, d'encaisser les loyers, de récolter les fruits*, de payer avec l'argent se trouvant dans la caisse les dettes pressantes, etc., pourvu qu'on n'agisse pas en qualité d'héritier.

La Cour d'appel qui relève que *le paiement des frais d'obsèques* par un héritier, avec les fonds laissés par le défunt, et la demande de remise de dette adressée à un organisme de Sécurité sociale qui avait versé au défunt des prestations indues, étaient des actes accomplis « à titre de gestionnaire », traduit ainsi, sans inverser la charge de la preuve, qu'ils n'impliquaient pas, de la part de cet héritier, une volonté non équivoque d'accepter la succession (30).

De même, il a été jugé qu'a violé l'article 779 du Code civil l'arrêt qui a décidé que les filles d'un architecte dont la responsabilité était recherchée, décédé en cours d'instance, s'étaient comportées comme héritières ayant l'intention d'accepter la succession, alors que *les actes de procédure* par elles accomplis dans une instance ouverte du vivant de leur père avaient un caractère purement conservatoire ou de surveillance et n'impliquaient pas l'intention d'accepter purement et simplement la succession (31).

Le seul fait de *défendre à l'action* d'un créancier de la succession n'a par lui-même qu'un caractère conservatoire et n'implique pas l'intention d'accepter cette succession (32).

§ 147 Nous ne saurions trop recommander, le cas échéant, de préciser, *si possible par écrit*, qu'on agit en qualité d'administrateur provisoire, à titre purement conservatoire ou à raison de l'urgence, et non en qualité d'héritier.

§ 148 Enfin, *l'acceptation pure et simple peut être forcée*. Il en est notamment ainsi, comme le prévoit *l'article 792 du Code civil*, si les héritiers ont diverti* ou recélé* des effets de la succession. Dans ce cas, ils sont déchus de la faculté d'y renoncer et demeurent héritiers purs et simples, nonobstant leur renonciation, sans pouvoir prétendre à aucune part dans les objets divertis ou recélés (voir ci-dessous § 450).

A noter que la seule sanction est la privation, dans le partage, de toute part dans les affaires diverties ou recélées. Pour le reste, l'héritier coupable peut exercer tous ses droits d'héritier (33).

Il en est également ainsi, comme le prévoit *l'article 801 du Code civil*, si l'héritier qui a demandé le bénéfice d'inventaire s'est rendu coupable de recel, ou a omis sciemment ou de mauvaise foi, de comprendre dans l'inventaire des effets de la succession.

A noter que l'article 792 du Code civil ne s'applique qu'à la dissimulation d'effets de la succession et *non à l'omission* de l'héritier, fût-elle frauduleuse (34).

§ 149 L'acceptation de la succession *prend effet* au jour de l'ouverture de la succession *(Code civil, art. 777)*.

§ 150 La faculté d'accepter une succession *se prescrit* par trente ans, dit *l'article 789 du Code civil*. La prescription* court du jour de l'ouverture de la succession (35) (voir ci-dessus § 1 et suiv.) ou, le cas échéant, du jour où l'héritier en a eu connaissance.

Le délai de trente ans est sujet aux causes légales de suspension et d'interruption de prescription, notamment la minorité d'un héritier (voir également ci-dessous § 192) (36).

L'acceptation de la succession est en principe *irrévocable*. § 151
Cependant le majeur peut demander la révocation de son acceptation expresse ou tacite dans le cas où cette acceptation aurait été faite à la suite *d'un dol**, c'est-à-dire d'une tromperie qui, seule, l'a fait se décider à accepter.

La révocation peut également être demandée dans le cas où la succession se trouverait absorbée ou diminuée de plus de moitié à la suite de la découverte d'un testament inconnu au moment de l'acceptation. C'est ce qui s'appelle la *rescision de l'acceptation pour cause de lésion (Code civil, art. 783)*.

L'article 783 suscité du Code civil s'applique même en cas d'acceptation sous bénéfice d'inventaire (37).

En *cas de révocation*, les choses seront remises dans le § 152
même état que si l'acceptation annulée n'était pas intervenue. Il en résulte que l'héritier est remis dans la situation qu'il avait avant d'avoir accepté. Il récupère le droit d'option.

C. Acceptation sous bénéfice d'inventaire

L'article 774 du Code civil prévoit expressément l'accepta- § 153
tion sous bénéfice d'inventaire. Toutefois, dit l'article 801 du même Code, l'héritier qui s'est rendu coupable de *recel*, ou qui *a omis sciemment* et de mauvaise foi, de comprendre dans l'inventaire des effets de la succession, est déchu du bénéfice d'inventaire.

Il est intéressant de recourir à l'acceptation sous bénéfice d'inventaire *lorsqu'on ignore la situation de la succession* ou si l'on présume que *le passif sera supérieur à l'actif*.

L'article 802 du Code civil dispose que l'effet du bénéfice d'inventaire est de donner à l'héritier *l'avantage* :

1. De n'être tenu du paiement des dettes de la succession que jusqu'à concurrence de la valeur des biens qu'il a recueillis. Il peut même se décharger du paiement des dettes en abandonnant tous les biens de la succession aux créanciers et aux légataires* ;

2. De ne pas confondre ses biens personnels avec ceux de la succession, et de conserver contre elle le droit de réclamer le paiement de ses créances.

Le seul *inconvénient* de l'acceptation sous bénéfice d'inventaire est qu'elle entraîne des frais non négligeables en raison des nombreuses formalités imposées par la loi.

Précisons que l'acceptation sous bénéfice d'inventaire demeure *sans effet dans les rapports entre cohéritiers* (38).

§ 154 L'acceptation sous bénéfice d'inventaire est d'ailleurs *obligatoire* lorsqu'une succession est échue à *un mineur**, à moins que le conseil de famille* n'ait autorisé le tuteur*, dans une délibération spéciale, à accepter purement et simplement la succession si l'actif dépasse manifestement le passif *(Code civil, art. 461)*.

Il en résulte, a confirmé la Cour de cassation, que le tuteur ne peut, sauf s'il est justifié avoir reçu l'autorisation du conseil de famille visée à l'article 461 du Code civil, être condamné à payer une dette incombant à la succession, que dans la limite de cette succession (39).

L'acceptation sous bénéfice d'inventaire est également obligatoire lorsque la succession échoit à *un majeur en tutelle**, sauf autorisation expresse d'acceptation pure et simple de l'administrateur des biens.

Enfin, l'acceptation sous réserve d'inventaire est obligatoire, dit *l'article 782 du Code civil*, si *les héritiers ne sont pas d'accord* pour accepter ou répudier la succession.

§ 155 Avant d'aborder les formalités propres à l'acceptation d'une succession sous bénéfice d'inventaire il faut préciser ici que l'héritier qui a accepté sous bénéfice d'inventaire peut toujours *revenir sur sa décision* et accepter la succession purement et simplement, soit expressément, soit tacitement (voir ci-dessus § 144 et 145).

§ 156 Aux termes de *l'article 793 du Code civil, la déclaration* d'un héritier, qu'il entend ne prendre cette qualité que sous bénéfice d'inventaire, doit être faite au greffe du tribunal de grande instance dans l'arrondissement duquel la succession s'est ouverte (voir ci-dessus § 11). Elle doit être inscrite sur le registre destiné à recevoir les actes de renonciation.

§ 157 Cette déclaration, dit *l'article 794 du Code civil*, n'a d'effet qu'autant qu'elle est précédée ou suivie *d'un inventaire* fidèle et exact des biens de la succession.

Il en résulte que les juges du fond ne peuvent faire produire effet à une telle déclaration, sans rechercher si un inventaire a été établi (40).

L'héritier a *trois mois* pour faire l'inventaire, à compter du jour de l'ouverture de la succession (voir ci-dessus § 1 et suiv.). *(Code civil, art. 795).* § 158

L'article 795 du Code civil prévoit ensuite un nouveau délai de *quarante jours* pour délibérer sur son acceptation ou sur sa renonciation. § 159

Ce délai commence à courir du jour de l'expiration des trois mois donnés pour l'inventaire, ou du jour de la clôture de l'inventaire s'il a été terminé avant les trois mois.

L'héritier qui, ayant déclaré accepter la succession sous bénéfice d'inventaire, n'a pas fait l'inventaire dans le délai de la loi doit être condamné comme héritier pur et simple à l'égard du créancier successoral qui l'a poursuivi (41). § 160

En cas de renonciation, *les héritiers au rang suivant* ont également trois mois depuis ladite renonciation, puis quarante jours. § 161

Pendant la durée des délais pour faire inventaire et pour délibérer, l'héritier non seulement ne peut pas être contraint à prendre qualité, mais encore il ne peut pas être obtenu de jugement de condamnation contre lui relativement à la succession, car il peut opposer à toute poursuite l'exception dilatoire* *(Code civil, art. 797).* § 162

Pendant cette même période, l'héritier sous bénéfice d'inventaire ne doit faire *aucun acte de disposition** sous peine de se voir considérer comme héritier pur et simple. Il ne peut, faire que les actes conservatoires* et d'administration*. § 163

Si cependant, dit *l'article 796 du Code civil*, il existe dans la succession des objets susceptibles de dépérir ou dispendieux à conserver, l'héritier peut, en sa qualité d'habile à succéder, et sans qu'on puisse en induire de sa part acceptation, se faire autoriser par justice à faire procéder à la vente de ces effets.

Cette vente doit être faite par officier public* après les affiches et publications légales.

Après l'expiration des délais de trois mois, puis de quarante jours, l'héritier, en cas de poursuite dirigée contre lui, peut § 164 *demander un nouveau délai* que le tribunal saisi de la contestation accorde ou refuse suivant les circonstances *(Code civil, art. 798).*

Les frais de poursuite sont à la charge de la succession si l'héritier justifie, ou qu'il n'avait pas eu connaissance du décès, ou que les délais ont été insuffisants, soit à raison de la situation des biens, soit à raison des contestations survenues. S'il n'en justifie pas, les frais restent à sa charge personnelle *(Code civil, art. 799).*

§ 165 Les divers délais ci-dessus ne sont *pas des délais de rigueur*, car *l'article 800 du Code civil*, dispose que l'héritier conserve néanmoins, après l'expiration des délais accordés par l'article 795, et même de ceux donnés par le juge conformément à l'article 798, la faculté de faire encore inventaire et de se porter héritier sous bénéfice d'inventaire s'il n'a pas fait acte d'héritier pur et simple ou s'il n'existe pas contre lui de jugement passé en force de chose jugée*, qui le condamne en qualité d'héritier pur et simple.

Le tribunal accordera alors une prolongation de délai, soit en raison de la situation des biens, soit en raison des contestations survenues.

La jurisprudence* a confirmé que les délais prévus aux articles 795 et 798 du Code civil ne sont pas des délais de rigueur. En conséquence, l'inaction de l'héritier qui a déclaré accepter sous bénéfice d'inventaire la succession de son père ne peut le faire considérer comme héritier pur et simple, puisque n'ayant renoncé au bénéfice ni encouru de déchéance de ce bénéfice, et que l'inventaire s'est trouvé clôturé avant toute décision judicaire passé en force de chose jugée, l'intéressé bénéficie du principe de séparation du patrimoine et ne peut être tenu que dans la limite de l'actif successoral (42).

§ 166 *L'inventaire* sera dressé par *acte authentique**, c'est-à-dire par les soins d'un notaire librement choisi. Ce n'est que si les héritiers ne sont pas d'accord sur ce choix que le tribunal désigne un notaire d'office.

§ 167 Cependant si *tous les héritiers sont d'accord*, ils peuvent éviter les frais de l'acte authentique en rédigeant eux-mêmes un inventaire par acte sous seing privé*. Mais un tel inventaire n'a d'effet qu'entre les parties qui concourent à sa confection. Il n'est donc pas opposable aux créanciers éventuels de la succession.

Si parmi des héritiers se trouvent *des mineurs*, l'acte authentique* est obligatoire. Il en est de même s'il s'y trouve des *majeurs en tutelle**. Mais pour éviter des frais dans des successions de minime importance, cette obligation n'est souvent pas respectée, un parent ou un ami solvable se portant garant pour l'incapable. § 168

Sauf dans le cas où elle est prévue par la loi (voir ci-dessus § 130) *l'apposition des scellés* n'est pas obligatoire*. Mais cette précaution peut s'avérer utile en cas de pluralité d'héritiers ne s'entendant pas tous parfaitement. § 169

L'article 803 du Code civil charge l'héritier qui a accepté la succession sous bénéfice d'inventaire *d'administrer les biens de la succession*. Il doit rendre compte de son administration aux créanciers et aux légataires*. § 170

Il ne peut être contraint sur ses biens personnels qu'après avoir été mis en demeure de présenter son compte, et faute d'avoir satisfait à cette obligation.

Après l'apurement du compte il ne peut être contraint sur ses biens personnels que jusqu'à concurrence seulement des sommes dont il se trouve reliquataire.

L'héritier qui a accepté la succession sous bénéfice d'inventaire doit l'administrer jusqu'à la présentation et la liquidation des comptes (43).

N'étant durant ce temps pas privé de la libre disposition des produits de la succession, ces produits sont donc imposables à l'impôt sur le revenu (44).

La loi ne prévoit aucune forme de *compte rendu*. Il peut donc résulter d'un acte sous seing privé* établi à l'amiable ou, à défaut, d'un acte authentique*. § 171

L'administration des biens de la succession peut d'ailleurs être confiée à un tiers* si les circonstances paraissent exiger cette mesure (voir ci-dessus § 134).

En tant qu'administrateur, l'héritier qui a accepté sous bénéfice d'inventaire peut faire *les actes conservatoires** ou *d'administration**. Il n'a pas besoin d'y être autorisé. § 172

Son abstention, si elle entraîne une perte pour le patrimoine successoral, peut constituer la *faute grave* dont il est responsable *(Code civil, art. 804)*.

L'héritier qui a accepté sous bénéfice d'inventaire peut donc vendre les fruits* et les produits de la succession, procéder § 173 aux réparations indispensables, etc. Mais, dit *l'article 805 du Code civil*, il ne peut *vendre les meubles de la succession* que par le ministère d'un officier public* aux enchères, et après les affiches et publications accoutumées. S'il les représente en nature, il n'est tenu que de la dépréciation ou de la détérioration causée par sa négligence.

§ 174 Il ne peut *vendre les immeubles* de la succession que dans les formes prescrites par les lois sur la procédure. L'autorisation du tribunal est donc nécessaire *(Code civil, art. 806)*.

Il est tenu d'en déléguer le prix aux créanciers hypothécaires* qui se sont fait connaître.

§ 175 L'héritier sous bénéfice d'inventaire est également tenu, aux termes de *l'article 807 du Code civil*, si *les créanciers* ou autres personnes intéressées l'exigent, de donner caution* bonne et solvable de la valeur du mobilier compris dans l'inventaire, et de la portion du prix des immeubles non déléguée aux créanciers hypothécaires.

Faute par lui de fournir cette caution, les meubles sont vendus, et leur prix est déposé à la Caisse des dépôts et consignations, ainsi que la portion non déléguée du prix des immeubles, pour être employés à l'acquit des charges de la succession.

La caution ne dépassera jamais la valeur de la succession.

§ 176 *L'article 808 du Code civil prévoit* que s'il n'y a pas de *créanciers opposants*, l'héritier sous bénéfice d'inventaire paye les créanciers et les légataires* au fur et à mesure qu'ils se présentent.

S'il y a des créanciers opposants, il ne peut payer que dans l'ordre et de la manière réglée par le juge.

§ 177 La loi n'a pas précisé dans quelle forme doit être faite *l'opposition d'un créancier*. La jurisprudence* s'est montrée très large à ce sujet. Elle se contente de tout acte qui fait connaître à l'héritier l'existence de la créance, telle qu'une signification* du titre* du créancier ou tout acte de poursuite fait par le créancier.

§ 178 Les créanciers non opposants qui ne *se présentent qu'après l'apurement du compte et le payement du reliquat*, n'ont de recours à exercer que contre les légataires*.

Le recours se prescrit* par trois ans à compter du jour de l'apurement du compte et du payement du reliquat *(Code civil, art. 809)*.

Ajoutons que *les frais* de scellés, s'il en a été apposés, d'inventaire et de compte d'administration sont à la charge de la succession *(Code civil, art. 810)*. § 179

Il en est de même si finalement l'héritier qui a demandé le bénéfice d'inventaire renonce, jusqu'au jour de la renonciation *(Code civil, art. 797)*.

L'héritier qui a accepté la succession sous bénéfice d'inventaire peut *faire abandon* des biens de la succession aux créanciers et aux légataires* pour se débarrasser des soucis de l'administration et de la liquidation. § 180

L'acte notarié* signifié* à tous les créanciers et légataires* est nécessaire.

Précisons que l'abandon du bénéfice d'inventaire *n'équivaut pas à une renonciation*. Le reliquat que laisserait la vente des biens de la succession reviendra à l'héritier bénéficiaire. C'est une simple cession de biens qui confère aux créanciers et aux légataires le pouvoir de vendre les biens de la succession, pour en répartir le prix entre eux. § 181

Pour opérer cette liquidation, les créanciers ou les légataires auront souvent recours à *un syndic**, quelquefois appelé curateur*, qu'ils désigneront eux-mêmes ou qu'ils feront désigner par le tribunal en cas de désaccord. § 182

D. Renonciation

Si, en application de l'article 791 du Code civil, on ne peut, même par contrat de mariage, renoncer à la succession d'*un homme vivant*, par contre, en vertu de l'article 775 du même Code civil, *nul n'est tenu d'accepter une succession qui lui est échue*, une fois que la succession est effectivement ouverte. § 183

Il est en effet des cas où l'héritier *a intérêt* à renoncer à la succession. Il en est notamment ainsi lorsque le passif dépasse nettement l'actif, ou s'il a reçu du défunt une donation* entre vifs qu'il est obligé de remettre dans la masse de la succession (voir ci-dessous § 251 et suiv.), si le montant de cette donation est supérieur à la part qui lui reviendrait dans la succession. Dans ce dernier cas il a intérêt à renoncer à la succession et à garder la donation.

§ 184 La renonciation à la succession, dont les effets remontent au jour de l'ouverture de la succession *ne se présume pas.* Elle ne peut être faite, précise l'article 784 du Code civil, qu'au greffe du tribunal de grande instance dans l'arrondissement duquel la succession s'est ouverte (voir ci-dessus § 11), sur un registre particulier tenu à cet effet.

La Cour de cassation a confirmé qu'une renonciation ne pouvait être faite que par inscription sur le registre particulier tenu à cet effet au greffe du tribunal de grande instance (45).

La renonciation peut être souscrite par un *mandataire** porteur d'un pouvoir spécial à cet effet (46).

L'intervention d'un officier public* ou ministériel ou d'un avocat n'est pas indispensable (Réponse ministérielle J.O.A.N. 8-3-1969).

§ 185 Le *majeur en tutelle** ne peut renoncer à une succession sans autorisation du tuteur*, lui-même dûment autorisé par le conseil de famille*.

De même, le tuteur ne peut répudier une succession échue *au mineur* sans autorisation du conseil de famille.

Dans le cas où la succession répudiée au nom du mineur n'aurait pas été acceptée par un autre, elle pourra être reprise, soit par le tuteur autorisé à cet effet par une nouvelle délibération du conseil de famille, soit par le mineur devenu majeur, mais dans l'état où elle se trouvera lors de la reprise et sans pouvoir attaquer les ventes et autres actes qui auraient été légalement faits durant la vacance *(Code civil, art. 461 et 462).*

§ 186 Les héritiers qui auraient *diverti ou recélé des effets d'une succession,* sont déchus de la faculté d'y renoncer ; ils demeurent héritiers purs et simples nonobstant leur renonciation (voir ci-dessous § 450).

§ 187 La renonciation est un *acte unilatéral**. Il n'est donc pas besoin qu'elle soit acceptée par les cohéritiers.

En principe la renonciation est pure et simple. Il est toutefois admis que l'héritier qui renonce à la succession *pour s'en tenir au don ou legs** qui lui a été fait par le défunt, peut *subordonner* sa renonciation à la condition que ce don ou ce legs soit reconnu valable.

L'effet essentiel de la renonciation tient dans cette formule de *l'article 785 du Code civil : « L'héritier qui renonce est censé n'avoir jamais été héritier »*. § 188

Ce principe n'a toutefois pas pour effet de révoquer les actes faits légitimement avant la renonciation et ces actes, qu'ils aient été faits par les tiers* avec le successible ou contre lui, doivent être maintenus (47).

Les héritiers qui ont renoncé à la succession ne peuvent être condamnés à payer aux créanciers du défunt certaines sommes sans qu'ait été constatée *la nullité* de leur renonciation (48).

L'article 786 du Code civil, prévoit que *la part du renonçant accroît celle de ses cohéritiers*. S'il est seul, elle est dévolue au degré* inférieur selon les règles de la dévolution légale. § 189

La part de l'ascendant privilégié* renonçant accroît celle du légataire universel* et non celle de l'héritier collatéral non réservataire exclu de la succession par le légataire universel (49).

La renonciation modifie le droit d'usufruit* du conjoint survivant, l'article 767 du Code civil (voir ci-dessus § 96) ne tenant compte que des parents qui viennent effectivement à la succession.

Il faut encore préciser ici, avec *l'article 787 du Code civil*, qu'on ne vient *jamais par représentation** d'un héritier qui a renoncé. Si le renonçant est seul héritier de son degré, ou si tous ses cohéritiers renoncent, les enfants viennent de leur chef et succèdent par tête. § 190

Il peut arriver qu'*un héritier ayant personnellement des créanciers* renonce malicieusement à une bonne succession au détriment desdits créanciers et au profit de ses parents successibles*. § 191

L'article 788 du Code civil a prévu le cas et stipule que les créanciers de celui qui renonce au préjudice de leurs droits, peuvent se faire autoriser en justice à accepter la succession du chef de leur débiteur, en son lieu et place.

Dans ce cas, la renonciation n'est annulée qu'en faveur des créanciers, et jusqu'à concurrence seulement de leurs créances. Elle ne l'est pas au profit de l'héritier qui a renoncé.

Cette action des créanciers est connue en droit sous le nom d'action paulienne.

Il faut préciser que la faculté accordée aux créanciers personnels du renonçant n'appartient ni aux créanciers personnels du défunt, ni aux créanciers de la succession (50).

§ 192 En application de *l'article 789 du Code civil*, la faculté de renoncer à la succession *se prescrit** par trente ans.

Ce délai court à compter du jour de l'ouverture de la succession (51). Il est soumis aux causes légales de suspension et d'interruption de la prescripiton (52).

Les juges ne peuvent relever d'office la prescription de l'article 789 (53).

§ 193 *L'article 790 du Code civil* dispose que tant que la prescription du droit d'accepter n'est pas acquise contre les héritiers qui ont renoncé, ils ont la faculté d'accepter encore la succession, si elle n'a pas déjà été acceptée par d'autres héritiers, sans préjudice néanmoins des droits qui peuvent être acquis à des tiers* sur les biens de la succession, soit par prescription, soit par actes valablement faits avec le curateur* à la succession vacante.

L'article 790 suscité ne faisant aucune distinction, l'acceptation sous bénéfice d'inventaire fait obstacle, comme l'acceptation pure et simple, à la rétractation par un autre héritier, de sa renonciation à la succession (54).

E. Cession des droits

§ 194 Si, en application de l'article 791 du Code civil, on ne peut, même par contrat de mariage, aliéner* les droits éventuels qu'on peut avoir à la succession d'*un homme vivant*, par contre, un héritier peut céder ses droits *une fois que la succession est effectivement ouverte*.

Une telle convention peut avoir lieu *à titre gratuit ou à titre onéreux*. Dans ce cas l'héritier gagne en disponibilités immédiates mais perd en général en capital, soit en cédant au prenant un pourcentage sur la valeur de la succession, soit par sous-estimation de cette valeur.

Jugé que c'est dans l'exercice de leur pouvoir souverain d'appréciation que les juges du fond estiment qu'un acte de cession de droits successifs ne comporte aucun aléa et est, comme tel, rescissable* pour cause de lésion, en application des articles 887 et 888 du Code civil (voir infra § 438 et suiv.). La disposition dérogatoire au droit commun* de l'article 1678 du Code civil suivant lequel la preuve de la lésion ne peut se faire que par un rapport de trois experts, ne s'applique qu'en matière de vente immobilière ; elle n'est donc pas applicable à la cession de droits successifs (55).

La cession de ses droits par un héritier, soit à un étranger, soit à tous ses cohéritiers, soit à quelques-uns d'eux, emporte de sa part *acceptation de la succession. (Code civil, art. 780).* § 195

X. SUCCESSIONS NON RÉCLAMÉES ET SUCCESSIONS VACANTES

A. Des successions non réclamées

§ 196 Lorsque, stipule *l'article 1er de l'arrêté du 2 novembre 1971* (J.O. 12-12), *avant l'expiration des délais* impartis pour faire inventaire et pour délibérer (voir ci-dessus § 158 et 159), il ne se présente personne pour réclamer une succession, qu'il n'existe pas d'héritiers connus ou que les héritiers connus y ont renoncé ou restent dans l'inaction, cette succession est réputée non réclamée.

Une succession est également considérée comme non réclamée :

1. Après l'expiration des délais précités s'il ne se présente personne pour l'appréhender*, alors même qu'il existe des héritiers si ceux-ci restent dans l'inaction ;

2. Pendant la période précédent l'envoi en possession* d'un legs universel* fait par testament olographe ou mystique à l'Etat, à une collectivité ou établissement public dans le cas où il n'existe pas d'héritiers réservataires ou encore, quelle que soit la nature du testament, si ceux-ci restent dans l'inaction après l'expiration des délais impartis pour faire inventaire et délibérer.

§ 197 *L'article 2 de l'arrêté du 2 novembre 1971* confie *la gestion* des successions non réclamées, par ordonnance du président du tribunal de grande instance du lieu d'ouverture de la succession, au service des Domaines représenté soit par le préfet, qui peut déléguer ses pouvoirs au directeur des services fiscaux, soit, lorsque sa compétence en la matière est pluri-départementale, par le directeur des services fiscaux ou par le directeur régional des impôts, chargé, en ce lieu, de l'administration des patrimoines privés. L'ordonnance de nomination est rendue soit à la requête des personnes intéressées et spécialement du service des domaines, soit sur réquisition du ministère public.

§ 198 Dès l'ordonnance rendue, le service des domaines *prend possession* des biens héréditaires.

Il requiert, s'il y a lieu, dit *l'article 3 de l'arrêté du 2 novembre 1971*, la levée des scellés* et fait procéder à l'inventaire des forces actives et passives de la succession.

Toutefois, l'ordonnance peut autoriser un agent assermenté de la direction générale des impôts, chargé du service domanial, à dresser l'état des forces actives et passives de la succession.

Si les scellés ont été apposés, un état descriptif du mobilier successoral peut être dressé par le juge d'instance au moment de la levée des scellés.

L'article 4 de l'arrêté du 2 novembre 1971 dispose que les **§ 199**
pouvoirs du service des domaines sont définis par l'ordonnance de nomination. Ils sont limités, en principe, aux actes d'administration* et, à concurrence du passif héréditaire, aux actes de disposition* portant sur le mobilier meublant et les objets dispendieux à conserver ou susceptibles de dépérir. Toutefois, en cas de nécessité, le service des domaines peut, avec l'autorisation du président du tribunal, vendre les autres biens dépendant de la succession.

Les aliénations* sont, dans tous les cas, réalisées dans la forme prévue pour les ventes de biens de mineurs.

(Voir également ci-dessous § 210).

Le service des domaines *exerce les actions de l'hérédité**, **§ 200**
tant en demande qu'en défense. Il peut, toutefois, demander au tribunal qu'il soit sursis à statuer jusqu'à l'expiration du délai de trois mois et quarante jours. (Arrêté du 2-11-1971, art. 5).

Aux termes de *l'article 6 de l'arrêté du 2 novembre 1971*, le **§ 201**
service des domaines exerce ses fonctions sous l'autorité du *ministre des finances* et sous le contrôle de l'autorité judiciaire.

Ses fonctions prennent fin notamment :

1. Lorsque la succession est réclamée par un héritier reconnu apte à la recueillir, ou appréhendée* par l'Etat à titre de déshérence* ;

2. Lorsque, après l'expiration du délai prévu à l'article 795 du Code civil (voir ci-dessus § 158 et 159), la succession est déclarée vacante.

Le service des domaines rend compte de sa mission aux héritiers, aux créanciers et, après communication au parquet, au président du tribunal.

B. Des successions vacantes

§ 202 Il résulte de *l'article 811 du Code civil*, que lorsqu'après l'expiration des délais pour faire inventaire et pour délibérer (voir ci-dessus § 158 et 159), il ne se présente personne qui réclame une succession, qu'il n'y a pas d'héritiers connus, ou que les héritiers connus y ont renoncé, cette succession est réputée vacante.

§ 203 Le tribunal de grande instance dans l'arrondissement duquel la succession est ouverte (voir ci-dessus § 11), nomme *un curateur** sur la demande des personnes intéressées ou sur la réquisition du procureur de la République *(Code civil, art. 812)*.

§ 204 *L'article 8 de l'arrêté du 2 novembre 1971* précise que le service des Domaines doit être considéré comme personne intéressée pouvant demander au tribunal la déclaration de vacance d'une succession.

§ 205 En application des *articles 813 et 814 du Code civil, le curateur* à une succession vacante est tenu, avant tout, d'en faire constater l'état par *un inventaire* ; il en exerce et poursuit les droits : il répond aux demandes formées contre elle ; il administre, sous la charge de faire verser le numéraire* qui se trouve dans la succession, ainsi que les deniers provenant du prix des meubles ou immeubles vendus, dans la caisse du receveur de la Régie nationale pour la conservation des droits, et à la charge du prendre compte à qui il appartiendra.

Les dispositions relatives à l'acceptation de la succession sous bénéfice d'inventaire (voir ci-dessus § 153 et suiv.), sur les formes de l'inventaire, sur le mode d'administration et sur les comptes à rendre de la part de l'héritier bénéficiaire sont, au surplus, communes aux curateurs à successions vacantes en ce qu'elles ne sont pas contraires aux dispositions des articles 1000 et 1001 du Code de procédure civile.

Rappelons que selon l'article 1000 du Code de procédure civile le curateur est tenu, avant tout, de faire constater l'état de la succession par un *inventaire*, s'il n'en a pas été fait, et de vendre les meubles dans les conditions prévues à l'article 1001. Aux termes dudit article 1001 du Code de procédure civile, le curateur aura le pouvoir de procéder à *la vente des biens, meubles* et immeubles**, de la succession à concurrence du passif dont celle-ci est grevée. Il ne pourra néanmoins vendre les immeubles que si le produit de la vente des meubles est insuffisant.

C'est *l'article 7 de l'arrêté du 2 novembre 1971* qui prévoit que *la gestion* des successions vacantes est exclusivement *confiée au service des Domaines* représenté soit par le préfet qui peut déléguer ses pouvoirs au directeur des services fiscaux, soit, lorsque sa compétence en la matière est pluri-départementale, par le directeur des services fiscaux ou par le directeur régional des impôts chargé, au lieu d'ouverture desdites successions, de l'administration des patrimoines privés. **§ 206**

C'est donc le service des Domaines qui exerce les fonctions de curateur* conformément aux dispositions des articles 813 et 814 suscités du Code civil, sous la réserve indiquée à l'article 10 de l'arrêté du 2 novembre 1971 (Arrêté 2-11-1971, art. 9). Les dispositions prévues pour le redressement et la liquidation judiciaires des biens sont éventuellement applicables *(voir dans la même Collection « Entreprises en difficultés »)*. **§ 207**

Jugé qu'il résulte de la combinaison des articles 813 et 814 du Code civil et de l'article 7 de l'arrêté du 2 novembre 1971, que le curateur à succession vacante est assimilé à l'héritier bénéficiaire et qu'il ne peut être tenu du paiement des dettes de la succession que jusqu'à concurrence de la valeur des biens qu'il a recueillis. A donc violé les textes susvisés la Cour d'appel qui a condamné le service des domaines, pris en la personne du directeur des services fiscaux, à payer certaines sommes à une victime et à la Caisse primaire d'assurance maladie, tout en omettant de préciser que le montant des condamnations serait limité à la mesure de l'actif recueilli (56).

L'article 10 de l'arrêté du 2 novembre 1971 permet au tribunal d'autoriser un *agent assermenté de la direction générale des impôts* chargé du service domanial à dresser l'état des forces actives et passives de la succession. **§ 208**

Si les scellés* ont été apposés, un état descriptif du mobilier successoral peut être dressé par le juge d'instance au moment de la levée des scellés.

Enfin, *l'article 11 de l'arrêté du 2 novembre 1971* précise que le service des Domaines exerce ses fonctions sous *l'autorité du ministre des finances et sous le contrôle* de l'autorité judiciaire. **§ 209**

Ses fonctions *prennent* fin lorsque la succession est réclamée par un héritier dont les droits ont été reconnus, ou appréhendés* par l'Etat, à titre de déshérence*. Elles prennent fin également par la liquidation entièrement effectuée de l'actif de la succession.

Le service des Domaines *rend compte* de sa mission aux héritiers, aux créanciers et, après communication au parquet, au président du tribunal.

C. Dispositions communes

§ 210 Les dispositions communes aux successions non réclamées et aux successions vacantes font l'objet des *articles 12 à 16 de l'arrêté du 2 novembre 1971.*

Art. 12 — Le service des Domaines n'est pas tenu de souscrire au greffe un acte d'acceptation des fonctions d'adminsitrateur provisoire ou de curateur* ; il est dispensé de fournir caution et ses agents n'ont pas à prêter serment avant d'entrer en fonctions.

Art. 13 — Après prélèvement des frais de régie ainsi que des sommes nécessaires au paiement des dépenses déjà engagées et du passif successoral dont l'exigibilité lui est connue, le comptable des impôts chargé du service domanial consigne à la Caisse des dépôts et consignations, au plus tard le jour fixé pour l'arrêté mensuel de ses écritures, les deniers héréditaires ainsi que les revenus et produits de réalisation des biens. Les retraits de fonds déposés qui seraient ultérieurement nécessaires sont effectués sur autorisation du représentant du service des domaines.

Les produits provenant à un titre quelconque des successions non réclamées et des successions vacantes ne peuvent, en aucun cas, être consignés autrement que par l'intermédiaire du service des Domaines.

Art. 14 — Le service des Domaines peut, s'il le juge opportun, continuer l'exploitation des établissements commerciaux, industriels ou agricoles dépendant des successions. Dans ce cas, les établissements dont il s'agit conservent leur autonomie dans l'ensemble du patrimoine dont ils dépendent. Leur exploitation peut être assurée par une personne technique, sous le contrôle du service des Domaines.

Un fonds de roulement est laissé à la disposition de ces entreprises et les recettes excédant ce fonds sont soit consignées à la Caisse des dépôts et consignations, soit déposées dans une banque à un compte dont il ne peut être disposé que sur un ordre écrit du représentant du service des Domaines.

Art. 15 — Les instances intéressant les successions gérées par le service des Domaines sont instruites et jugées selon les formes prescrites pour les instances en matière domaniale.

Le ministère des avocats n'est pas obligatoire.

Art. 16 — A défaut de l'existence en caisse de deniers suffisants, sont timbrés et enregistés en débet* les actes et procédures nécessaires à l'obtention de l'ordonnance d'administration provisoire ou du jugement déclaratif de vacance, ainsi qu'à la gestion des successions, dans les conditions fixées par les dispositions légales en vigueur.

En outre, et s'il n'existe pas de ressources disponibles, il est pourvu à l'avance des autres frais de procédure engagés par le service des Domaines. Ces frais sont prélevés sur les plus prochaines recettes. Ils sont imputés sur les crédits afférents aux épaves et biens vacants au cas où l'actif successoral se révèle insuffisant.

Signalons encore que *des instructions du 23 avril 1985 et du 3 septembre 1986*, diffusées par la revue Jurisclasseur Périodique 1985, éd. N. prat. 9413 et 1986, éd. N. prat. 9905, précisent les règles applicables à l'adminisration des Domaines pour la restitution des successions vacantes ou administrées aux héritiers qui se manifestent finalement.

XI. EVALUATION DE LA SUCCESSION

A. Le passif

1. Eléments

§ 211 Les éléments du passif sont avant tous *les dettes* laissées par le défunt. (voir ci-dessous § 553 et suiv.).

Disons ici, en gros, qu'il y a lieu de distinguer :

1. Les dettes qui grèvent le patrimoine du défunt *au moment de sa mort* (amendes, avances, contraventions, fournitures impayées, frais médicaux, gages, prêts, remboursements, salaires, honoraires etc.).

Il a été jugé que l'engagement de la caution* doit passer à la charge des héritiers, par application de *l'article 2017 du Code civil*, même si l'obligation de la caution n'est pas encore exigible lors du décès (57).

2. Les dettes qui *naissent après la mort* et comme conséquence du décès (droits de mutation*, frais d'administration et de liquidation de la succession, frais funéraires, etc.).

Il faut rappeler ici, avec une réponse ministérielle au J.O.A.N. du 31 décembre 1972 (n° 27 067), qu'en vertu de *l'article 2101-2° du Code civil*, les personnes qui ont assumé les dépenses nécessitées par l'inhumation du défunt ont une créance privilégiée* sur l'ensemble des meubles de la succession. Leurs droits sont en outre garantis par l'hypothèque légale* prévue à l'article 2121-5° du même Code.

§ 212 Aux dettes qui naissent après la mort on peut rattacher, le cas échéant, et pendant toute la période durant laquelle les héritiers ne se sont pas encore prononcés sur l'acceptation ou sur la renonciation de la succession, *le montant des loyers* qui continuent à être dus pour l'appartement du défunt.

§ 213 Est également à admettre au passif de la succession le *paiement des legs** que le défunt a pu faire par testament.

2. Le salaire différé

§ 214 Le salaire différé doit également être considéré comme à porter au passif de la succession. C'est *l'article L. 321-13 du Code rural* qui prévoit que *les descendants* d'un exploitant agricole* qui, âgés de plus de 18 ans, participent directement et effectivement à l'exploitation, sans être associés aux bénéfices ni aux pertes et qui ne reçoivent pas de salaire en argent en contrepartie de leur collaboration sont réputés légalement bénéficiaires d'un contrat de travail à salaire différé sans que la prise en compte de ce salaire pour la détermination des parts successorales puisse donner lieu au paiement d'une soulte* à la charge des cohéritiers.

Précisons avec *l'article 6 de la loi n° 73-650 du 13 juillet 1973* (J.O. 17-7), que les dispositions de cette loi relative au statut des associés d'exploitation agricole ne font pas d'obstacle à l'application de l'article L. 321-13 suscité. L'intéressement prévu à l'article 2 de cette loi ne vient en déduction des sommes dues au titre du salaire différé que pour la fraction excédant l'allocation minimum.

Jugé que la participation tardive aux bénéfices et aux pertes d'une exploitation, à la supposée établie, ne peut faire perdre le droit aux salaires différés pour *une période antérieure* pendant laquelle le descendant de l'exploitant agricole a travaillé de façon permanente et effective sur l'exploitation (58).

Disons également que la participation directe et effective à l'exploitation n'est pas forcément exclusive de toute autre occupation, du moment qu'elle n'est pas simplement occasionnelle.

Le *taux annuel du salaire différé* sera égal, pour chacune § 215
des années de participation, à la valeur des deux tiers de la somme correspondant à 2 080 fois le taux du salaire minimum de croissance (S.M.I.C.) en vigueur au jour du partage consécutif au décès de l'exploitant.

Le contrat de travail à salaire différé constitue pour le § 216
descendant de l'exploitation agricole un bien propre* dont la dévolution est exclusivement *réservée à ses enfants vivants ou représentés (Code rural, art. L. 321-14)*.

Si le descendant est marié et si le *conjoint participe égale-* § 217
ment à l'exploitation dans les conditions prévues à l'article L. 321-13 du Code rural (voir ci-dessus), *l'article L. 321-15 du Code rural* dispose que *chacun des époux* sera réputé légalement bénéficiaire d'un contrat de travail à salaire différé.

En cas de divorce ou de séparation de corps prononcé aux torts exclusif de l'époux qui n'est pas le descendant de l'exploitant, ledit époux perdra le bénéfice des dispositions de l'alinéa précédent.

§ 218 En cas de *prédécès du descendant marié*, si celui-ci laisse de son mariage un ou plusieurs enfants âgés de moins de dix-huit ans, *le conjoint survivant* peut invoquer le bénéfice de l'article L. 321-13 du Code rural jusqu'à ce que le plus jeune des enfants ait atteint sa dix-huitième année ou achevé des études poursuivies dans un établissement agricole *(Code rural, art. L. 321-16)*.

§ 219 Le bénéficiaire d'un contrat de salaire différé exerce son droit de créance, dit *l'article L. 321-17 du Code rural*, après le décès de l'exploitant et au cours du règlement de la succession ; cependant, l'exploitant peut de son vivant remplir le bénéficiaire de ses droits de créance, notamment lors de la donation-partage* à laquelle il procéderait.

Toutefois, le bénéficiaire d'un contrat de salaire différé qui ne serait pas désintéressé par l'exploitant lors de la donation-partage comprenant la majeure partie des biens, et alors que ceux non distribués ne seraient plus suffisants pour le couvrir de ses droits, peut lors du partage exiger des donataires* le paiement de son salaire.

Toujours aux termes de *l'article L. 321-17 du Code rural*, les droits de créance résultant du contrat de travail à salaire différé ne peuvent en aucun cas, et quelle que soit la durée de la collaboration apportée à l'exploitant, dépasser, pour chacun des ayant droits*, la somme représentant le montant de la rémunération due pour *une période de dix années*.

§ 220 *L'article L. 321-18 du Code rural* stipule que *l'abandon de l'activité agricole par l'ascendant** n'éteint pas les droits de créance du descendant qui a participé à l'exploitation.

Par contre, *les enfants et petits-enfants* visés à l'article L. 321-16 (voir ci-dessus § 218) sont privés desdits droits, s'ils n'ont jamais travaillé sur un fonds rural, à moins que, lors du décès de l'exploitant, ils ne se trouvent encore soumis à l'obligation scolaire ou ne poursuivent leurs études dans un établissement d'enseignement agricole.

§ 221 *La preuve* de la participation à l'exploitation agricole dans les conditions requises pour bénéficier du contrat de salaire différé pourra être apportée par tous moyens

En vue de faciliter l'administration de cette preuve, les parties* pourront effectuer chaque année une déclaration à la mairie, laquelle devra être visée par le maire qui en donnera récépissé *(Code rural, art. L. 321-20)*.

Terminons en disant avec *l'article L. 321-23 du Code rural* que les droits de créance résultant du contrat de salaire différé sont *garantis* sur la généralité des meubles par le privilège* inscrit à l'article 2101 (4°) du Code civil, sur la généralité des immeubles par le privilège inscrit à l'article 2104 (2°) du Code civil et sur les immeubles par une hypothèque légale*. § 222

Une *loi n° 89-1008 du 31 décembre 1989* (J.O. 2.1.90) a créé un salaire différé *au profit des conjoints survivants d'artisans ou de commerçants* ayant participé directement et effectivement à l'activité de l'entreprise pendant *au moins dix années,* sans recevoir de salaire ni être associé aux bénéfices et pertes de l'entreprise. Il s'agit en fait d'un droit de créance payable sur la succession dont le montant est égal *à trois fois le S.M.I.C. annuel* en vigueur au jour du décès du chef d'entreprise, dans la *limite de 25 % de l'actif successoral* (ex. : l'actif successoral s'élève à 300 000 F, le montant du salaire différé est limité à 75 000 F). § 223

Dès lors que le veuf ou la veuve a travaillé dans les conditions ci-dessus pendant au moins dix années, le montant du salaire différé est le même, quelle que soit la durée du travail du conjoint survivant dans l'entreprise. Le cas échéant, le *montant des droits propres* du conjoint survivant dans les opérations de partage successoral et de liquidation du régime matrimonial est *diminué du montant de ladite créance.* Cette créance *s'ajoute à la part du conjoint survivant* pour la liquidation des droits de successions.

Remarques :

1. La *preuve* des dix années d'activité dans l'entreprise peut être rapportée *par tous moyens* (notamment par témoignage).

2. Le droit de créance du conjoint survivant est garanti sur la généralité des meubles par le *privilège mobilier* prévu à l'article 210 (4°) du Code civil et sur la généralité des immeubles par le *privilège immobilier* inscrit à l'article 2104 (2°) du même Code ; il est garanti également sur les immeubles pour une *hypothèque légale**.

3. Les *concubins* sont exclus du bénéfice de cette mesure.

3. Les héritiers responsables

Toutes les personnes qui *succèdent au défunt à titre universel,* c'est-à-dire qui reçoivent non pas un ou plusieurs biens déterminés, mais une quote-part du patrimoine, sont tenues du passif héréditaire. § 224

Par suite, ce passif est supporté non seulement par les héritiers réguliers*, mais aussi par les héritiers irréguliers*, par les légataires universels* et les légataires à titre universel*.

Par contre, comme le précise *l'article 871 du Code civil, le légataire à titre particulier* n'est pas tenu des dettes et charges de la succession, sauf, toutefois, l'action hypothécaire* sur l'immeuble légué.*

§ 225 Disons encore ici que l'héritier n'est pas responsable de la continuation *des conventions conclues en considération de la personne*, tels les conventions de mandat, par exemple.

Par contre, en application du Code du travail, s'il survient une modification dans la situation juridique de l'employeur, notamment par succession, tous *les contrats de travail* en cours au jour de la modification subsistent entre le nouvel employeur (qu'il soit ou non héritier) et le personnel de l'entreprise. Si le décès entraîne la cessation de l'entreprise, les salariés ont droit au préavis et aux indemnités de licenciement (59).

§ 226 L'héritier est responsable des obligations nées de *conventions qui n'ont pas été conclues en considération de la personne.* Il a ainsi été jugé que par application de *l'article 1122 du Code civil* selon lequel on est censé avoir stipulé pour soi et pour ses héritiers à moins que le contraire ne soit exprimé ou ne résulte de la nature de la convention, l'héritier doit respecter une clause de non concurrence signée par le défunt (60).

4. Paiement des dettes

§ 227 *L'article 870 du Code civil* pose le principe que les cohéritiers contribuent entre eux au paiement des dettes et charges de la succession, *chacun dans la proportion de ce qu'il y prend.*

Le *légataire à titre universel** contribue avec les héritiers au prorata de son émolument*.

§ 228 Rappelons qu'en cas *d'acceptation pure et simple* de la succession, les dettes seront éventuellement payées sur le patrimoine personnel de l'héritier (voir ci-dessus § 143), alors qu'en cas *d'acceptation sous bénéfice d'inventaire*, l'héritier ne doit payer les dettes de la succession que jusqu'à concurrence de la valeur des biens qu'il a recueillis (voir ci-dessus § 153).

§ 229 *Il résulte de l'article 872 du Code civil* que lorsque *des immeubles d'une succession sont grevés de rentes* par hypothèque* spéciale, chacun des cohéritiers peut exiger que les rentes soient remboursées et les immeubles rendus libres avant de procéder à la formation des lots.

Si les cohéritiers partagent la succession dans l'état où elle se trouve, l'immeuble grevé sera estimé au même taux que les autres immeubles. Mais il sera fait déduction du capital de la rente sur le prix total. L'héritier dans le lot duquel tombe cet immeuble, sera seul chargé du service de la rente et il doit en garantir les cohéritiers.

L'article 873 du Code civil stipule que les héritiers sont tenus § 230
des dettes et charges de la succession, personnellement pour leur part, et *hypothécairement* pour le tout*, sauf leur recours, soit contre leurs cohéritiers, soit contre les légataires universels*, à raison de la part pour laquelle ils doivent y contribuer.

Aux termes de *l'article 875 du Code civil*, le cohéritier ou § 231
successeur à titre universel*, qui, par l'effet de l'hypothèque, a payé au-delà de sa part de la dette commune, n'a de recours contre les autres cohéritiers ou successeurs à titre universel, que pour la part que chacun d'eux doit personnellement en supporter, même dans le cas où le cohéritier qui a payé la dette se serait fait subroger aux droits des créanciers, sans préjudice néanmoins des droits d'un cohéritier qui, par l'effet du bénéfice d'inventaire, aurait conservé la faculté de réclamer le paiement de sa créance personnelle, comme tout autre créancier.

En cas *d'insolvabilité* d'un des cohéritiers ou successeurs à § 232
titre universel*, *l'article 876 du Code civil* réparti sa part dans la dette hypothécaire, sur tous les autres au marc le franc*.

*Le légataire particulier** qui a acquitté la dette dont l'im- § 233
meuble légué était grevé, demeure subrogé aux droits du créancier contre les héritiers et successeurs à titre universel *(Code civil, art. 874)*.

En ce qui concerne *les titres exécutoires*, l'article 877 du* § 234
Code civil veut que les titres exécutoires contre le défunt sont pareillement exécutoires contre l'héritier personnellement. Néanmoins, les créanciers ne pourront en poursuivre l'exécution que huit jours après la signification* de ces titres à la personne ou au domicile de l'héritier.

Il a été jugé que la constatation du défaut de signification suffit à justifier l'annulation de l'adjudication* consécutive aux poursuites (61).

§ 235 Disons enfin, avec *l'article 882 du Code civil*, que *les créanciers* d'un copartageant, pour éviter que *le partage* ne soit fait en fraude de leurs droits, peuvent s'opposer à ce qu'il y soit procédé hors de leur présence. Il ont le droit d'y intervenir à leurs frais. Mais ils ne peuvent attaquer un partage consommé, à moins toutefois qu'il n'y ait été procédé sans eux et au préjudice d'une opposition qu'ils auraient formée.

Jugé que la déchéance encourue par le créancier à défaut d'opposition ou d'intervention, basée sur l'article 882 du Code civil suscité, ne concerne que l'action paulienne* et n'interdit pas l'exercice par un créancier, agissant sur le fondement de l'article 1166 du même Code, de l'action en rescision* pour lésion (62).

Il a de même été jugé qu'un partage consommé peut être attaqué par l'action paulienne s'il y a été procédé hâtivement en vue d'empêcher l'opposition et l'intervention du créancier demandeur (63).

5. Séparation des patrimoines*

§ 236 Une importante question est celle de la *séparation des patrimoines*. En effet, lorsque la succession a été acceptée purement et simplement, il y a confusion entre le patrimoine du défunt et celui de l'héritier. Il en résulte que *les créanciers du défunt viennent en concours avec les créanciers de l'héritier*. Lorsque ce dernier se trouve dans une situation d'insolvabilité, cette confusion des patrimoines peut être grandement préjudiciable aux créanciers du défunt qui seront payés concurremment avec les créanciers personnels de l'héritier sur une masse formée de l'actif des biens hérités et du patrimoine déficitaire propre de l'héritier.

§ 237 C'est pourquoi, *l'article 878 du Code civil*, permet aux créanciers de la succession, y compris les légataires*, de demander la *séparation du patrimoine du défunt d'avec le patrimoine de l'héritier*. Ils seront alors payés sur les biens de la succession sans subir le concours des créanciers personnels de l'héritier.

Rappelons ici que l'acceptation de la succession sous bénéfice d'inventaire entraîne de plein droit* la séparation des patrimoines (voir ci-dessus § 153).

La séparation des patrimoines peut être *demandée individuellement* par chacun des créanciers, l'inaction des uns n'empêchant pas les autres d'agir. § 238

Il faut préciser, avec *l'article 881 du Code civil*, que *les créanciers* de l'héritier ne sont point admis à demander la séparation des patrimoines contre les créanciers de la succession. § 239

La séparation des patrimoines doit *être demandée*. Il ne s'agit pas d'une véritable action en justice, mais faute par les créanciers de la succession de l'invoquer, lorsqu'un bien héréditaire est vendu, il n'y aura pas séparation des patrimoines et l'héritier pourra disposer librement des sommes encaissées, notamment pour payer ses créanciers personnels. § 240

Le droit des créanciers de la succession (voir ci-dessus § 237) ne peut cependant plus être exercé, lorsqu'il y a novation dans la créance contre le défunt, par *l'acceptation de l'héritier pour débiteur (Code civil, art. 879)*. § 241

A préciser que la novation qui, selon l'article 879 suscité comporte déchéance du privilège de la séparation des patrimoines, diffère de la novation ordinaire ; elle n'entraîne notamment pas la perte des privilèges* et hypothèques* attachés à l'ancienne créance (64).

Le droit de demander la séparation des patrimoines *se prescrit**, dit *l'article 880 du Code civil*, relativement *aux meubles*, par le laps de trois ans à compter le jour de l'ouverture de la succession (voir ci-dessus § 2). La prescription peut être interrompue par une demande en justice ou par tout acte conservatoire* régulièrement pris par les créanciers, en vue de prévenir la déchéance*. § 242

Quant *aux immeubles*, la demande en séparation des patrimoines peut être exercée tant qu'ils existent dans la main de l'héritier, les créanciers et légataires* de la succession ayant même le droit en cas de vente d'un immeuble sur lequel ils auraient omis d'inscrire l'hypothèque*, d'exercer leur privilège sur le prix de la vente tant qu'il n'est pas payé. § 243

Le droit à la séparation des patrimoines tombe par *confusion des meubles** de la succession avec ceux de l'héritier en cas d'absence d'inventaire, car l'exercice de la séparation des § 244 patrimoines se trouve alors empêché par suite d'un obstacle purement matériel.

Pour éviter la confusion des meubles, les créanciers peuvent provoquer toute mesure nécessaire telles l'apposition des scellés* (voir ci-dessus § 127 et suiv.) ou la confection d'un inventaire.

Ils peuvent également prendre une *inscription hypothécaire** sur chacun des meubles héréditaires dans les quatre mois de l'ouverture de la succession. Ce privilège prend rang à la date de ladite ouverture *(Code civil, art. 2111)*.

§ 245 Nous avons vu ci-dessus (§ 237) que la séparation des patrimoines permet aux créanciers de la succession d'être payés sur les biens de cette succession sans subir les créanciers personnels de l'héritier. Mais elle n'a *pas pour résultat de changer la nature de la créance*, ni de modifier les relations juridiques des créanciers de la succession avec les héritiers.

L'héritier garde le droit d'administrer librement l'héritage. Il peut même vendre les biens de la succession ou les hypothéquer*. La séparation des patrimoines aboutit simplement à procurer aux créanciers du défunt et aux légataires un droit de préférence sur les biens provenant de la succession. Les créanciers personnels ne pourront exercer leurs droits sur les biens hérités qu'après paiement des créanciers du défunt.

§ 246 La séparation des patrimoines n'a pas non plus pour résultat de faire obstacle à la *division des dettes entre les héritiers*. Le créancier qui a demandé la séparation ne peut donc se faire payer sur le lot de chaque héritier qu'en proportion de la part de celui-ci dans la dette.

§ 247 Enfin, en ce qui concerne *les légataires particuliers**, ils ne seront payés que si la succession est solvable après désintéressement des créanciers personnels de l'héritier par l'effet de la séparation des patrimoines.

B. L'actif

1. Eléments

§ 248 L'actif d'une succession se compose avant tout *des biens meubles* et immeubles** ayant appartenu au défunt, c'est-à-dire des meubles corporels*, des meubles incorporels* des meubles meublants* et des immeubles.

L'estimation doit se faire au moment du décès et non au moment de l'expertise (65). On peut se référer à l'estimation fiscale (voir ci-dessous § 485 et suiv.). § 249

En cas de désaccord, les juges du fond évaluent souverainement.

A l'actif ainsi déterminé il faut, éventuellement, ajouter le *rapport des donations* (voir ci-dessous § 251 et suiv.) et le *rapport des dettes* (voir ci-dessous § 278 et suiv.). § 250

2. Rapport des donations*

Le rapport des donations est la réunion à l'actif de la succession *des biens que le défunt avait donnés de son vivant* à l'un des héritiers, lorsque ce dernier vient au partage de la succession, en concours avec d'autres héritiers. § 251

Le rapport des donations repose sur *un double fondement :*

1. la préoccupation de maintenir l'égalité entre les héritiers du défunt ;

2. l'intention présumée du défunt qui est censé avoir voulu seulement procurer à un héritier la jouissance* anticipée du bien donné et non lui attribuer ce bien en sus de sa part d'héritage. Il s'agit d'une donation en avancement d'hoirie*, ce qui veut dire en avance sur la part héréditaire revenant au successible.

Il résulte de ce qui est dit ci-dessus que ne doivent pas être rapportés les dons faits à des personnes qui ne sont pas héritières (66).

Précisons, avec *l'article 850 du Code civil*, que le rapport ne se fait *qu'à la succession du donateur**. § 252

Il en résulte que si une libéralité a été faite conjointement par le père ou la mère à l'un de leurs enfants, le rapport, sauf clause particulière, n'est dû à la succession du prémourant que pour la part à raison de laquelle celui-ci a contribué à la libéralité (67).

Le rapport n'est dû que *par le cohéritier à son cohéritier*. Il n'est pas dû aux légataires* ni aux créanciers de la succession *(Code civil, art. 857)*. Cela signifie que les légataires et les créanciers ne peuvent exercer leurs droits sur des biens qui ont été remis dans la succession par l'effet d'un rapport effectué par un des héritiers du défunt. § 253

§ 254 Le rapport est dû par *tout héritier « ab intestat »**. Il est également dû par *le conjoint survivant* qui hérite en pleine propriété tout ou partie de la succession. Lorsqu'il ne bénéficie que de l'usufruit* il n'est pas tenu à rapport.

§ 255 *Les légataires** ne doivent pas le rapport, les legs* étant réputés faits par préciput* hors part, à moins que le testateur n'ait exprimé la volonté contraire, auquel cas, le légataire ne peut réclamer son legs qu'en moins prenant *(Code civil, ar. 843)*. Il importe peu que le legs résulte d'un acte authentique* ou d'un acte sous seing privé*.

§ 256 *L'article 845 du Code civil* permet à *l'héritier qui renonce à la succession* de retenir le don entre vifs ou de réclamer le legs à lui fait, jusqu'à concurrence de la quotité disponible*.

L'héritier réservataire* qui renonce à la succession ne peut cumuler sa réserve perdue du fait de la renonciation et la quotité disponible. Ce n'est donc que sur celle-ci que s'impute la libéralité (68).

§ 257 *L'article 846 du Code civil* précise que le donataire* qui *n'était pas héritier présomptif* lors de la donation, mais qui se trouve successible au jour de l'ouverture de la succession, doit également le rapport, à moins que le donateur* ne l'en ait dispensé.

§ 258 Aux termes de *l'article 847 du Code civil*, les dons et legs faits au fils de celui qui se trouve successible à l'époque de l'ouverture de la succession, sont toujours réputés faits avec dispense de rapport.

Le père venant à la succession du donateur, n'est pas tenu de les rapporter.

§ 259 Pareillement, *le fils* venant de son chef à la succession du donateur, n'est pas tenu de rapporter le don fait à son père, même quand il aurait accepté la succession de celui-ci. Mais si le fils ne vient que par représentation*, il doit rapporter ce qui avait été donné à son père, même dans le cas où il aurait répudié sa succession *(Code civil, art. 848)*.

Il a été jugé qu'il ne faut pas s'attacher aux termes de père et de fils, le Code civil visant également la mère et la fille (69).

§ 260 *L'article 849 du Code civil* veut que les dons et legs faits *au conjoint d'un époux successible*, sont réputés faits avec dispense de rapport.

Si les dons et legs sont faits *conjointement à deux époux*, dont l'un seulement est successible, celui-ci en rapporte la moitié.

Si les dons sont faits à *l'époux successible*, il les rapporte en entier.

Il faut préciser que la donation faite au conjoint d'un successible n'est pas réputée faite aux deux époux, même mariés sous le régime de la communauté (70).

L'article 843 du Code civil prévoit que tout héritier venant § 261
à une succession, doit *rapporter* à ses cohéritiers tout ce qu'il a reçu du défunt, par donation* entre vifs, directement ou indirectement. Il *ne peut retenir les dons à lui faits par le défunt, à moins qu'ils ne lui aient été faits expressément par préciput** et hors part, ou avec dispense du rapport.

Il faut dire ici que la manifestation de la *volonté de dispense du rapport* n'a pas besoin d'être exprimée en termes formels. Elle peut se déduire des circonstances de la cause.

Les *dons faits par préciput ou avec dispense de rapport* ne § 262
peuvent, dit *l'article 844 du Code civil*, être retenus ni les legs réclamés par l'héritier venant à partage que jusqu'à concurrence de la quotité disponible*. L'excédent est sujet à réduction.

Rapport est également dû, dit *l'article 851 du Code civil*, de § 263
ce qui a été employé pour l'établissement d'un des cohéritiers, ou pour le paiement de ses dettes.

Par *établissement d'un des cohéritiers*, il y a lieu d'entendre non seulement la constitution d'une dot, mais également l'acquisition d'un fonds de commerce ou de parts dans une société, l'achat des instruments nécessaires à l'exercice d'une profession, etc. Il a été jugé qu'il doit être fait droit à la demande de rapport à la succession d'un chauffeur de taxi de l'indemnité de transfert de l'autorisation de stationnement cédée par le « de cujus »* à son frère (71) et que l'avantage pécuniaire résultant pour un héritier de remplacer le défunt dans sa profession de représentant est sujet à rapport (72).

En ce qui concerne *le paiement des dettes*, il peut s'agir aussi bien d'une remise de dette faite par le défunt au successible* que du paiement par le défunt d'une dette du successible.

Par contre, *l'article 852 du Code civil dispense du rapport* § 264
les frais de nourriture, d'entretien, d'éducation, d'apprentissage,

les frais ordinaires d'équipement, ceux de noces et les présents d'usage.

Il a ainsi été jugé que les bijoux donnés par le mari à sa femme ne sont pas rapportables, ceci d'autant plus qu'ils ont été payés sur les revenus du mari pour un prix nullement hors de proportion avec ses émoluments (73).

Une pension alimentaire versée en exécution d'une obligation légale, même si son taux en a été fixé librement, n'est pas rapportable si son montant n'est pas manifestement abusif.

De même, n'est pas rapportable la rente viagère constituée par des époux à leur enfant, lorsqu'elle est modique au regard des revenus des époux (74).

Mais le droit au bail du cohéritier locataire qui se voit attribuer le bien faisant l'objet de la location doit être rapporté en ce sens que ce bien doit être évalué libre de toute occupation (75).

§ 265 Ne doivent *pas non plus être rapportés* les profits que l'héritier a pu retirer de conventions passées avec le défunt, si ces conventions ne présentaient *aucun avantage indirect*, lorsqu'elles ont été faites *(Code civil, art. 853)*.

Mais est rapportable l'avantage indirect que présente la convention de vente d'un immeuble consentie par le défunt à l'un de ses successibles pour un prix inférieur à sa valeur véritable.

Si la donation portait sur la nue-propriété* il y a lieu de considérer que le rapport porte sur la pleine propriété si l'usufruit cesse au décès du donateur (réponse ministérielle J.O. Sénat 3-4-1970).

§ 266 Pareillement, il n'est *pas dû de rapport pour les associations faites sans fraude* entre le défunt et l'un de ses héritiers, lorsque les conditions en ont été réglées par acte authentique* *(Code civil, art. 854)*.

Il a cependant été jugé que le seul fait que l'association entre le défunt et l'un de ses héritiers résulte d'un acte sous seing privé* n'entraîne pas obligatoirement le rapport des bénéfices recueillis par l'héritier si ces bénéfices ne constituent pas des libéralités mais une juste rémunération du concours apporté par l'héritier dans la gestion de la société (76).

§ 267 En application de *l'article 855 du Code civil, le bien qui a péri par cas fortuit** et sans la faute du donataire* n'est pas sujet à rapport.

Toutefois, si ce bien a été reconstitué au moyen d'une indemnité perçue en raison de sa perte, le donataire doit le rapporter dans la proportion où l'indemnité a servi à sa reconstitution.

Si l'indemnité n'a pas été utilisée à cette fin, elle est elle-même sujette à rapport.

Les fruits et les intérêts* des choses sujettes à rapport ne sont dus qu'à compter du jour de l'ouverture de la succession *(Code civil, art. 856)* (voir ci-dessus § 1 et suiv.). Ils courent automatiquement sans demande judiciaire. § 268

Lorsque le rapport se fait en valeur sous forme d'une indemnité, celle-ci n'est productive d'intérêts au taux légal qu'à compter du jour où elle est déterminée (77).

Il s'ensuit que viole le Code civil la cour d'appel homologuant l'état liquidatif d'une succession, qui fait courir, à compter du décès des donateurs, les intérêts au taux légal de l'indemnité dont est redevable un héritier à raison du rapport en valeur, alors que le montant de cette indemnité avait été déterminé par le jugement fixant le montant du rapport (78).

Enfin, le capital ou la rente payable au décès du contractant d'une *assurance sur la vie* à un bénéficiaire déterminé ne sont pas soumis aux règles du rapport. § 269

Ces règles ne s'appliquent pas non plus aux sommes versées par le défunt à titre de primes, à moins que celles-ci n'aient été manifestement exagérées par rapport à ses revenus *(Code des assurances)*.

Une fois défini ce qu'est le rapport des donations, qui doit le rapport et à qui, et quelles sont les donations faisant l'objet de rapport, il reste à étudier comment se font les rapports. § 270

L'article 858 du Code civil nous dit que le rapport se fait *en moins prenant*. Il ne peut être exigé en nature sauf stipulation contraire de l'acte de donation.

Dans le cas d'une telle stipulation, les aliénations* et constitutions de droits réels* consenties par le donataire* s'éteindront par l'effet du rapport à moins que le donateur* n'y ait consenti.

L'article 859 du Code civil permet à l'héritier de *rapporter en nature* le bien donné qui lui appartient encore à condition que ce bien soit libre de toute charge ou occupation dont il n'aurait pas déjà été grevé à l'époque de la donation. § 271

§ 272 Le rapport est dû, précise *l'article 860 du Code civil*, en se référant à la valeur du bien donné à l'époque du partage, d'après son état à l'époque de la donation.

Lorsque l'indemnité de rapport est de *la valeur des biens donnés*, telle que fixée par l'acte de donation, son montant est déterminé au jour de l'ouverture de la succession et elle est productive d'intérêts (intérêt légal) à compter de ce jour (79).

Il a également été jugé, par la Cour de cassation, qu'en cas de *changement dans la destination des biens*, depuis la date de la donation, il ne peut être tenu compte de ce changement que s'il résulte d'un cas fortuit* ou étranger à l'industrie du gratifié. En conséquence, une cour d'appel ne peut, sans violer le texte précité de l'article 860 du Code civil, tenir compte de la valeur actuelle des terres composées majoritairement de terres cultivées à l'époque de la donation et devenues depuis, à l'initiative du donataire*, une exploitation en nature des prés (80).

Si le bien a été aliéné* avant le partage, on tiendra compte de la valeur qu'il avait à l'époque de l'aliénation et, si un nouveau bien a été subrogé au bien aliéné, de la valeur de ce nouveau bien à l'époque du partage sauf stipulation contraire dans l'acte de donation.

S'il résulte d'une telle stipulation que *la valeur sujette à rapport est inférieure à la valeur du bien déterminé* selon les règles d'évaluation prévues par l'article 922 du Code civil, cette différence forme un avantage indirect au donataire par préciput* et hors part.

L'article 922 du Code civil dispose que la valeur des biens est déterminée d'après leur état à l'époque de la donation et leur valeur à l'ouverture de la succession. S'ils ont été aliénés il est tenu compte de leur valeur à l'époque de l'aliénation et s'il y a eu subrogation, de la valeur des nouveaux biens au jour de l'ouverture de la succession.

§ 273 Jugé que la Cour d'appel qui constate que l'héritier ayant bénéficié d'une libéralité avait accepté, dans ses conclusions prises devant les juges saisis de l'action en partage de la succession, que le rapport soit fait en valeur conformément aux stipulations de l'acte de donation et que les cohéritiers avaient eux-mêmes dans leurs écritures, accepté ce rapport tant dans son mode que pour sa valeur, en déduit justement que, cet accord ne pouvant plus être remis en cause, l'héritier donataire ne pouvait plus effectuer le rapport en nature (81).

Lorsque le rapport se fait en nature et que *l'état des objets donnés a été amélioré* par le fait du donataire*, *l'article 861 du Code civil* stipule qu'il doit lui en être tenu compte, eu égard à ce dont la valeur se trouve augmentée au temps du partage ou de l'aliénation. § 274

Il doit être pareillement tenu compte au donataire des dépenses nécessaires qu'il a faites pour la conservation du bien, encore qu'elles ne l'aient pas amélioré.

L'article 862 du Code civil permet au cohéritier qui a fait le rapport en nature de *retenir la possession du bien donné* jusqu'au remboursement effectif des sommes qui lui sont dues pour les améliorations et dépenses conservatoires. § 275

Si, comme nous venons de le voir, il peut être tenu compte des améliorations et des dépenses conservatoires, il doit aussi être tenu compte, en toute logique, *des dégradations et détériorations* du fait ou par la faute du donataire qui ont diminué la valeur du bien rapporté en nature *(Code civil, art. 863)*. § 276

Le *rapport d'une somme d'argent* est égal à son montant. Toutefois si elle a servi à acquérir un bien, le rapport est dû de la valeur de ce bien dans les conditions prévues à l'article 860 du Code civil (voir ci-dessus § 272) *(Code civil, art. 869)*. § 277

Jugé que n'encourt pas la cassation, l'arrêt de la cour d'appel qui a estimé que, des époux ayant, de leur vivant, prêté diverses sommes d'argent à leurs enfants pour leur permettre d'acquérir un logement, le rapport à leur succession devait être fait selon la valeur des biens acquis grâce aux deniers prêtés, évaluée à l'époque du partage. En effet, l'art. 869 du Code civil rédigé en termes généraux ne distingue pas suivant que les sommes rapportables par un successible ont fait l'objet d'un don ou d'un prêt et a dès lors vocation, sauf stipulation contraire, à s'appliquer à l'un comme à l'autre (82).

3. Rapport des dettes

Le rapport des dettes consiste dans l'obligation de *verser à la masse héréditaire les sommes dont un cohéritier est débiteur*, soit envers le défunt, soit envers ses cohéritiers à l'occasion d'une succession. Le rapport des dettes est expressément prévu par *l'article 829 du Code civil*. § 278

L'héritier renonçant est également tenu au rapport des dettes.

La Cour de cassation a confirmé que la dette dont l'héritier est tenu envers le défunt au moment de l'ouverture de la succession, subsiste jusqu'à son règlement effectif, que celui-ci ait lieu sous la forme d'un paiement ou par voie de rapport à succession (83).

§ 279 Le rapport des dettes concerne *toutes les dettes envers la succession* même si elles n'étaient pas encore exigibles au décès.

Mais il ne vise pas les dettes dont les cohéritiers peuvent être créanciers ou débiteurs les uns envers les autres en dehors des relations nées de l'indivision successorale (84).

§ 280 Quant à la *détermination de la somme rapportable*, la jurisprudence est divisée. Il a en effet été jugé que l'estimation doit se faire au jour où l'héritier a contracté la dette, mais d'autres tribunaux se rallient à la thèse de l'évaluation au jour du partage (85) ou encore au jour de l'ouverture de la succession. La question est donc litigieuse.

§ 281 Dans le cas où *le défunt s'était porté caution** pour un de ses successibles*, celui-ci peut être obligé de produire la décharge du cautionnement, sous peine de subir le rapport de la somme cautionnée.

§ 282 *L'article 856 du Code civil* dispose que *les fruits* et les intérêts* des choses sujettes à rapport ne sont dus qu'à compter du jour de l'ouverture de la succession.

Si la dette est née postérieurement à cette ouverture, les fruits et les intérêts sont dus à compter de la date de sa naissance (86). Il en est ainsi de la dette d'un héritier qui, à la suite de sa mauvaise gestion des biens indivis a été condamné à rapporter une certaine somme à la succession (87).

Les intérêts seront calculés au *taux légal*, même si du vivant du défunt il n'était pas stipulé d'intérêts ou s'il avait été convenu un taux inférieur au taux légal.

Les intérêts ne sont pas soumis à la prescription quinquennale tant que dure l'indivision (88).

§ 283 Terminons en disant que le rapport des dettes est, d'une façon générale, soumis aux mêmes règles que le rapport des donations. Portant sur des sommes d'argent il *s'effectue nécessairement en moins prenant.*

Si le montant de la dette dépasse la part qui revient à l'héritier dans la succession, il ne recevra rien et restera tenu de l'excédent de la dette envers ses cohéritiers.

C. Imputation et réduction des libéralités*

L'article 864 du Code civil dispose que la donation* faite en avancement d'hoirie* à un héritier réservataire* qui accepte la succession *s'impute sur sa part de réserve* et, subsidiairement, sur la quotité disponible*, s'il n'en a pas été autrement convenu dans l'acte de donation. **§ 284**

L'excédent est sujet à réduction.

La donation faite en avancement d'hoirie à un héritier réservataire qui renonce à la succession est traitée comme une donation par préciput* (voir ci-dessous).

La *libéralité faite par préciput et hors part* s'impute sur la quotité disponible. L'excédent est sujet à réduction *(Code civil, art. 865)*. **§ 285**

L'article 866 du Code civil donne la faculté, en cas de dons faits à un successible*, ou à des successibles conjointement, qui excèdent la portion disponible, de les retenir en totalité, quel que soit l'excédent, sauf à récompenser les cohéritiers en argent. **§ 286**

Cet article est applicable aux parts sociales d'un groupement agricole d'exploitation, lesdites parts étant, dans ce cas, considérées comme si elles constituaient l'exploitation agricole, objet du groupement (Loi n° 62-917 du 8-8-1962).

Lorsque, dit *l'article 867 du Code civil*, le legs* fait à un successible, ou à des successibles conjointement, porte sur *un bien ou sur plusieurs biens composant un ensemble*, dont la valeur excède la quotité disponible, le ou les bénéficiaires peuvent quel que soit cet excédent, réclamer en totalité l'objet de la libéralité, sauf à récompenser les cohéritiers en argent. **§ 287**

Il en est de même si la libéralité porte sur des objets mobiliers ayant été à l'usage commun du défunt et du légataire*.

Jugé que l'article 867 suscité, qui ne concerne que les legs faits à un successible ou des successibles, ne peut être invoqué **§ 288** par celui qui est exclu de la succession ab intestat* par des héritiers plus proches et acceptant (89).

§ 289 Par contre, l'article 867 peut être invoqué par le bénéficiaire d'un legs universel* ou à titre universel*, en vue de consolider l'attribution, soit lorsque le testateur a déterminé lui-même les biens qui doivent être attribués au légataire, soit lorsqu'il a conféré au légataire la faculté de ce choix ; cette faculté de choix peut s'exercer dans la limite des droits héréditaires du gratifié, quotité disponible et part de réserve cumulées (90).

§ 290 Aux termes de *l'article 868 du Code civil*, lorsque la *réduction n'est pas exigible en nature*, le donataire* ou légataire* est débiteur d'une indemnité équivalente à la portion excessive de la libéralité réductible. Cette indemnité se calcule d'après la valeur des objets donnés ou légués à l'époque du partage, et leur état au jour où la libéralité a pris effet.

Jugé qu'il résulte de l'article 868 du Code civil que le montant de l'indemnité prévue par cet article doit être fixé d'après la valeur du bien donné au jour du partage ou tout au moins à la date la plus proche possible de celui-ci. N'a pas donné de base légale à sa décision la cour d'appel qui a retenu l'évaluation du bien donné faite par un expert *six ans plus tôt,* sans rechercher s'il n'était pas possible de fixer cette valeur à une date plus rapprochée du jour où elle statuait (91).

Egalement jugé que la valeur des objets donnés ou légués à l'époque du partage doit être déterminée compte tenu des *plus-values* du bien donné provenant d'une cause étrangère au gratifié. A donc violé le texte susvisé l'arrêt qui, constatant que les terres données étaient grevées d'un bail au jour de la libéralité, a décidé que, par application de l'art. 868 susvisé, elles devaient être évaluées en cet état à l'époque du partage, bien que libérées de la location qui les grevait au jour de la donation (92).

§ 291 L'indemnité *est payable* au moment du partage, sauf accord entre les cohéritiers. Toutefois, lorsque la libéralité a pour objet un des biens pouvant faire l'objet d'une attribution préférentielle*, des délais peuvent être accordés par le tribunal, compte tenu des intérêts en présence, s'ils ne l'ont pas été par le disposant. L'octroi de ces délais ne peut, en aucun cas, avoir pour effet de différer le paiement de l'indemnité au-delà de dix années à compter de l'ouverture de la succession *(Code civil, art. 868).*

L'article 868 du Code civil rend applicable l'article 833-1 du même Code, c'est-à-dire que si par suite de circonstances économiques la valeur des biens a augmenté ou diminué de plus du quart depuis le partage, les sommes restant dues augmentent ou diminuent dans la même proportion, sauf accord contraire (voir ci-dessous § 419). § 292

A défaut de convention ou de stipulation contraire, dit encore *l'article 868 du Code civil*, les sommes restant dues sont productrices *d'intérêts* au taux légal en matière civile. Les avantages résultant des délais et modalités de paiement accordés ne constituent pas une libéralité. § 293

Jugé que l'indemnité due par l'héritier qui entend retenir le bien donné au-delà de la quotité disponible n'est productive d'intérêts au taux légal en matière civile qu'à compter du jour où elle est déterminée, c'est-à-dire du jour du partage (93).

En cas de *vente de la totalité* du bien donné ou légué, les sommes restant dues deviennent immédiatement exigibles *(Code civil, art. 868).* § 294

En cas de *ventes partielles*, le produit de ces ventes est versé aux cohéritiers et imputé sur les sommes encore dues *(Code civil, art. 868).* § 295

D. Liquidation de la communauté

Sauf si les époux étaient mariés sous le régime de la séparation des biens, si le défunt laisse un conjoint survivant il faut, avant de procéder au partage liquider la communauté conformément aux articles 1467 et suivants du Code civil. § 296

On distinguera, s'il y a lieu : § 297

— les biens propres* du défunt ;
— les biens propres au conjoint survivant ;
— les biens de la communauté.

Les biens propres au défunt et une part des biens de la communauté figureront à l'actif de la succession.

La liquidation de la communauté est une opération très complexe qui *dépend du régime matrimonial* des époux et qui § 298 nécessite l'intervention d'un *notaire*, notamment s'il y a des biens immeubles*.

On peut également se référer à ce que nous disons dans l'ouvrage de la même collection *« Contrats de mariage - Régimes matrimoniaux »*.

§ 299 Pour mémoire, rappelons ici que les différents régimes matrimoniaux comportant une part de communauté sont les suivants :

— *la communauté légale*, qui, en application de *l'article 1400 du Code civil* s'établit à défaut de contrat de mariage ou par simple déclaration, sans autre précision que l'on se marie sous le régime de la communauté ;

— *la communauté de meubles et acquêts* qui, en application de *l'article 1498 du Code civil* étend la communauté aux biens meubles* dont les époux avaient la propriété ou la possession le jour de leur mariage ou qui leurs sont échoués depuis par succession ou libéralité*, à moins que le donateur* ou le testateur n'ait stipulé le contraire. Dans ce régime ne restent biens propres et n'entrent donc pas dans l'actif de la communauté, que les meubles propres par nature (objets personnels, créances, et pensions incessibles, droits attachés exclusivement à la personne) ;

— *la communauté universelle*, régime dans lequel, en application de *l'article 1526 du Code civil* il y a communauté de biens meubles* et de biens immeubles*, présent et à venir. N'échappent à la communauté que les biens propres* par nature, à condition qu'il n'y ait pas de stipulation contraire, et les biens légués à un des époux expressément.

Il faut également signaler le régime de *la participation aux acquêts* qui aboutit à ce que pendant le mariage les époux profitent de la séparation des biens, alors qu'à la dissolution du mariage ils profitent également des acquêts *(Code civil, art. 1569)*.

XII. LE RETRAIT SUCCESSORAL

Comme l'a rappelé une réponse ministérielle au J.O.A.N. du 29 janvier 1977 (n° 33765), l'article 841 du Code civil concernant le retrait successoral, dont les dispositions faisaient l'objet de critiques nombreuses et souvent justifiées, a été *abrogé* par l'article 17 de la loi n° 76-1286 du 31 décembre 1976 relative à l'organisation de l'indivision (voir ci-dessous § 332 et sv.). Le retrait successoral, qui pouvait être exercé par des cohéritiers à l'encontre d'acquéreurs de parts indivises étrangers à la famille, a été *remplacé par un droit de préemption** ouvert à tous les indivisaires (voir ci-dessous § 338 et 339). **§ 300**

XIII. LE PARTAGE DE LA SUCCESSION

A. Pactes sur succession future

§ 301 Les pactes sur succession future sont en principe *prohibés* par la loi. Il résulte en effet de *l'article 791 du Code civil* qu'on ne peut, même par contrat de mariage, renoncer à la succession d'un homme vivant, ni aliéner* les droits éventuels qu'on peut avoir à cette succession (voir ci-dessus § 183 et 194).

De son côté, *l'article 1130 du Code civil* dispose qu'on ne peut renoncer à une succession non ouverte, ni faire aucune stipulation sur une pareille succession, même avec le consentement de celui de la succession duquel il s'agit.

Enfin, *l'article 1600 du Code civil* veut qu'on ne peut vendre la succession d'une personne vivante, même avec son consentement.

§ 302 Naturellement, pour que la prohibition des pactes sur succession future soit applicable, il faut que ceux qui contractent sur la succession d'autrui figurent à l'acte *en qualité d'héritiers présomptifs.*

§ 303 La notion de pacte sur succession future est toutefois dans la pratique difficile à cerner.

Il a ainsi été jugé que toute stipulation ayant pour objet d'attribuer un droit privatif ou éventuel sur tout ou partie d'une succession non encore ouverte, constitue un pacte sur succession future (94).

Jugé de même, que méconnaît l'article 1130 du Code civil la cour d'appel qui décide qu'un acte par lequel une personne déclarait vendre sa propriété à une autre « dès le jour de son décès » pour un prix déterminé payable à l'ouverture de la succession s'analysait en une promesse post mortem valable, alors que la convention ne créait d'obligations qu'à la charge de la succession sans imposer au stipulant aucune obligation dont la succession n'aurait été tenue que par voie de conséquence (95).

L'acte qui donne une succession future en garantie d'un prêt doit également s'analyser comme un pacte sur succession future prohibé par la loi.

La clause contenue dans *les statuts d'une société* prévoyant la continuation de celle-ci par les survivants, après rachat des parts du prédécédé, ne constitue pas un pacte sur succession future et est donc valable (96). § 304

Mais constitue un pacte sur succession future prohibé la convention par laquelle un père et ses deux enfants règlent par avance la dévolution pour cause de mort, d'actions d'une société anonyme appartenant primitivement au père, et ce, tant dans la succession de celui-ci que dans celle de l'un de ses enfants (97).

La prohibition des pactes sur succession future *ne vise pas les testaments ni les donations* entre vifs*, dans la mesure où ils sont conformes à la loi (voir dans la même Collection l'ouvrage *« Testament ou donation ? »*). § 305

Les *partages d'ascendants** (voir ci-dessous § 308 et suiv.) sont également autorisés.

Signalons aussi, qu'en vertu de *l'article 1390 du Code civil, les conjoints* peuvent stipuler qu'à la dissolution du mariage par la mort de l'un deux, le survivant aura la faculté d'acquérir, ou le cas échéant, de se faire attribuer dans le partage certains bien personnels du prémourant, à charge d'en tenir compte à la succession, d'après la valeur qu'ils auront au jour où cette faculté sera exercée. § 306

Terminons en disant que les pactes sur succession future prohibés sont *nuls*. Il s'agit d'une nullité absolue*, les articles du Code civil les concernant étant d'ordre public*. § 307

L'action en nullité *se prescrit** par 30 ans

B. Partage d'ascendant* ou partage anticipé

Bien que, venons de le voir, la loi interdise, en principe, les pactes sur succession future, elle *autorise* une forme de partage anticipé, le partage d'ascendant. § 308

Le partage d'ascendant peut produire ses effets *dès le vivant* du ou des ascendants. § 309

Il y a alors *donation-partage*.

§ 310 Le partage d'ascendant peut aussi ne produire ses effets *qu'au décès* de l'ascendant.

Il y a alors *testament-partage*.

§ 311 *La donation-partage* est soumise aux formalités, conditions et règles prescrites pour les donations entre vifs *(voir dans la même Collection l'ouvrage « Testament ou donation ? »)*, sous réserve de l'application des dispositions des articles 1075 et 1075-3 du Code civil que nous citons ci-dessous.

§ 312 *Le testament-partage* est soumis aux formalités, conditions et règles prescrites pour les testaments *(voir dans la même Collection l'ouvrage « Testament ou donation ? »)*, également sous réserve de l'application des dispositions des articles 1075 à 1075-3 du Code civil que nous citons ci-dessous.

§ 313 L'article 1075 du Code civil prévoit expressément que les père et mère et autres ascendants peuvent faire, entre leurs enfants et descendants*, la distribution et le partage de leurs biens.

§ 314 Le partage d'ascendant ou partage anticipé a pour avantage principal *d'éviter les discussions entre les héritiers*, discussions pouvant aller jusqu'au partage judiciaire.

§ 315 Sur le plan pratique, *la donation-partage* permet à l'ascendant de *se décharger de l'administration de ses biens*, moyennant, par exemple, une rente viagère. Mais il peut être dangereux de se dépouiller de ses biens de son vivant, même contre compensation financière.

§ 316 La donation-partage permet également de profiter de certains *avantages fiscaux* (voir ci-dessous § 600).

§ 317 Sous réserve des nouvelles dispositions introduites à l'article 1075 du Code civil en faveur de la transmission des entreprises (voir ci-dessous § 319), le partage d'ascendant est donc *le partage qu'effectuent de leur vivant les père et mère ou grand-pères et grand-mères au profit de leurs descendants* exclusivement, y compris les enfants naturels* et les enfants adoptifs qui ont des droits sur la succession (voir ci-dessus § 65 et suiv. et 87 et suiv.).

§ 318 Viole donc l'article 1075 du Code civil la cour d'appel qui rejette une demande en nullité d'une donation-partage faite par un père et une mère au profit de leurs deux enfants et de deux autres enfants issus d'un précédent mariage du père, alors que, la mère disposante n'étant pas l'ascendante des deux enfants de son mari nés d'un autre lit, ne pouvait les inclure parmi les bénéficiaires d'une donation-partage portant indistinctement sur les biens des deux époux.

En vue de *favoriser la transmission des entreprises*, une loi n° 88-15 du 5 janvier 1988, a ajouté à l'article 1075 du Code civil un nouvel alinéa qui permet, sous certaines conditions, d'inclure dans la donation-partage des personnes autres que les enfants et descendants. § 319

Il en résulte que si les biens des ascendants comprennent *une entreprise individuelle* à caractère industriel, commercial, artisanal, agricole ou libéral, les père et mère et autres ascendants peuvent, dans les mêmes conditions et avec les mêmes effets, en faire sous forme de donation-partage, la distribution et le partage entre leurs enfants et descendants *et d'autres personnes*, sous réserve que les biens corporels* et incorporels* affectés à l'exploitation de l'entreprise entrent dans cette distribution et ce partage et que cette distribution et ce partage aient pour effet de n'attribuer à ces autres personnes que la propriété de tout ou partie de ces biens ou leur jouissance. § 320

Il ressort de ce texte que les père et mère et autres ascendants, dont les biens comprennent une entreprise individuelle à caractère industriel, commercial ou artisanal, agricole ou libéral, peuvent faire une donation-partage, en y incluant d'autres personnes que leurs enfants et descendants (même sans lien de parenté), dans les mêmes conditions et avec les mêmes effets que les donations-partages ne concernant que leurs enfants et descendants. § 321

En ce qui concerne *l'inclusion d'autres personnes*, l'article 1075 du Code civil exige cependant *une double condition*, à savoir : § 322
— que les biens faisant l'objet de la donation-partage comprennent les biens corporels et incorporels affectés à l'exploitation de l'entreprise individuelle visée ;
— que les autres personnes, c'est-à-dire les donataires* autres que les enfants et descendants, ne se voient attribuer que la propriété de tout ou partie de ces biens ou leur jouissance,

à l'exception de tout autre élément du patrimoine* du donateur*.

§ 323 Le partage fait par un ascendant *ne peut être attaqué pour cause de lésion (Code civil art. 1075-1).*

§ 324 L'article 1075-2 du Code civil rend applicables les dispositions de l'article 833-1, premier alinéa, du même Code, aux *soultes** mises à la charge des donataires, nonobstant toute convention contraire.

§ 325 Rappelons ici que selon l'article 833-1 auquel il est fait référence, lorsque le débiteur d'une soulte a obtenu des délais de paiement, et que, par suite de circonstances économiques, la valeur des biens mis dans son lot a augmenté ou diminué de plus du quart depuis le partage, les sommes restant dues augmentent ou diminuent dans la même proportion, sauf accord contraire (voir ci-dessous § 419).

§ 326 Il a été jugé que l'interdiction de déroger aux dispositions de l'article 833-1 suscité ne concerne pas une convention passée après le décès des ascendants donateurs, entre donataires copartagés (98).

§ 327 Si tous les biens, dit l'article 1075-3 du Code civil, que l'ascendant laisse au jour de son décès *n'ont pas été compris dans le partage*, ceux de ces biens qui n'y auront pas été compris seront attribués ou partagés conformément à la loi.

C. L'indivision

§ 328 Lorsqu'il y a *un seul héritier*, il n'y a pas de problème de partage, ni indivision.

L'héritier unique recueille l'ensemble de la succession selon les règles de droit commun*.

§ 329 Mais dès qu'il y a *au moins deux héritiers*, il y a indivision, c'est-à-dire que les héritiers sont copropriétaires indivis des biens de la succession, sans que l'on puisse attribuer une partie de ces biens à l'un plutôt qu'à l'autre.

§ 330 Chaque successible* n'est donc propriétaire que pour une quote-part de la succession, les droits des uns étant liés et paralysés par les droits des autres, ce qui peut créer de grosses difficultés d'administration et empêche la disposition des biens jusqu'au partage, même en cas d'accord de la majorité des héritiers, leur *accord unanime* étant indispensable.

C'est pourquoi *l'article 815 du Code civil* pose le principe que : § 331

« Nul ne peut être contraint de demeurer dans l'indivision et le partage peut toujours être provoqué, à moins qu'il n'y ait été sursis par jugement ou convention ».

C'est *la loi n° 76-1286 du 31 décembre 1976* qui, modifiant les articles 815 et suivants du Code civil, organise l'indivision en prévoyant deux régimes possibles : § 332

— celui de l'indivision légale, et
— celui de l'indivision conventionnelle.

Dans le régime de l'indivision conventionnelle, il y a lieu de distinguer selon qu'il y a présence ou non d'un usufruitier*.

Un autre aspect de l'indivision est la possibilité de constituer un bien de famille insaisissable.

1. L'indivision légale

Comme nous l'avons vu ci-dessus (§ 331), l'indivision est une *situation provisoire* à laquelle il peut toujours être mis fin par une demande de partage, à moins qu'il n'y ait été sursis, notamment par un jugement. § 333

Le Code civil prévoit plusieurs possibilités de faire surseoir par jugement au partage et organise un régime légal de l'indivision.

Le tribunal compétent est le *tribunal de grande instance* du lieu de l'ouverture de la succession (voir ci-dessus § 11). En cas d'urgence il statue éventuellement en référé*.

Le juge saisi dispose d'un pouvoir souverain d'appréciation (99).

S'il fait droit à la demande, l'indivision est maintenue entre ceux qui n'ont pas demandé leur part.

Rappelons que dans les affaires devant le tribunal de grande instance, l'intervention d'un *avocat* est obligatoire.

En application de *l'article 815 du Code civil*, à la demande d'un indivisaire*, le tribunal peut *surseoir au partage pour deux années au plus si sa réalisation immédiate risque de porter atteinte à la valeur des biens indivis ou si l'un des indivisaires ne peut s'installer sur une exploitation agricole* dépendant de la succession qu'à l'expiration de ce délai. § 334

Ce sursis peut s'appliquer à l'ensemble des biens indivis ou à certains d'entre eux seulement.

En outre, si des indivisaires entendent demeurer dans l'indivision, le tribunal peut, *à la demande de l'un ou de plusieurs d'entre eux*, en fonction des intérêts en présence et sans préjudice de l'application des articles 832 et 832-3 relatifs à l'attribution préférentielle (voir ci-dessous § 348 et suiv.), *attribuer sa part, après expertise, à celui qui a demandé le partage*, soit en nature si elle est aisément détachable du reste des biens indivis, soit en argent, si l'attribution en nature ne peut être commodément effectuée, ou si le demandeur en exprime la préférence.

S'il n'existe pas dans l'indivision une somme suffisante , le complément est versé par ceux des indivisaires qui ont concouru à la demande, sans préjudice de la possibilité pour les autres indivisaires d'y participer s'ils en expriment la volonté. La part de chacun dans l'indivision est augmentée en proportion de son versement.

§ 335 Autre cas prévu par *l'article 815-1 du Code civil* qui stipule qu'à défaut d'accord amiable, l'indivision de toute *exploitation agricole constituant une unité économique* et dont la mise en valeur était assurée par le défunt ou par son conjoint peut être maintenue dans les conditions fixées par le tribunal, à la demande des personnes visées ci-dessous (§ 337). Le tribunal statue en fonction des intérêts en présence et des possibilités d'existence que la famille peut tirer des biens indivis. Le maintien de l'indivision demeure possible lorsque l'exploitation comprend des éléments dont l'héritier ou le conjoint était déjà propriétaire ou copropriétaire avant l'ouverture de la succession.

Une *loi n° 62-917 du 2 août 1962* étend le bénéfice des dispositions ci-dessus aux parts sociales d'un *groupement agricole d'exploitation en commun*, lesdites parts étant considérées comme si elles constituaient l'exploitation agricole, objet du groupement.

§ 336 Toujours aux termes de *l'article 815-1 du Code civil*, l'indivision peut être également maintenue à la demande des personnes visées ci-dessous (§ 337) et dans les conditions fixées par le tribunal, en ce qui concerne la propriété du *local d'habitation ou à usage professionnel* qui, à l'époque du décès, était effectivement utilisé pour cette habitation ou cet usage par le défunt ou son conjoint. Il en est de même des objets mobiliers servant à l'exercice de la profession.

L'article 14 de la loi n° 61-1378 du 19 septembre 1961 rend les dispositions ci-dessus applicables lorsqu'il s'agit de droit sociaux donnant vocation à l'attribution du local d'habitation ou professionnel en propriété ou en jouissance.

Si le défunt laisse un ou plusieurs *descendants* mineurs**, le maintien de l'indivision, par application de *l'article 815-1 du Code civil* suscité, peut être demandé, soit par le conjoint survivant, soit par tout héritier, soit par le représentant légal des mineurs. § 337

Il a été jugé que cette disposition concerne seulement les descendants mineurs que le défunt laisse pour *héritiers à son décès* et qu'elle ne saurait s'appliquer en cas de représentation, dès lors qu'au moment du décès le fils du de cujus* lui ayant survécu, et étant majeur, a recueilli sa succession (100).

A défaut de descendants mineurs, le maintien de l'indivision ne peut être demandé que par le *conjoint survivant* et à la condition qu'il ait été avant le décès ou soit devenu du fait du décès, copropriétaire de l'exploitation agricole ou des locaux d'habitation ou à usage professionnel. S'il s'agit d'un local d'habitation, le conjoint doit avoir résidé dans les lieux à l'époque du décès.

Toujours en application de l'article 815-1 du Code civil, le maintien dans l'indivision *ne peut être prescrit pour une durée supérieure à 5 ans.*

Il peut être *renouvelé*, lorsqu'il y a un ou plusieurs descendants mineurs, jusqu'à la majorité du plus jeune et, à défaut de descendants mineurs, lorsque l'indivision est demandée par le conjoint survivant jusqu'au décès dudit conjoint.

Jugé que le droit de copropriété visé à l'article 815-1 du Code civil peut tenir à la qualité de commun en biens du conjoint survivant (101).

Par contre, l'usufruit* successoral dont bénéficie le conjoint survivant, ne lui confère pas la qualité de copropriétaire (102).

Terminons en disant que l'acte ou la décision de justice qui constate ou ordonne le maintien de l'indivision doit être *publié au bureau des hypothèques** si des biens immobiliers sont concernés par l'indivision.

Faute de convention, *la gestion de l'indivision* est ainsi organisée par les *articles 815-2 à 815-18 du Code civil*, issus de la loi du 31 décembre 1976, modifiée par la loi n° 87-498 du 6 juillet 1987. § 338

Art. 815.2. Tout indivisaire* peut prendre *les mesures nécessaires à la conservation des biens indivis.*

Il peut employer à cet effet les fonds détenus par lui et il est réputé en avoir la libre disposition à l'égard des tiers*.

A défaut de fonds de l'indivision, il peut obliger ses coïndivisaires à faire avec lui les dépenses nécessaires.

Lorsque les biens indivis sont grevés d'un usufruit* ces pouvoirs sont opposables à l'usufruitier dans la mesure où celui-ci est tenu des réparations.

Jugé que les mesures nécessaires à la conservation des biens indivis s'entendent des actes matériels ou juridiques ayant pour objet de soustraire le bien indivis à un péril imminent sans compromettre sérieusement le droit des indivisaires (103).

L'action en *suppression d'ouvrages* réalisés par le locataire dans un local commercial indivis excède la limite des actes conservatoires* (104). De même, l'action en *résolution du bail* pour non paiement des loyers s'analyse en un acte d'administration* impliquant le consentement de tous les indivisaires (105).

Par contre, les *mises en demeure de payer les fermages* constituent des actes conservatoires qui peuvent être valablement faites par un seul indivisaire (106). Egalement jugé que l'action par laquelle est *revendiquée la propriété indivise d'une parcelle* ayant pour objet la conservation des droits indivisaires, entre dans la catégorie des actes conservatoires, que tout indivisaire peut accomplir seul (107).

Art. 815-3. Les actes d'administration* et de disposition* relatifs aux biens indivis requièrent le consentement de tous les indivisaires. Ceux-ci peuvent donner à l'un ou à plusieurs d'entre eux *un mandat général d'administration*. Un mandat spécial est nécessaire pour tout acte qui ne ressort pas de l'exploitation normale des biens indivis, ainsi que pour la conclusion et le renouvellement des baux.

Si un indivisaire prend en main la gestion des biens indivis, au su des autres et néanmoins sans opposition de leur part, il est censé avoir reçu mandat tacite, couvrant les actes d'administration mais non les actes de disposition ni la conclusion ou le renouvellement des baux.

La Cour de cassation a confirmé que la vente d'un bien indivis est nulle à défaut du consentement de tous les indivisaires (108). L'indivisaire qui a agi sans mandat de son coïndivisaire ne peut s'en prévaloir contre lui (109).

Il faut également préciser, avec la même Cour de cassation, qu'un indivisaire peut agir individuellement contre le tiers* auquel il reproche d'avoir troublé sa possession sur l'immeuble dont la jouissance est commune ; en effet, l'article 815-3, alinéa 1er n'interdit pas une telle action (110).

Toujours pour l'application de l'article 815-3 du Code civil, il est précisé à l'article L. 135-11 du Code rural que l'indivisaire qui en application dudit article est censé avoir reçu un mandat tacite couvrant les actes d'administration* des immeubles indivis peut valablement adhérer, pour ces immeubles, à une association foncière pastorale dans la mesure où cette adhésion n'entraîne pas d'obligation quant à la disposition des biens.

Art. 815-4. Si l'un des indivisaires se trouve *hors d'état de manifester sa volonté*, un autre peut se faire habiliter par justice à le représenter, d'une manière générale ou pour certains actes particuliers, les conditions et l'étendue de cette représentation étant fixées par le juge.

A défaut de pouvoir légal, de mandat ou d'habilitation par justice, les actes faits par un indivisaire en représentation d'un autre ont effet à l'égard de celui-ci, suivant les règles de la gestion d'affaires.

Art. 815-5. Un indivisaire peut être autorisé par justice à passer seul un acte pour lequel le consentement d'un coïndivisaire serait nécessaire, si le *refus de celui-ci met en péril l'intérêt commun.*

Le juge ne peut, à la demande d'un nu-propriétaire*, ordonner *la vente de la pleine propriété* d'un bien grevé d'usufruit* contre la volonté de l'usufruitier.

L'acte passé dans les conditions fixées par l'autorisation de justice est opposable à l'indivisaire dont le consentement fait défaut.

Le juge du fond apprécie souverainement la notion de péril de l'intérêt commun (111). Il ne peut toutefois autoriser un indivisaire à régulariser un acte antérieur accompli au mépris de la loi (112).

Le refus de l'un des indivisaires de consentir à l'aliénation* des biens indivis pour assurer le paiement des droits de succession met en péril l'intérêt commun des indivisaires (113).

Par application de l'article 815-5 suscité du Code civil, il a encore été jugé que :

— il importe peu que la dette dont le paiement est poursuivi soit personnelle à l'un des coïndivisaires dès lors que cette poursuite peut affecter le bien indivis et atteindre ainsi l'intérêt commun des indivisaires (114) ;

— l'autorisation judiciaire exige la preuve préalable que le refus opposé par l'un des indivisaires met en péril l'intérêt de

tous les coïndivisiaires, et pas seulement que l'opération projetée est avantageuse (115) ;
— le refus d'un ex-époux, copreneur d'un bien rural avec son ex-épouse, de consentir à la cession* du bail* à leur enfant commun, seule alternative au refus de renouvellement du bailleur, met en péril l'intérêt commun des deux coïndivisaires (110).

Art. 815-6. Le *président du tribunal de grande instance* peut prescrire ou autoriser *toutes les mesures urgentes* que requiert l'intérêt commun.

Il peut, notamment, autoriser un indivisaire à percevoir des débiteurs de l'indivision ou des dépositaires de fonds indivis une provision destinée à faire face aux besoins urgents, en prescrivant, au besoin, les conditions de l'emploi. Cette autorisation n'entraîne pas la prise de qualité pour le conjoint survivant ou pour l'héritier.

Il peut également, soit *désigner un indivisaire comme administrateur* en l'obligeant, s'il y a lieu, à donner caution*, *soit nommer un séquestre**. Les articles 1873-5 à 1873-9 relatifs à la gestion des indivisions conventionnelles (voir ci-dessous § 339) sont applicables en tant que raison aux pouvoirs et aux obligations de l'administrateur, s'ils ne sont pas autrement définis par le juge.

A noter que l'article 808 du nouveau Code de procédure civile donnant compétence au juge des référés* lorsqu'il n'y a pas de contestation sérieuse n'est pas applicable aux cas prévus par l'article 815-6 du Code civil (117).

A noter également que l'administrateur désigné par le président du tribunal de grande instance n'est pas obligatoirement un indivisaire et que rien n'exige qu'il soit pris parmi les notaires (118).

Jugé que le président du tribunal de grande instance peut, en application de l'article 815-6 du Code civil, ordonner la vente de titres pour payer les frais de partage, dans l'intérêt commun des indivisaires (119).

Art. 815-7. Le président du tribunal peut aussi *interdire le déplacement des meubles corporels** sauf à spécifier ceux dont il attribue l'usage personnel à l'un ou à l'autre des ayants droit*, à charge pour ceux-ci de donner caution s'il l'estime nécessaire.

Art. 815-8. Quiconque reçoit des revenus ou expose des frais pour le compte de l'indivision doit en tenir un état qui est à la disposition des indivisaires.

Art. 815-9. Chaque indivisaire peut user et *jouir des biens indivis* conformément à leur destination, dans la mesure compatible avec le droit des autres indivisaires et avec l'effet des actes régulièrement passés au cours de l'indivision. A défaut d'accord entre les intéressés, l'exercice de ce droit est réglé, à titre provisoire, par le président du tribunal.

L'indivisaire qui use ou jouit privativement de la chose indivise est, sauf convention, contraire, redevable d'une indemnité.

La Cour de cassation a confirmé que tout indivisaire peut faire cesser les actes accomplis par un coïndivisaire qui porte atteinte à ses droits (120).

Les juges du fond apprécient souverainement le mode de calcul et le montant de l'indemnité due en vertu de l'article 815-9 suscité (121). Cette indemnité doit être assimilée à un revenu et accroît à l'indivision à défaut de partage provisionnel ou de tout autre accord (122) (voir ci-dessous art. 815-10).

Art. 815-10. Les fruits* et les revenus des biens indivis accroissent l'indivision, à défaut de partage provisionnel ou de tout autre accord établissant la jouissance divise.

Aucune recherche relative aux fruits et revenus ne sera, toutefois, recevable plus de *cinq ans* après la date à laquelle ils ont été perçus ou auraient pu l'être.

Chaque indivisaire a droit aux bénéfices provenant des biens indivis et supporte les pertes proportionnellement à ses droits dans l'indivision.

La Cour de cassation a jugé que n'est pas conforme à la loi le jugement qui réparti le total des dépenses entre les coïndivisaires non proportionnellement à leurs droits dans l'indivision mais en proportion de leurs dépenses respectives (123).

Toutefois, *la plus-value* due aux efforts personnels du gérant de l'indivision n'est pas assimilable aux fruits entrant dans l'indivision. L'intéressé peut demander qu'il lui soit tenu compte de ses efforts personnels selon l'équité (124) (voir également ci-dessous art. 815-13).

La prescription* quinquennale de l'article 815-10 suscité bénéficie à l'indivisaire qui a géré les biens indivis, ainsi qu'à l'indemnité mise à la charge de l'indivisaire qui jouit privativement d'un bien indivis (125) (voir ci-dessus art. 815-9).

Egalement jugé que viole l'article 815-10, alinéa 3, l'arrêt qui décide qu'à compter de la date de la jouissance divise des biens de communauté à partager entre deux époux, l'un d'eux supporterait seul les charges afférentes à un de ces biens jusqu'à sa vente (126).

Art. 815-11. Tout indivisaire peut *demander sa part annuelle dans les bénéfices*, déduction faite des dépenses entraînées par les actes auxquels il a consenti ou qui lui sont opposables. A défaut d'autre titre, l'étendue des droits de chacun dans l'indivision résulte de l'acte de notoriété* ou de l'intitulé d'inventaire établi par le notaire.

En cas de contestation, le président du tribunal de grande instance peut ordonner une répartition provisionnelle des bénéfices sous réserve d'un compte à établir lors de la liquidation définitive.

A concurrence des fonds disponibles, il peut semblablement ordonner une avance en capital sur les droits de l'indivisaire dans le partage à intervenir.

Jugé que les sommes que l'indivisaire reçoit à titre d'avance en capital ne peuvent, en l'absence de dispositions légales, faire l'objet d'une réévaluation au jour du partage que si celle-ci a été prévue par l'accord des parties (127).

Art. 815-12. L'indivisaire qui gère un ou plusieurs biens indivis est *redevable des produits nets de sa gestion*. Il a droit *à la rémunération de son activité*, dans les conditions fixées à l'amiable, ou, à défaut, par décision de justice.

La Cour de cassation a confirmé qu'à défaut d'accord amiable, il appartient au juge du fond de fixer les conditions de rémunération de l'indivisaire qui gère un bien indivis (128).

L'indemnité à laquelle a droit l'indivisaire cesse d'être due à compter de la date de la jouissance divise (129).

Art. 815-13. Lorsqu'un indivisaire a *amélioré à ses frais l'état d'un bien indivis*, il doit lui en être tenu compte selon l'équité, eu égard à ce dont la valeur du bien se trouve augmentée au temps du partage ou de l'aliénation*. Il doit lui être pareillement tenu compte des impenses* nécessaires qu'il a faites de ses deniers personnels pour la conservation desdits biens, encore qu'elles ne les aient point améliorés.

Inversement, l'indivisaire *répond des dégradations* et détériorations qui ont diminué la valeur des biens indivis par son fait ou par sa faute.

Jugé que l'article 815-13 suscité ne peut être appliqué à des travaux faits par un enfant sur des biens appartenant à ses parents et dont il est devenu propriétaire par indivis plusieurs années seulement après l'exécution de ces travaux (130).

Egalement jugé que :
— l'alinéa 1er de l'article 815-13 n'exclut pas les dépenses faites dans l'intérêt d'un seul des indivisaires, pourvu qu'elles aient amélioré l'ensemble indivis (131) ;
— l'indivisaire qui a amélioré à ses frais le bien indivis dont il jouit privativement a droit à l'indemnité de l'article 815-13, qui se compense avec l'indemnité d'occupation dont il peut être redevable en vertu de l'article 815-9 (voir ci-dessus) (132).

Art. 815-14. L'indivisaire qui entend *céder, à titre onéreux**, à une personne étrangère à l'indivision, tout ou partie de ses droits dans les biens indivis ou dans un ou plusieurs de ces biens, est tenu de notifier par acte extrajudiciaire* aux autres indivisaires le prix et les conditions de la cession* projetée ainsi que les nom, domicile et profession de la personne qui se propose d'acquérir.

Tout indivisaire peut, dans le délai d'un mois qui suit cette notification*, faire connaître au cédant*, par acte extrajudiciaire, qu'il exerce un droit de préemption* aux prix et conditions qui lui ont été notifiés.

En cas de préemption, celui qui l'exerce dispose pour la réalisation de l'acte de vente d'un délai de deux mois à compter de la date d'envoi de sa réponse au vendeur. Passé ce délai, sa déclaration de préemption est nulle de plein droit*, quinze jours après une mise en demeure restée sans effet, et sans préjudice des dommages-intérêts qui peuvent lui être demandés par le vendeur.

Si plusieurs indivisaires exercent leur droit de préemption, ils sont réputés, sauf convention contraire, acquérir ensemble la portion mise en vente en proportion de leur part respective dans l'indivision.

Lorsque des délais de paiement ont été consentis par le cédant, l'article 833-1 est applicable. Il en résulte que si par suite des circonstances économiques, la valeur des biens a augmenté ou diminué de plus d'un quart depuis la cession, les sommes restant dues, sauf convention contraire, augmentent ou diminuent dans la même proportion.

Le fait que la cession de droits indivis ait lieu en considération de la qualité d'usufruitier* du cessionnaire* titulaire dans l'indivision de droits en usufruit ne suffit pas pour dispenser de la notification de la cession telle que prévue à l'article 815-14 ci-dessus (133) (voir également ci-dessous, art. 815-18).

Il a aussi été jugé que le droit de préemption de l'article 815-14 n'est applicable qu'en cas de cession de droits dans le bien indivis et non en cas de cession du bien indivis lui-même (134).

Art. 815-15. S'il y a lieu *à l'adjudication** de tout ou partie des droits d'un indivisaire dans les biens indivis ou dans un ou plusieurs de ces biens, l'avocat ou le notaire doit en informer les indivisaires par notification* un mois avant la date prévue pour la vente. Chaque indivisaire peut se substituer à l'acquéreur dans un délai d'un mois à compter de l'adjudication, par déclaration au secrétariat-greffe du tribunal de grande instance ou auprès du notaire.

Le cahier des charges établi en vue de la vente doit faire mention des droits de substitution.

L'article 815-15 n'est applicable qu'en cas d'adjudication portant sur les droits d'un indivisaire dans les biens indivis, et non sur les biens indivis eux-mêmes (135). Mais rien n'interdit qu'un droit de substitution soit prévu par les indivisaires au profit de chacun d'eux par une clause du cahier des charges établi en vue de la licitation* d'un bien indivis (136).

Art. 815-16. Est *nulle toute cession ou toute licitation** opérée au mépris des dispositions des articles 815-14 et 815-15 organisant le droit de préemption. L'action en nullité se prescrit* par cinq ans. Elle ne peut être exercée que par ceux à qui les notifications devaient être faites ou par leurs héritiers.

Art. 815-17. Les créanciers qui auraient pu agir sur les biens indivis avant qu'il y eût indivision, et ceux dont la créance résulte de la conservation ou de la gestion des biens indivis, seront payés par prélèvement sur l'actif avant le partage. Ils peuvent en outre poursuivre la saisie et la vente des biens indivis.

Les créanciers personnels d'un indivisaire ne peuvent saisir sa part dans les bien indivis, meubles ou immeubles.

Ils ont toutefois la faculté de provoquer le partage au nom de leur débiteur ou d'intervenir dans le partage provoqué par lui. Les coïndivisaires peuvent arrêter le cours de l'action en partage en acquittant l'obligation au nom et en l'acquit du débiteur. Ceux qui exerceront cette faculté se rembourseront par prélèvement sur les biens indivis.

L'interdiction de l'intervention des créanciers personnels, édictée à l'alinéa 2 de l'article 815-17 suscité, ne porte cependant pas atteinte au pouvoir de disposition de l'indivisaire sur sa quote-part, et notamment au pouvoir de constituer une hypothèque* (137). Cette interdiction ne restreint pas non plus le droit de prendre des sûretés* sur la part indivise (138).

Art. 815-18. Les dispositions des articles 815 à 815-17 suscitées sont applicables aux *indivisions en usufruit** en tant qu'elles sont compatibles avec les règles de l'usufruit.

Les notifications* prévues aux articles 815-14, 815-15 et 815-16 doivent être adressées à tout nu-propriétaire* et à tout usufruitier. Mais un usufruitier ne peut acquérir une part en nue-propriété que si aucun nu-propriétaire ne s'en porte acquéreur ; un nu-propriétaire ne peut acquérir une part en usufruit que si aucun usufruitier ne s'en porte acquéreur.

2. L'indivision conventionnelle en l'absence d'usufruitier*

Ce cas est régi par les *articles 1873-2 à 1873-15 du Code* § 339
civil issus de la loi n° 76-1286 du 31 décembre 1976, modifiée par la loi n° 78-627 du 10 juin 1978, et par la loi n° 85-1372 du 23 décembre 1985.

Art. 1873-2. Les coïndivisaires, s'ils y consentent tous, peuvent convenir de demeurer dans l'indivision.

A peine de nullité, la convention doit être établie par un écrit comportant la désignation des biens indivis* et l'indication des quotes-parts appartenant à chaque indivisaire*. Si les biens indivis comprennent des créances, il y a lieu aux formalités de l'article 1690, c'est-à-dire à signification* par huissier aux débiteurs ; s'ils comprennent des immeubles, il y a lieu aux formalités de la publicité foncière.

(Voir modèle de Convention d'indivision ci-dessous « Quatrième partie »).

Art. 1873-3. La convention peut être conclue pour *une durée déterminée qui ne saurait être supérieure à cinq ans.* Elle est renouvelable par une décision expresse des parties. Le partage ne peut être provoqué avant le terme convenu qu'autant qu'il y en a de justes motifs.

La convention peut également être conclue pour *une durée indéterminée.* Le partage peut, en ce cas, être provoqué à tout moment, pourvu que celà ne soit pas de mauvaise foi ou à contre-temps.

Il peut être décidé que la convention à durée déterminée se renouvellera par tacite reconduction pour une durée déterminée ou indéterminée. A défaut d'un pareil accord, l'indivision sera régie par les articles 815 et suivants à l'expiration de la convention à durée déterminée (voir ci-dessus § 334 et suiv.).

Art. 1873-4. La convention tendant au maintien de l'indivision requiert *la capacité ou le pouvoir de disposer des biens indivis.*

Elle peut, toutefois, être conclue au nom d'un mineur, par son représentant légal seul ; mais, dans ce cas, le mineur devenu majeur peut y mettre fin, quelle qu'en soit la durée, dans l'année qui suit sa majorité.

Art. 1873-5. Les coïndivisaires peuvent *nommer un ou plusieurs gérants*, choisis ou non parmi eux. Les modalités de désignation et de révocation du gérant peuvent être déterminées par une décision unanime des indivisaires.

A défaut d'un tel accord, le gérant pris parmi les indivisaires ne peut être révoqué de ses fonctions que par une décision unanime des autres indivisaires.

Le gérant, qui n'est pas indivisaire, peut être révoqué dans les conditions convenues entre ses mandants ou, à défaut, par une décision prise à la majorité des indivisaires en nombre et en parts.

Dans tous les cas, la révocation peut être prononcée par le tribunal à la demande d'un indivisaire lorsque le gérant, par ses fautes de gestion, met en péril les intérêts de l'indivision.

Si le gérant révoqué par le tribunal est un indivisaire, la convention sera réputée conclue pour une durée indéterminée à compter de sa révocation.

Dans une indivision conventionnelle ne comportant que deux membres, dont le gérant, l'article 1873-5 suscité donne au seul coïndivisaire du gérant le pouvoir de révoquer celui-ci (139).

Art. 1873-6. Le gérant représente les indivisaires dans la mesure de ses pouvoirs, soit pour les actes de la vie civile, soit en justice, tant en demandant qu'en défendant. Il est tenu d'indiquer, à titre purement énonciatif, le nom de tous les indivisaires dans le premier acte de procédure.

Le gérant administre l'indivision et exerce, à cet effet, les pouvoirs attribués à chaque époux sur les biens communs. Il ne peut, toutefois, disposer des meubles corporels* que pour les besoins d'une exploitation normale des biens indivis, ou encore s'il s'agit de choses difficiles à conserver ou sujettes à dépérissement. Toute clause extensive des pouvoirs du gérant est réputée non écrite.

Art. 1873-7. Le gérant exerce les pouvoirs qu'il tient de l'article précédent lors même qu'il existe un incapable* parmi les indivisaires.

Néanmoins, l'article 456, al. 3, est applicable aux baux consentis au cours de l'indivision. Il en résulte que les baux consentis ne confèrent au preneur, aucun droit de renouvellement et aucun droit à se maintenir dans les lieux à l'expiration du bail, nonobstant toutes dispositions légales contraires.

Art. 1873-8. Les décisions qui excèdent les pouvoirs du gérant sont prises à l'unanimité, sauf au gérant, s'il est lui-même indivisaire, à exercer les recours prévus par les articles 815-4, 815-5 et 815-6 (voir ci-dessus § 338).

S'il existe des incapables mineurs ou majeurs parmi les indivisaires, les décisions dont il est parlé à l'alinéa précédent donnent lieu à l'application des règles de protection prévues en leur faveur.

Il peut être convenu entre les indivisaires qu'en l'absence d'incapables certaines catégories de décisions seront prises autrement qu'à l'unanimité. Toutefois, aucun immeuble indivis ne peut être aliéné* sans l'accord de tous les indivisaires, si ce n'est qu'en application des articles 815-4 et 815-5 ci-dessus (voir ci-dessus § 338).

Art. 1873-9. La convention d'indivision peut régler le mode d'administration en cas de *pluralité des gérants.* A défaut de stipulations spéciales, ceux-ci détiennent séparément les pouvoirs prévus à l'article 1873-6 suscité, sauf droit pour chacun de s'opposer à toute opération avant qu'elle ne soit conclue.

Art. 1873-10. Le gérant a droit, sauf accord contraire, *à la rémunération de son travail.* Les conditions en sont fixées par les indivisaires, à l'exclusion de l'intéressé, ou, à défaut, par le président du tribunal de grande instance statuant à titre provisionnel.

Le gérant répond, comme mandataire* des fautes qu'il commet dans sa gestion.

Art. 1873-11. Chaque indivisaire peut exiger *la communication de tous les documents relatifs à la gestion.* Le gérant doit, *une fois par an, rendre compte de sa gestion* aux indivisaires. A cette occasion, il indique par écrit les bénéfices réalisés et les pertes encourues ou prévisibles.

Chaque indivisaire est tenu de participer aux dépenses de conservation des biens indivis. A défaut d'accord particulier, les articles 815-9, 815-10 et 815-11 (voir ci-dessus § 338) sont applicables à l'exercice du droit d'usage et de jouissance, ainsi qu'à la répartition des bénéfices et des pertes.

*Art. 1873-12. En cas d'aliénation** de tout ou partie des droits d'un indivisaire dans les biens indivis, ou dans un ou plusieurs de ces biens, les coïndivisaires bénéficient des droits de préemption* et de substitution prévus par les articles 815-14 à 815-16 et 815-18 (voir ci-dessus § 338).

La convention est réputée conclue pour une durée indéterminée lorsque, pour quelque cause que ce soit, une part indivise est dévolue à une personne étrangère à l'indivision.

Art. 1873-13. Les indivisaires peuvent convenir qu'*au décès de l'un d'eux* chacun des survivants pourra acquérir la quote-part du défunt, ou que le conjoint survivant ou tout autre héritier désigné, pourra se la faire attribuer à charge d'en tenir compte à la succession d'après sa valeur à l'époque de l'acquisition ou de l'attribution.

Si plusieurs indivisaires ou plusieurs héritiers exercent simultanément leur faculté d'acquisition ou d'attribution, ils sont réputés, sauf convention contraire, acquérir ensemble la part du défunt à proportion de leurs droits respectifs dans l'indivision ou la succession.

Les dispositions ci-dessus ne peuvent préjudicier à l'application des dispositions des articles 832 à 832-3 relatives à l'attribution préférentielle (voir ci-dessous § 348 et suiv.).

Art. 1873-14. La faculté d'acquisition ou d'attribution est caduque si son bénéficiaire ne l'a pas exercée par *une notification* faite aux indivisaires survivants et aux héritiers du prémourant* dans le délai d'un mois à compter du jour où il aura été mis en demeure de prendre parti. Cette mise en demeure ne peut elle-même avoir lieu avant l'expiration du délai pour faire inventaire et délibérer (soit 3 mois plus 40 jours).

Lorsqu'il n'a pas été prévu de faculté d'acquisition ou d'attribution, ou que celle-ci est caduque, la quote-part du défunt échoit à ses héritiers ou légataires*. En pareil cas, la convention d'indivision sera réputée conclue pour une durée indéterminée à compter de l'ouverture de la succession.

Art. 1873-15. L'article 815-17 suscité (voir § 338) est applicable aux *créanciers* de l'indivision, ainsi qu'aux créanciers personnels des indivisaires.

Toutefois, ces derniers ne peuvent provoquer le partage que dans les cas où leur débiteur pourrait lui-même le provoquer. Dans les autres cas, ils peuvent poursuivre la saisie et la vente de la quote-part de leur débiteur dans l'indivision en suivant les formes prévues par le Code de procédure civile (vente sur saisie immobilière). Les dispositions de l'article 1873-12 suscité relatives au droit de préemption et de substitution sont alors applicables.

3. L'indivision conventionnelle en présence d'un usufruitier*

Ce cas est régi par les *articles 1873-16 à 1873-18 du Code civil* également issus de la loi n° 76-1286 du 31 décembre 1976. § 340

Art. 1873-16. Lorsque *les biens indivis sont grevés d'un usufruit*, des conventions, soumises en principe aux dispositions examinées ci-dessus (§ 339), peuvent être conclues soit entre les nus-propriétaires*, soit entre les usufruitiers, soit entre les uns et les autres. Il peut y avoir pareillement convention entre ceux qui sont en indivision pour la jouissance et celui qui est nu-propriétaire de tous les biens, de même qu'entre l'usufruitier universel et les nus-propriétaires.

Art. 1873-17. Lorsque *les usufruitiers n'ont pas été parties à la convention*, les tiers* qui ont traité avec le gérant de l'indivision ne peuvent se prévaloir au préjudice des droits d'usufruit des pouvoirs qui lui auraient été conférés par les nus-propriétaires.

Art. 1873-18. Lorsque la convention passée entre usufruitiers et nus-propriétaires prévoit que *des décisions seront prises à la majorité en nombre et en parts*, le droit de vote afférent aux parts est divisé par moitié entre l'usufruit et la nue-propriété, à moins que les parties n'en soient autrement convenues.

Toute dépense excédant les obligations de l'usufruitier, telles que prévues par les articles 582 et suivants du Code civil, ne l'engage qu'avec son consentement donné dans la convention elle-même ou par un acte ultérieur.

L'aliénation* de la pleine propriété des biens indivis ne peut être faite sans l'accord de l'usufruitier, sauf le cas où elle est provoquée par les créanciers habiles à poursuivre la vente.

4. Bien de famille insaisissable

Une *loi du 12 juillet 1909* a prévu la possibilité pour le chef de famille de constituer *un bien de famille insaisissable* se rapportant à l'immeuble ou à l'appartement dont il est propriétaire. § 341

La valeur du bien de famille ne doit pas dépasser 50 000 F au moment de sa constitution. Celle-ci peut résulter d'une déclaration devant notaire, d'une donation*, d'un testament ou d'un contrat de mariage. § 342

Aucune hypothèque* ni aucun privilège* ne doit exister sur l'immeuble ou l'appartement, lequel devient insaisissable, même en cas de redressement ou de liquidation judiciaires, dès l'accomplissement des formalités de publicité foncière. L'administration fiscale ne peut, le cas échéant, saisir que les loyers.

§ 343 Lorsque le « de cujus »* a constitué un bien de famille insaisissable, *l'article 18 de la loi du 12 juillet 1909* prévoit que l'insaisissabilité peut se prolonger par l'effet du *maintien de l'indivision* par dérogation au principe que nul n'est tenu de rester dans l'indivision.

Si le *conjoint survivant* est propriétaire du bien et s'il l'habite au moment du décès, l'indivision peut, à sa demande, être maintenue pendant 5 ans à partir du décès et continuée ainsi de 5 ans en 5 ans jusqu'à son propre décès.

Même si le conjoint survivant n'habite pas le bien de famille insaisissable au moment du décès, et si le défunt laisse des descendants*, l'indivision peut être maintenue, à la demande du conjoint ou de l'un des descendants, pendant 5 années à partir du décès.

§ 344 Dans le cas où il se trouve *des mineurs** parmi les descendants, l'indivision peut être continuée jusqu'à la majorité du plus jeune, et, avec le consentement unanime des parties, prolongée durant les 5 années qui suivront cette majorité. Il peut être alloué, s'il y a lieu, une indemnité pour ajournement de partage aux héritiers qui ont ou qui deviennent majeurs et ne profitent pas de l'habitation.

§ 345 Dans ces divers cas, à moins d'accord entre les parties, c'est le *juge du tribunal d'instance de la situation des biens* qui prononce le maintien ou la continuation de l'indivision, après avis du conseil de famille*, s'il y a lieu.

Il règle également, s'il y a lieu, après avis du conseil de famille, le montant de l'indemnité pour ajournement de partage.

§ 346 Signalons encore ici *l'article 19 de la loi du 12 juillet 1909* aux termes duquel lors de la cessation de l'indivision, chacun des héritiers et le conjoint survivant s'il a un droit de copropriété, a la faculté de *reprendre le bien de famille sur estimation*. Lorsque plusieurs intéressés veulent user de cette faculté, la préférence est accordée d'abord à celui que le défunt a désigné, puis à l'époux s'il est copropriétaire. En cas d'égalité, la majorité des intéressés décide. A défaut de majorité, il est procédé par voie de tirage au sort.

Si l'attribution du bien doit être faite *à la majorité ou par le sort*, les intéressés y procèdent sous la présidence du juge du tribunal d'instance, qui dresse procès-verbal des opérations. § 347

D. L'attribution préférentielle

Pour éviter le morcellement des héritages et la division des exploitations, *l'article 832 du Code civil* permet, dans certains cas, l'attribution préférentielle de certains biens de la succession. § 348

Il est complété par *les articles 832-1 à 832-4 issus principalement de la loi n° 80-502 du 4 juillet 1980 dite loi d'orientation agricole.*

1. Les biens concernés

Il s'agit en tout premier lieu des *biens agricoles*. Il résulte en effet de *l'article 832 du Code civil* que *le conjoint survivant ou tout héritier* copropriétaire peut demander l'attribution préférentielle par voie de partage, à charge de soulte* s'il y a lieu, de toute exploitation agricole ou partie d'exploitation agricole, constituant une unité économique, ou quote-part indivise d'exploitation agricole, même formée pour une part de biens dont il était déjà propriétaire ou copropriétaire avant le décès, à la mise en valeur de laquelle il participe ou a participé effectivement ; dans le cas de l'héritier, la condition de participation peut avoir été remplie par son conjoint. S'il y a lieu, la demande d'attribution préférentielle peut porter sur des parts sociales, sans préjudice de l'application des dispositions légales ou des clauses statutaires sur la continuation d'une société avec le conjoint survivant ou un ou plusieurs héritiers. § 349

Par ailleurs, *une loi n° 62-917 du 8 août 1962* étend le bénéfice des dispositions ci-dessus aux *parts sociales d'un groupement agricole d'exploitation en commun*, lesdites parts étant considérées comme si elles constituaient l'exploitation agricole, objet du groupement.

Nous étudions ci-dessous (§ 365 et suiv.) les règles particulières à l'attribution préférentielle de biens agricoles.

Pour l'application des dispositions suscitées de l'article 832 du Code civil, la Cour de cassation a notamment *jugé* que : § 350

— c'est dans l'exercice de leur pouvoir souverain d'appréciation que les juges du fond doivent rechercher si les parcelles détachées de l'actif indivis constituent une unité économique (140) ;
— c'est à la date de la demande d'attribution préférentielle qu'il convient d'apprécier si l'exploitation agricole constitue une unité économique (141) ;
— si l'indivision comporte plusieurs exploitations agricoles constituant des unités économiques distinctes, l'attribution préférentielle peut être demandée pour chacune d'elles (142) ;
— le fait qu'une partie des biens soit donnée à bail* à un tiers* n'empêche pas que ces biens soient inclus dans l'attribution préférentielle de l'ensemble des parcelles composant une ferme constituant une unité économique (143) ;
— les juges ne peuvent pas dénier la qualité d'exploitation agricole susceptible d'attribution préférentielle à un domaine baillé en métayage (144) ;
— n'est pas une exploitation agricole une propriété en état d'abandon complet depuis de longues années et du vivant même du défunt (145).

§ 351 Les dispositions suscitées de l'article 832 du Code civil (voir ci-dessus § 349), s'appliquent également, et selon les mêmes règles, en ce qui concerne *toute entreprise commerciale, industrielle ou artisanale*, dont l'importance n'exclut pas un caractère familial *(Code civil art. 832, al. 4)*.

Le conjoint survivant ou tout héritier copropriétaire peut donc demander l'attribution préférentielle par voie de partage, à charge de soulte* s'il y a lieu, de toute entreprise commerciale, industrielle ou artisanale à caractère familial dans les mêmes conditions que prévues ci-dessus pour les biens agricoles.

§ 352 Signalons ici qu'en application de la loi n° 82-596 du 10 juillet 1982, art. 5-II, modifiée par la loi n° 85-30 du 9 janvier 1985, art. 57, le conjoint survivant, ou en zone de montagne un enfant héritier copropriétaire, qui a obtenu l'attribution préférentielle d'une entreprise commerciale, artisanale, industrielle ou hôtelière à caractère familial, en application du 4ᵉ alinéa de l'article 832 du Code civil, bénéficie de *prêts à taux bonifié* pour le paiement de la soulte, dans des conditions fixées par décret (Se renseigner auprès des organismes prêteurs).

§ 353 *L'article 832 du Code civil* permet également au conjoint survivant ou à tout héritier copropriétaire de demander l'attribution préférentielle :

— de la propriété ou du droit de bail du *local qui sert effectivement d'habitation*, s'il y avait sa résidence au moment du décès ;
— de la propriété ou du droit de bail du *local à usage professionnel* servant effectivement à l'exercice de sa profession et des objets mobiliers à usage professionnel garnissant ce local ;
— de l'ensemble des *éléments mobiliers nécessaires à l'exploitation d'un bien rural* cultivé par le défunt à titre de fermier ou de métayer lorsque le bail continue au profit du demandeur, ou lorsqu'un nouveau bail est consenti à ce dernier.

Pour l'interprétation des dispositions suscitées, les règles § 354
relatives à la propriété d'un local d'habitation ou à usage professionnel doivent être considérées comme applicables lorsqu'il s'agit de *droits sociaux* donnant vocation à l'attribution de ce local en propriété ou en jouissance *(Loi n° 61-1378 du 19-12-1961)*.

A noter que l'article 832 du Code civil n'exige pas que le § 355
local dont l'attribution préférentielle est demandée corresponde aux besoins du demandeur en attribution. Il suffit qu'il serve effectivement à l'habitation du conjoint survivant ou de l'héritier copropriétaire (146).

La Cour de cassation a notamment été amenée à préciser § 356
que :
— si l'article 832 du Code civil exclut l'attribution en son entier d'un immeuble qui comprend des locaux distincts de ceux qu'habite le demandeur en attribution, c'est à la condition que ces locaux soient détachables du surplus, et ce texte permet de comprendre dans l'attribution les locaux accessoires ou annexes complétant les locaux d'habitation proprement dits pour une utilisation normale de ceux-ci (147) ;
— n'a pas donné de base légale à sa décision la Cour d'appel qui a accordé à une femme séparée de corps l'attribution préférentielle de la villa dans laquelle était situé le domicile conjugal et qu'elle avait continué à occuper depuis le départ de son mari, alors qu'elle n'habitait qu'une partie du premier étage et que la cour ne constate pas que les locaux du rez-de-chaussée et les bureaux du mari situés au premier étage n'aient pas été détachables de l'appartement occupé par l'épouse (148) ;
— a violé l'article 832 une Cour d'appel qui, ayant attribué à titre préférentiel deux immeubles respectivement à chacun des

héritiers des occupants de ces immeubles, a détaché du fonds de l'un d'eux une bande de terrain et un garage pour le joindre au fonds de l'autre cohéritier, alors qu'il résultait de ces constatations que l'héritier bénéficiaire de cette mesure ne remplissait pas les conditions légales requises pour être attributaire de partie du fonds occupé par son cohéritier (149) ;

si l'article 832 n'exige pas que le local corresponde aux besoins normaux de logement de celui qui sollicite l'attribution, il n'autorise pas pour autant l'attribution de locaux distincts de ceux qu'habite le demandeur. Une Cour d'appel, après avoir énoncé qu'un indivisaire demandait l'attribution préférentielle de tous les appartements de l'immeuble demeuré dans l'indivision bien qu'il n'ait vécu avec sa mère que dans un appartement du premier étage, en a déduit à bon droit qu'une telle demande ne pouvait être accueillie (150).

2. Règles générales

§ 357 Les dispositions des articles 832, 832-1, 832-2 et 832-3 profitent au conjoint ou à tout héritier, qu'il soit *copropriétaire en pleine propriété ou en nue-propriété**.

Les dispositions des articles 832, 832-2 et 832-3 profitent aussi *au gratifié** ayant vocation universelle ou à titre universel à la succession en vertu d'un testament ou d'une institution contractuelle *(Code civil, art. 832-4)*.

Le cas échéant, l'attribution préférentielle peut être *demandée conjointement* par plusieurs successibles *(Code civil, art. 832)*.

§ 358 A défaut d'accord amiable, la demande d'attribution préférentielle sera portée devant *le tribunal de grande instance* qui se prononce en fonction des intérêts en présence *(Code civil, art. 832)*. L'assistance d'un avocat est obligatoire.

§ 359 En cas de *pluralité de demandes* concernant une exploitation ou une entreprise, *l'article 832 du Code civil* veut que le tribunal tienne compte de l'aptitude des différents postulants à gérer cette exploitation ou cette entreprise et à s'y maintenir et en particulier de la durée de leur participation personnelle à l'activité de l'exploitation ou de l'entreprise.

§ 360 Les juges du fond saisis d'une demande d'attribution préférentielle facultative disposent d'un pouvoir souverain pour apprécier les intérêts en présence (151).

Disons encore, toujours avec *l'article 832 du Code civil,* que ·les biens faisant l'objet de l'attribution préférentielle sont estimés à leur *valeur au jour du partage.* § 361

La Cour de cassation a jugé que la décision faisant droit à une demande d'attribution préférentielle, et ayant fixé la valeur du bien au jour de son prononcé, n'a pas statué sur cette valeur au jour de la jouissance divise et n'a donc pas l'autorité de la chose jugée* quant à l'estimation définitive du bien, qui doit être faite à la date la plus proche possible du partage (152). Mais rien n'interdit aux juges de fixer immuablement en considération des circonstances de la cause, la date du partage au jour où ils statuent (153). § 362

Sauf accord amiable entre les copartageants, *la soulte** éventuellement due est payable comptant *(Code civil, art. 832).* § 363

Jugé que l'article 832 du Code civil ne prévoit aucune cause de déchéance du droit à l'attribution préférentielle. Doit dès lors être cassé l'arrêt qui après avoir fixé la valeur d'une exploitation agricole attribuée préférentiellement par une précédente décision, décide que dans le mois de la signification de l'arrêt, l'attributaire devra payer la soulte dont il serait reconnu débiteur, et que, faute par lui de ce faire, il serait déchu du bénéfice de l'attribution du domaine qui serait alors vendu (154). § 364

3. Règles spéciales à l'agriculture

Nous avons vu ci-dessus § 349 la règle de base posée par *l'article 832 du Code civil.* § 365

Le même article dispose encore qu'au cas où ni le conjoint survivant, ni aucun héritier copropriétaire ne demande l'application des dispositions de l'article 832, ou des articles 832-1 ou 832-2 (voir ci-dessous § 367 et suiv.), l'attribution préférentielle peut être accordée à tout copartageant sous la condition qu'il s'oblige à *donner à bail dans un délai de 6 mois* le bien considéré, dans les conditions fixées au Code rural pour les baux à long terme (voir ci-dessous § 379) à un ou plusieurs des cohéritiers remplissant les conditions personnelles d'attribution préférentielle ou à un ou plusieurs descendants* de ces cohéritiers remplissant ces mêmes conditions.

Signalons ici *l'article 32 de la loi d'orientation agricole n° 80-502 du 4 juillet 1980* aux termes duquel nonobstant toute § 366 disposition contraire les articles 832 et suivants du Code civil sont applicables au conjoint survivant ou à tout héritier copropriétaire remplissant les conditions personnelles prévues à l'article 832 lorsque les biens et droits immobiliers à destination agricole dépendant de la succession *font l'objet d'un apport en jouissance* ou d'une mise à disposition au profit d'une société à objet exclusivement agricole* constituée entre agriculteurs personnes physiques se consacrant à l'exploitation des biens mis en valeur par celle-ci, en participant sur les lieux aux travaux, de façon effective et permanente selon les usages de la région et en fonction de l'importance de l'exploitation et, soit dotée de la personnalité morale, soit, s'il s'agit d'une société en participation, régie par des statuts établis par un écrit ayant acquis date certaine.

§ 367 La même *loi d'orientation agricole n° 80-502 du 4 juillet 1980* a ajouté au *Code civil un nouvel article 832-1* d'où il résulte que par dérogation à la règle générale et à moins que le maintien de l'indivision ne soit demandé en application des articles 815 et 815-1 (voir ci-dessus § 334 et 335), l'attribution préférentielle d'une exploitation agricole ou assimilée est *de droit* pour toute exploitation qui ne dépasse pas les limites de superficie fixées par décret.

La limite en valeur a été supprimée.

En ce qui concerne les limites de superficie d'installation, elles dépendent du lieu de l'exploitation et du type de culture *(se renseigner auprès des notaires)*.

§ 368 En cas de *pluralité de demandes*, le tribunal de grande instance désigne l'attributaire ou les attributaires conjoints en fonction des intérêts en présence et de l'aptitude des différents postulants à gérer l'exploitation et à s'y maintenir.

§ 369 Lorsqu'il est fait application des dispositions de l'article 832-1 suscitées, même si l'attribution préférentielle a été accordée judiciairement, l'attributaire peut exiger de ses copartageants pour *le paiement d'une fraction de la soulte**, égale au plus à la moitié, des délais ne pouvant excéder 10 ans.

Sauf convention contraire, les sommes restant dues portent intérêt au taux légal.

§ 370 Toujours aux termes de *l'article 832-1 du Code civil*, en cas de *vente de la totalité du bien attribué, la fraction de soulte restant due devient immédiatement exigible.*

En cas de ventes partielles, le produit de ces ventes est versé aux copartageants et imputé sur la fraction de soulte encore due.

Selon *l'article 832-2 du Code civil*, également issu de la *loi d'orientation agricole du 4 juillet 1980*, si le maintien dans l'indivision n'a pas été ordonné en application des articles 815 et 815-1 (voir ci-dessus § 334 et 335), et à défaut d'attribution préférentielle en propriété (voir di-dessus § 349 et 367), le conjoint survivant ou tout héritier copropriétaire peut demander l'attribution préférentielle de tout ou partie des biens et droits immobiliers à destination agricole dépendant de la succession en vue de constituer, avec un ou plusieurs cohéritiers et, le cas échéant, un ou plusieurs tiers*, un *groupement foncier agricole* (G.F.A.). **§ 371**

Cette attribution est *de droit* si le conjoint survivant ou un ou plusieurs des cohéritiers remplissant les conditions personnelles prévues à l'article 832 (voir ci-dessus § 349) exigent que leur soit donné à bail, dans les conditions fixées au Code rural pour les baux à long terme (voir ci-dessous § 379), tout ou partie des biens du groupement.

En cas de *pluralité de demandes*, les biens du groupement peuvent, si leur consistance le permet, faire l'objet de plusieurs baux bénéficiant à des cohéritiers différents. **§ 372**

Dans le cas contraire, et à défaut d'accord amiable, le tribunal de grande instance désigne le preneur en tenant compte de l'aptitude des différents postulants à gérer les biens concernés et à s'y maintenir.

Si les clauses et conditions de ce bail ou de ces baux n'ont pas fait l'objet d'un accord, elles sont fixées par le tribunal.

Toujours aux termes de *l'article 832-2 du Code civil*, les biens et droits immobiliers que les demandeurs n'envisagent pas d'apporter au groupement foncier agricole, ainsi que les *autres biens de la succession*, sont attribués par priorité, dans les limites de leurs droits successoraux respectifs, aux indivisaires* qui n'ont pas consenti à la formation du groupement. **§ 373**

Si ces indivisaires ne sont pas remplis de leurs droits par l'attribution ainsi faite, *une soulte** doit leur être versée. Sauf accord amiable entre les copartageants, la soulte éventuellement due est payable dans l'année suivant le partage. Elle peut faire l'objet d'une dation en paiement* sous la forme de parts du groupement foncier agricole, à moins que les intéressés, dans le mois suivant la proposition qui leur en est faite, n'aient fait connaître leur opposition à ce mode de règlement.

§ 374 Le *partage* n'est fait qu'après la signature de l'acte constitutif du groupement foncier agricole et, s'il y a lieu, du ou des baux à long terme.

§ 375 *L'article 832-3 du Code civil, aussi issu de la loi d'orientation agricole du 4 juillet 1980*, prévoit que si une exploitation agricole constituant *une unité économique* et non exploitée sous forme sociale n'est pas maintenue dans l'indivision en application des articles 815 et 815-1 (voir ci-dessus § 334 et 335), et n'a pas fait l'objet d'une attribution préférentielle dans les conditions prévues aux articles 832, 832-1 ou 832-2 susétudiés, le conjoint survivant ou tout héritier copropriétaire qui désire poursuivre l'exploitation à laquelle il participe ou a participé effectivement peut exiger, nonobstant toute demande de licitation*, que le partage soit conclu sous la condition que ses copartageants lui consentent *un bail à long terme* dans des conditions du Code rural (voir ci-dessous § 379) sur les terres de l'exploitation qui leur échoient.

Les dispositions qui précèdent sont applicables à une partie de l'exploitation agricole pouvant constituer une unité économique.

L'unité économique peut être formée pour une part, de biens dont le conjoint survivant ou l'héritier était déjà propriétaire ou copropriétaire avant le décès. Dans le cas de l'héritier, la condition de participation peut avoir été remplie par son conjoint.

§ 376 Pour l'application de *l'article 832-3 du Code civil*, sauf accord amiable entre les parties, celui qui demande à bénéficier des dispositions de cet article reçoit *par priorité dans sa part les bâtiments d'exploitation et d'habitation.*

Il est tenu compte, s'il y a lieu, de *la dépréciation* due à l'existence du bail dans l'évaluation des terres incluses dans les différents lots *(Code civil, art. 832-3).*

§ 377 S'il y a *pluralité de demandes*, le tribunal de grande instance désigne le ou les bénéficiaires en fonction des intérêts en présence et de l'aptitude des différents postulants à gérer tout ou partie de l'exploitation ou à s'y maintenir.

§ 378 Si, en raison de l'inaptitude manifeste du ou des demandeurs à gérer tout ou partie de l'exploitation, les intérêts des cohéritiers risquent d'être compromis, le tribunal peut décider qu'il n'y a pas lieu d'appliquer les dispositions suscitées concernant la conclusion d'un bail à long terme *(Code civil, art. 832-3)*.

Nous avons vu plusieurs fois ci-dessus que l'attribution préférentielle doit s'accompagner d'*un bail à long terme dans les conditions fixées au Code rural.* § 379

Disons brièvement ici que les conditions de ce bail sont fixées par les articles L. 416-1 à L. 416-9 du Code rural et qu'il en résulte, notamment, que la durée initiale du bail est, en principe, au moins égale à 18 ans, renouvelables par périodes de 9 ans.

E. La demande en partage

La demande en partage est *nécessaire si les héritiers veulent mettre fin à l'indivision* (voir ci-dessus § 331 et suiv.). § 380

*Tout héritier et tout successible**, à l'exception du légataire particulier*, même ne faisant pas partie de la famille du défunt, peut demander le partage dès l'ouverture de la succession, dans la limite des restrictions permettant le maintien de l'indivision (voir ci-dessus § 331 et suiv.). § 381

L'importance de ses droits dans la succession importe peu. § 382

Précisons que *l'usufruitier** ne peut demander le partage à l'encontre du nu-propriétaire* car il n'y a pas indivision.

Il résulte *des articles 465 et 817 du Code civil* que le tuteur* ne peut, sans autorisation du conseil de famille*, introduire une demande de partage au nom du mineur ; mais il pourra, sans cette autorisation, répondre à une demande en partage dirigée contre le mineur, ou s'adjoindre à la requête collective à fin de partage. § 383

L'action à l'égard *des cohéritiers majeurs en tutelle** peut, dit *l'article 817 du Code civil*, être exercée par leurs tuteurs spécialement autorisés par le conseil de famille. § 384

A l'égard *des cohéritiers absents**, l'action appartient aux parents envoyés en possession*. § 385

§ 386 Précisons encore, avec *l'article 816 du Code civil*, que le partage peut être demandé, même quand l'un des cohéritiers aurait *joui séparément de partie des biens de la succession*, s'il n'y a eu acte de partage, ou possession suffisante pour acquérir la prescription*.

§ 387 *Les créanciers d'un héritier* peuvent demander le partage en cas de défaillance de ce dernier, mais leur action n'est pas recevable si ce dernier a lui-même demandé le partage. Cette action des créanciers est connue sous le nom *d'action oblique (Code civil, art. 1166)*.

Les créanciers peuvent également s'opposer à ce qu'il soit procédé au partage en dehors de leur présence *(Code civil, art. 882)*. (voir ci-dessus § 235).

§ 388 *Les cessionnaires** de droits successifs possèdent les droits des héritiers dont ils prennent la place.

§ 389 Le partage pour être valable doit *appeler tous les cohéritiers* qui ont vocation pour le demander. L'absence d'un cohéritier non représenté ne permet qu'un partage provisionnel mais non définitif.

§ 390 Pour être valable il faut également que le partage porte sur *tous les biens de la succession*, à moins d'accord amiable qui peut aboutir au maintien partiel et provisoire de l'indivision.

F. Formes du partage

1. Partage définitif ou provisionnel

§ 391 *Le partage définitif* porte sur la propriété et fait cesser complètement l'indivision* alors que *le partage provisionnel* ne porte que sur la possession* et la jouissance* laissant subsister l'indivision sur la propriété.

§ 392 En cas de partage provisionnel, chaque cohéritier a le droit de percevoir *les fruits* et revenus* des biens qui lui sont provisoirement attribués ; mais chaque copartageant a la faculté de demander le partage définitif qui sera peut-être établi sur des bases différentes de celles du partage provisionnel.

Le partage provisionnel n'est soumis à aucune condition particulière de *forme*. Il est considéré par la loi comme un simple acte d'administration* que le tuteur* peut accomplir sans l'autorisation du conseil de famille*, et qui est possible de la part d'un envoyé en possession provisoire* sur les biens d'un absent*. § 393

Le partage provisionnel est d'ailleurs *de plein droit** si le partage est fait hors des formes prescrites lorsque le partage judiciaire est obligatoire. § 394

2. Partage amiable

Le partage amiable est la règle générale. *L'article 819 du Code civil*, modifié par la loi n° 85-1372 du 23 décembre 1985, dispose en effet que si *tous les héritiers sont présents et capables*, le partage peut être fait dans la forme et par tel acte que les parties jugent convenables. § 395

Le partage amiable n'est donc possible que si tous les héritiers sont présents, y compris éventuellement les héritiers par représentation*, et capables. § 396

Le partage peut être simplement *verbal*, la répartition effective des biens et la possession des lots par chacun des copartageants suffisant à rendre valable le partage, sans qu'il soit besoin d'un écrit dont le rôle est limité à la preuve. § 397

Mais en fait, pour les successions de quelque importance, le partage sera constaté par *acte notarié**. Celui-ci est d'ailleurs indispensable lorsqu'il y a dans la succession des immeubles et des droits immobiliers donnant lieu à publicité foncière, transfert de titres nominatifs, créances hypothécaires. § 398
Nous donnons ci-dessous en Quatrième partie un modèle de Convention de partage à l'amiable.

3. Partage judiciaire

Le partage judiciaire *doit être demandé* si les copartageants *n'arrivent pas à un accord amiable*. § 399

Il est *obligatoire*, en application de *l'article 838 du Code civil, si tous les cohéritiers ne sont pas présents*, ou s'il y a parmi eux *des mineurs non émancipés* ou des majeurs en tutelle**. § 400

*Si le présumé absent** est appelé à un partage le juge des tutelles peut autoriser le partage, même partiel et désigner un notaire pour y procéder, en présence du représentant du présumé absent, ou de son remplacement si le représentant initial est lui-même intéressé au partage. L'état liquidatif est soumis à l'homologation du tribunal de grande instance *(Code civil, art. 110).*

En ce qui concerne *les mineurs non émancipés*, l'article 466 du Code civil permet toutefois au conseil de famille* d'autoriser le partage, même partiel, à l'amiable. En ce cas, il désignera un notaire pour y procéder. L'état liquidatif, auquel sera jointe la délibération du conseil de famille, sera soumis à l'homologation du tribunal de grande instance. Tout autre partage ne peut être considéré que comme provisionnel.

S'il y a plusieurs mineurs, il peut leur être donné à chacun un tuteur spécial et particulier *(Code civil, art. 838).*

§ 401 S'il y a lieu à *licitation**, et si tous les cohéritiers ne sont pas présents, elle ne peut être faite qu'en justice avec les formalités prescrites pour l'aliénation* des biens des mineurs. Les étrangers y sont toujours admis. *(Code civil, art. 839).*

§ 402 *L'article 840 du Code civil* veut que les partages faits conformément aux règles ci-dessus prescrites au nom des présumés absents et non-présents sont définitifs ; ils ne sont que provisionnels si les règles prescrites n'ont pas été observées.

§ 403 Le partage judiciaire est une opération complexe, longue et coûteuse qui nécessite *l'intervention du notaire* choisi d'un commun accord par les héritiers ou à défaut d'accord, nommé par le tribunal du lieu de l'ouverture de la succession. (voir ci-dessus § 11).

Il a été jugé qu'aucune disposition légale n'impose que le notaire choisi appartienne au ressort du tribunal compétent pour statuer sur le partage (155).

§ 404 Nous ne pouvons nous étendre dans la présente étude sur les détails de procédure, l'intervention du spécialiste étant la règle. Nous nous contenterons de citer *les articles 822 et 823 du Code civil qui disposent que* :

L'action en partage et les contestations qui s'élèvent, soit à l'occasion du maintien de l'indivision*, soit au cours des opérations de partage, sont, à peine de nullité, soumises *au seul tribunal du lieu de l'ouverture de la succession.* C'est devant ce tribunal qu'il est procédé aux licitations* et que doivent être portées les demandes relatives à la garantie des lots entre copartageants, et celles en rescision* du partage. Dans le cas où il y aurait lieu à la tentative de conciliation le juge du tribunal d'instance du lieu de l'ouverture de la succession sera seul compétent à peine de nullité.

Si toutes les parties sont d'accord, *le tribunal de grande instance* peut être saisi de la demande en partage par une requête collective signée par leurs avocats. S'il y a lieu à licitation*, la requête contiendra une mise à prix qui servira d'estimation. Dans ce cas, le jugement est rendu en chambre de conseil et n'est pas susceptible d'appel si les conclusions de la requête sont admises par le tribunal sans modification.

Les dispositions ci-dessus sont applicables sans qu'il soit besoin d'une autorisation préalable, quelle que soit la capacité de l'intéressé et même s'il est représenté par un mandataire* en justice *(Code civil, art. 822)*.

Si l'un des *cohéritiers refuse de consentir au partage, ou s'il s'élève des contestations* soit sur le mode d'y procéder, soit sur la manière de le terminer, le tribunal de grande instance prononce comme en matière sommaire, ou commet, s'il y a lieu, pour les opérations de partage, un des juges, sur le rapport duquel il décide les contestations *(Code civil, art. 823)*.

G. L'estimation et l'attribution des lots

Si les cohéritiers aboutissent à un *partage amiable ou* § 405
transactionnel ils sont libres d'estimer et de partager les lots, en s'efforçant, dans la mesure du possible, de créer des lots entiers, quitte à compenser par des soultes*.

Il peuvent également décider de vendre totalement ou partiellement les biens de la succession et de partager les fonds recueillis suivant les droits de chaque héritier.

En cas de *partage judiciaire, l'estimation des immeubles* est § 406
faite, stipule *l'article 824 du Code civil*, par experts choisis par les parties* intéressées, ou, à leur refus, nommés d'office.

Le procès-verbal des experts doit présenter les bases de l'estimaton. Il doit indiquer si l'objet estimé peut être commodément partagé et de quelle manière. En cas de division il doit fixer chacune des parts qu'on peut en former et leur valeur.

§ 407 Quant *à l'estimation des meubles, l'article 825 du Code civil* stipule que s'il n'y a pas eu de prisée* faite dans un inventaire régulier, l'estimation doit être faite par des gens s'y connaissant à juste prix.

Les juges du fond apprécient souverainement s'il y a lieu ou non de recourir à de véritables experts (156).

§ 408 Si les biens à partager doivent en principe être évalués à l'époque du partage, il appartient au juge du fond de déterminer souverainement, eu égard aux circonstances de la cause et en s'inspirant de l'intérêt collectif des copartageants afin d'assurer entre eux l'égalité en valeur, la date à laquelle se fera cette évaluation et d'où partira la jouissance divise (157).

Il ne doit pas être tenu compte de la nature ou de l'origine des biens *(Code civil, art. 732)*.

§ 409 Toujours en cas de partage judiciaire, il est de principe que les biens héréditaires*, aussi bien meubles, qu'immeubles, doivent éviter d'être vendus. Chacun des cohéritiers, dit *l'article 826 du Code civil*, peut *demander sa part en nature* des meubles et immeubles de la succession.

Il peut éventuellement être *créé une copropriété* entre héritiers pour un même immeuble, cette copropriété n'étant juridiquement pas assimilée à l'indivision (158). (voir dans la même Collection la brochure « Copropriété des immeubles bâtis »).

La jurisprudence a confirmé que le partage est toujours préférable à la vente,à laquelle il ne doit être procédé que si les immeubles ne peuvent être commodément partagés ou attribués (159). C'est aux juges du fond qu'il appartient d'apprécier souverainement si le partage peut ou non s'effectuer en nature (160).

§ 410 Si *les immeubles* ne peuvent être commodément partagés ou attribués, *l'article 827 du Code civil* dispose qu'il doit être procédé *à la vente par licitation** devant le tribunal.

Cependant, les parties*, si elles sont toutes majeures, peuvent consentir que la licitation soit faite devant le notaire, sur le choix duquel elles s'accordent.

Jugé que le partage en nature d'immeubles indivis ne saurait être écarté que s'il ne peut y être commodément procédé, et non au prétexte de « l'incommodité » d'attributions répondant aux vœux des copartageants, alors que la division des biens en lots de valeur égale ne présente par elle-même aucune difficulté particulière (161).

Egalement jugé que l'existence ou l'absence de location sur des biens dépendant de l'indivision successorale ne peut avoir d'incidence sur leur caractère commodément partageable en nature, l'avantage que le bail aurait conféré à l'un des indivisaires devant seulement être rapporté en moins prenant à la masse successorale (162).

Le principe de la non-vente comporte également une dérogation prévue *à l'article 826 du Code civil.* Il en résulte que s'il y a *des créanciers saisissants ou opposants, ou si la majorité des cohéritiers juge la vente nécessaire* pour l'acquit des dettes et charges de la succession, *les meubles sont vendus* publiquement en la forme ordinaire. **§ 411**

La majorité est calculée par tête, sans tenir compte de la différence des parts.

Les héritiers qui ne veulent pas la vente peuvent l'éviter en payant la totalité des dettes et charges de la succession.

La vente est faite aux enchères publiques.

Les *souvenirs de famille* (décorations, photos, portraits, etc.), peuvent être attribués en raison de leur valeur morale. **§ 412**

Il a été jugé que des lettres réunies par un ancêtre qui a eu contact avec leurs auteurs, personnages illustres de notre histoire, transmises en bloc au cours des 150 années suivantes, dans la famille à un héritier mâle porteur du nom, constituent un trésor familial d'une valeur avant tout morale l'emportant très certainement sur toute valeur vénale, et qui ne saurait suivre la dévolution légale en matière de partage.

Elles doivent donc rester *indivises* et être tenues par le dépositaire familial apte à les recevoir, à la disposition des membres de la famille aux fins de consultation éventuelle et pour en assurer la transmission à un autre dépositaire, porteur du nom de la génération suivante, et ce, sans compensation entre les cohéritiers (163).

Mais, si les souvenirs de famille échappent aux règles de partage normales et peuvent être confiés, à titre de dépôt, à celui des membres de la famille que les tribunaux estiment le plus qualifié, cette exception ne saurait être étendue à des documents qui ne concernent pas la famille, n'émanent pas de ses membres et ne leur sont pas adressés (164). **§ 413**

Quant à *la composition des lots*, après que les meubles et immeubles ont été estimés et vendus, s'il y a lieu, le juge-commissaire renvoie les parties* devant un notaire dont elles **§ 414** conviennent, ou nommé d'office si les parties ne s'accordent pas sur le choix.

On procède, devant cet officier, aux comptes que les copartageants peuvent se devoir, à la formation de la masse* générale, à la composition des lots, et aux fournissements à faire à chacun des copartageants *(Code civil, art. 828)*.

§ 415 Naturellement, chaque cohéritier fait *rapport à la masse* selon ce que nous disons ci-dessus au § 251 et suiv. des donations et des dettes *(Code civil, art. 829)*.

Précisons, avec la Cour de cassation, que le rapport des dettes constituant une opération de partage, la dette n'est pas exigible pendant la durée de l'indivision et ne peut se prescrire* avant la clôture des opérations de partage (165).

§ 416 Si *le rapport n'est pas fait en nature*, les cohéritiers à qui ils est dû, prélèvent une portion égale sur la masse de la succession.

Les prélèvements se font, autant que possible, dit l'article 830 du Code civil, en objets de même nature, qualité et bonté que les objets non rapportés en nature.

§ 417 Après ces prélèvements, précise *l'article 831 du Code civil*, il est procédé, sur ce qui reste dans la masse, à la composition *d'autant de lots qu'il y a d'héritiers* copartageants ou de souches* copartageantes.

Jugé que :

— lorsque le partage se fait par souches, il doit être procédé à la composition d'autant de lots égaux qu'il y a de souches copartageantes ; la subdivision des lots entre les membres d'une souche ne doit être envisagée qu'ultérieurement (166) (voir ci-dessous § 421) ;

— lorsque le défunt a disposé de la quotité disponible* en faveur d'un tiers*, il faut former le nombre de lots nécessaire pour permettre l'attribution d'un lot à celui des copartageants qui reçoit la part la plus faible (167).

Il sera naturellement tenu compte, le cas échéant, des droits inégaux des héritiers.

§ 418 Dans la formation et la composition des lots, on doit *éviter de morceler les héritages et de diviser les exploitations*. Dans la mesure où ce morcellement ou cette division peuvent être évités, et sous réserve des dispositions relatives à l'attribution préférentielle (voir ci-dessus § 348 et suiv.), chaque lot doit, autant que possible, être composé, soit en totalité, soit en partie, de meubles ou d'immeubles, de droits ou de créances de valeur équivalente *(Code civil, art. 832)*.

Dans le cas où il est impossible de constituer des lots de même valeur, l'inégalité est compensée par *une soulte**, soit *en rente*, soit *en argent (Code civil, art. 833)*.

Rappelons, avec *l'article 833-1 du Code civil* que lorsque le débiteur d'une soulte a obtenu des délais de *paiement* et que, par suite des circonstances économiques, la valeur des biens mis dans son lot a augmenté ou diminué de plus du quart depuis le partage, les sommes restant dues augmentent ou diminuent dans la même proportion. § 419

Les parties peuvent toutefois convenir que le montant de la soulte ne variera pas.

Il résulte de *l'article 834 du Code civil* que *les lots sont faits par l'un des cohéritiers* s'ils peuvent convenir entre eux sur le choix, et si celui qu'ils ont choisi accepte. § 420

Dans le cas contraire, *les lots sont faits par un expert* que le juge-commissaire désigne. Ils sont *tirés au sort*. Cette procédure est obligatoire si tous les héritiers ne sont pas majeurs, capables* et présents.

L'article 835 du Code civil permet à chaque copartageant avant de procéder au tirage des lots, de *proposer ses réclamations* contre leur formation.

Il a notamment été jugé que :

— la loi n'autorise le tirage au sort que pour l'attribution des lots et non pour leur composition (168) ;

— de par leur nature, les attributions préférentielles échappent nécessairement aux dispositions de l'article 834 suscité (169) ;

— à défaut d'entente entre les héritiers majeurs et capables, les lots doivent obligatoirement être tirés au sort, les tribunaux ne pouvant, en aucun cas, procéder par voie d'attribution (170) ;

— rien ne s'oppose à ce que le juge choisisse en qualité d'expert pour composer les lots, le notaire chargé de la liquidation de la succession (171).

Les règles établies pour la division des masses* à partager, sont également observées dans *la subdivision à faire entre les souches* copartageantes *(Code civil, art. 836)*. § 421

Enfin, disons avec *l'article 837 du Code civil* que si, dans les opérations renvoyées devant le notaire, *il s'élève des contestations*, le notaire dressera procès-verbal des difficultés et des dires respectifs des parties, les renverra devant le § 422 commissaire nommé pour le partage pour qu'il soit procédé au partage judiciaire.

A noter que si au cours des opérations de partage judiciaire, le notaire commis doit dresser procès-verbal des difficultés qui l'empêchent de poursuivre sa mission, aucun texte n'oblige les héritiers à soumettre à un notaire leurs contestations avant d'en saisir le tribunal (172)

Un jugement d'homologation de partage à l'autorité de la chose jugée* (173).

H. Formalités consécutives

§ 423 *L'article 842 du Code civil* dispose qu'après le partage, *remise doit être faite à chacun des copartageants*, des titres* particuliers aux objets qui lui seront échus.

Les titres d'une propriété divisée restent à celui qui a la plus grande part, à la charge de les confier aux copartageants qui y auront intérêt, quand il en sera requis.

Les titres communs à toute l'hérédité* seront remis à celui que tous les héritiers ont choisi pour en être le dépositaire, à la charge de les confier aux copartageants, à toute réquisition. S'il y a difficulté sur ce choix il est réglé par le juge du tribunal de grande instance.

§ 424 Si dans un lot se trouvent des *immeubles*, la nouvelle propriété sera publiée au bureau des hypothèques, faute de quoi, en principe, elle n'est pas opposable aux tiers*.

La Cour de cassation a toutefois jugé que les actes de partage successoral, bien que non publiés, sont opposables aux tiers les juges du fond appréciant souverainement les modes de preuve qui leur sont présentés et qui échappent aux règles de la publicité foncière* dont la finalité est distincte et différente (174).

§ 425 Signalons ici que *l'article 2103 du Code civil* fait figurer au nombre des créanciers *bénéficiant d'un privilège* spécial sur les immeubles,* les cohéritiers, sur les immeubles de la succession, pour la garantie des partages faits entre eux, des soulte* ou retour de lots et pour la garantie des indemnités dues par les successibles* qui ont reçu des dons excédant la portion disponible.

Le cohéritier ou copartageant *conserve son privilège* sur les biens de chaque lot ou sur le bien licité* pour les soultes* ou retour de lots ou pour le prix de la licitation, par l'inscription faite à sa diligence sur chacun des immeubles, dans un délai de deux mois à dater de l'acte de partage ou de l'adjudication* par licitation ou de l'acte fixant l'indemnité due par les successibles* qui ont reçu des dons excédant la portion disponible. § 426

L'inscription du privilège sera faite au bureau des hypothèques de la situation des immeubles.

Le privilège prend rang à la date de l'acte de partage ou de l'adjudication par licitation *(Code civil, art. 2109)*.

Si dans un lot se trouve *un fonds de commerce*, les formalités requises sont les mêmes qu'en cas de vente (registre du commerce et des sociétés, annonces légales, etc.). § 427

S'il y a *transport de créances**, il y a lieu, en vertu de *l'article 1690 du Code civil*, de le signifier* au débiteur. Si les créances sont garanties par hypothèque* ou nantissement*, il faut opérer les mentions rectificatives. § 428

Il y a également lieu à signification si le partage aboutit à *un transfert de parts sociales d'une S.A.R.L. ou à un transfert de bail.* § 429

Par contre, aucune formalité particulière n'est exigée pour *les objets mobiliers* faisant partie d'un lot. Un certificat de partage ou de propriété suffira pour effectuer le transfert de propriété. § 430

I. Effets du partage

L'effet immédiat du partage est de *faire cesser l'indivision* dans laquelle se trouvaient les cohéritiers (voir ci-dessus § 332 et suiv.), chacun d'eux devenant propriétaire exclusif des biens mis dans son lot. § 431

L'article 883 du Code civil précise que chaque cohéritier est censé avoir succédé seul et immédiatement à tous les effets compris dans son lot, ou à lui échus sur licitation*, et n'avoir jamais eu la propriété des autres effets de la succession. § 432

Il en est de même des biens qui lui sont advenus par tout autre acte ayant pour effet de faire cesser l'indivision. Il n'est pas distingué selon que l'acte fait cesser l'indivision en tout ou partie, à l'égard de certains biens ou de certains héritiers seulement.

Toutefois, les actes valablement accomplis soit en vertu d'un mandat* des coïndivisaires, soit en vertu d'une autorisation judiciaire, conservent leurs effets quelle que soit, lors du partage, l'attribution des biens qui en font l'objet.

Il résulte de ce texte que, sous réserve des actes valablement accomplis soit en vertu d'un mandat des coïndivisaires, soit en vertu d'une autorisation judiciaire et qui conservent leurs effets en tout état de cause, tout se passe comme si les biens de la succession avaient été divisés entre les cohéritiers dès le décès. *Le partage a donc un effet rétroactif.*

L'effet rétroactif du partage a notamment pour conséquence que les ventes que l'héritier aurait pu consentir et qui concernent un bien qui n'est pas dans son lot sont annulées.

Une hypothèque* consentie par lui durant l'indivision ne peut nuire à ses cohéritiers et les hypothèques et charges provenant de son chef doivent être considérées comme inexistantes si le bien grevé tombe dans le lot d'un autre héritier.

La règle de la rétroactivité du partage n'est cependant *pas d'ordre public** et il peut valablement en être convenu autrement (175).

J. Garantie des lots

§ 433 *L'article 884 du Code civil* stipule que les cohéritiers demeurent respectivement *garants, les uns envers les autres*, des troubles et évictions seulement qui procèdent d'une cause antérieure au partage.

La garantie n'a pas lieu, si l'espèce d'éviction soufferte a été exceptée par une clause particulière et expresse de l'acte de partage.

Elle cesse, si c'est par sa faute que le cohéritier souffre l'éviction.

§ 434 L'obligation de garantie se traduit en pratique par *une indemnité pécuniaire. L'article 885 du Code civil* précise à ce sujet que chacun des cohéritiers est personnellement obligé, en proportion de sa part héréditaire, d'indemniser son cohéritier de la perte que lui a causée l'éviction.

Si l'un des cohéritiers se trouve insolvable, la portion dont il est tenu doit être également répartie entre le garanti et tous les cohéritiers solvables.

C'est à bon droit que les juges déclarent que l'indemnité due doit être calculée d'après *le préjudice réel* que souffre l'héritier le jour de l'éviction et que ce préjudice est égal à la valeur du bien quand il lui a été enlevé, et que la perte doit être appréciée, dès lors, eu égard à sa valeur au moment de l'éviction (176).

Rappelons que pour assurer la garantie des copartageants, ceux-ci bénéficient sur les immeubles de la succession *d'un privilège spécial* (voir ci-dessus § 425). § 435

L'action en garantie *se prescrit** par 30 ans. Toutefois, dit *l'article 886 du Code civil,* la garantie de la solvabilité du débiteur d'une rente ne peut être exercée que dans les 5 ans qui suivent le partage. § 436

Il n'y a pas lieu à garantie à raison de l'insolvabilité du débiteur, quand elle n'est survenue que depuis le partage consommé.

K. Frais du partage

Les frais de partage et de la vente des biens successoraux sont prélevés sur la masse partageable et, par suite, *supportés par tous les héritiers, proportionnellement à leur part, y compris les honoraires du notaire, mais à l'exclusion des frais d'une contestation mal fondée soulevée par un héritier.* § 437

L. Annulation ou rescision* du partage

L'article 887 du Code civil prévoit que les partages peuvent être rescindés pour *cause de violence* ou de dol**. § 438

Il peut aussi avoir lieu à rescision lorsqu'un des cohéritiers établit, à son préjudice, *une lésion de plus du quart.*

Une simple *erreur ou omission* ne donne pas ouverture à l'action en rescision, mais seulement à un rectificatif de l'acte de partage.

Jugé que l'erreur est exceptionnellement admise comme cause de nullité du partage lorsque, portant sur l'inclusion dans la masse* partageable d'une parcelle étrangère à l'indivision, elle détruit l'équilibre et le fonctionnement du partage (177).

§ 439 Les copartageants ne peuvent renoncer à l'avance au droit que leur donne l'article 887 suscité (178).

§ 440 Pour juger s'il y a eu lésion, on estime les objets suivant *leur valeur à l'époque du partage (Code civil, art. 890)*.

La lésion doit donc être calculée en comparant, en se plaçant à la date du partage, la valeur du lot attribué au copartageant qui se prétend désavantagé et la valeur de la part qui aurait dû lui revenir dans l'actif (179).

Cependant, si l'existence et l'étendue de la lésion doivent être appréciées à la date du partage, le complément à verser au copartageant lésé doit être apprécié à la valeur actuelle (180).

§ 441 Aux termes de *l'article 888 du Code civil*, l'action en rescision est admise *contre tout acte qui a pour objet de faire cesser l'indivision* encore qu'il fut qualifié de vente, d'échange, de transaction ou de tout autre manière.

La jurisprudence a confirmé que l'action en rescision pour lésion est recevable non seulement contre les partages proprement dits, mais également contre les actes qui, en vue du partage et concourant à sa réalisation, même sans comporter de décompte de soultes*, ni lotissement des copartageants, attribuent des biens successoraux à certains cohéritiers, moyennant fixation d'un prix déterminé, dès lors que, par cette opération, assimilable à un partage, lesdits biens sont définitivement sortis de l'indivision entre les parties qui y ont figuré (181).

§ 442 L'action en rescision peut être intentée à *l'encontre d'un partage amiable ou d'un partage judiciaire*. Il a toutefois été jugé qu'en cas de licitation* ordonnée en justice, les adjudications* prononcées au profit de l'un des héritiers à l'audience des criées du tribunal ne peuvent donner lieu à l'action en rescision (182).

Après le partage, ou l'acte qui en tient lieu, l'action en rescision n'est plus admissible contre *la transaction* faite sur les difficultés réelles que présentait le premier acte, même s'il n'y a pas eu à ce sujet de procès commencé *(Code civil, art. 888)*. § 443

L'action en rescision n'est pas non plus admise contre *une vente de droits successifs* faite sans fraude à l'un des cohéritiers, à ses risques et périls, par ses autres cohéritiers ou par l'un d'eux. Il résulte de cette disposition de *l'article 889 du Code civil* que la cession de droits successifs consentie par un héritier à son cohéritier échappe à la rescision pour cause de lésion à la double condition qu'elle ait été faite, d'une part sans fraude, et, d'autre part, aux risques et périls du cessionnaire* (183). § 444

Enfin, *l'article 892 du Code civil* veut que le cohéritier qui *a aliéné* son lot* en tout ou partie n'est plus recevable à intenter l'action en rescision pour dol ou violence, si l'aliénation qu'il a faite est postérieure à la découverte du dol, ou à la cessation de la violence. § 445

La Cour de cassation a jugé que l'article 892 suscité, instituant une fin de non-recevoir à l'action en rescision du partage à l'égard du copartageant qui a, en connaissance du vice affectant le partage, aliéné tout ou partie de son lot, ne s'applique qu'en cas de dol ou de violence.

Cette disposition, qui crée une présomption légale de confirmation, et doit être interprétée restrictivement, ne peut être étendue à l'action fondée sur une lésion de plus du quart (184).

La demande en annulation ou rescision du partage sera portée devant *le tribunal du lieu de l'ouverture de la succession* par application de *l'article 822 du Code civil* (voir ci-dessus § 404). § 446

Rien n'interdit à un copartageant de soulever successivement *plusieurs contestations* contre un même état liquidatif, à la condition toutefois que le point qu'il conteste en second lieu soit différent du premier et n'ait pas déjà fait l'objet d'une décision passée en force de chose jugée* (185).

Disons encore, avec *l'article 891 du Code civil*, que le défendeur* à la demande en rescision peut *en arrêter le cours* et empêcher un nouveau partage, en offrant et en fournissant § 447 au demandeur le supplément de sa portion héréditaire, soit en numéraire, soit en nature.

Ce supplément doit être apprécié à sa valeur actuelle (186).

Jugé que si l'article 891 suscité permet au défendeur à la demande en rescision du partage d'en arrêter le cours en offrant et en fournissant au demandeur le supplément en nature de sa portion héréditaire, c'est à condition que, comme le nouveau partage qu'elle a pour but d'éviter, cette fourniture ne laisse pas subsister une indivision sur les biens qui en sont l'objet (187).

La faculté offerte au défendeur par l'article 891 du Code civil ne lui est plus ouverte lorsque la rescision a été prononcée par une décision devenue irrévocable (188).

§ 448 L'action en annulation doit être intentée *contre tous les cohéritiers* de la succession.

Elle se *prescrit** par 5 ans à compter du jour du partage *(Code civil, art. 1304)*.

La lésion s'appréciant à la date du partage, le point de départ de la prescription de la rescision se situe à la date à laquelle a été conclu l'acte de partage (189).

Lorsqu'un copartageant agit en rescision contre un autre, il interrompt la prescription à l'égard de tous les copartageants (190).

§ 449 Le jugement qui prononce la nullité d'un partage a pour effet d'anéantir rétroactivement ce partage et de *remettre les héritiers en état d'indivision*. Si des fruits* ont été perçus dans l'intervalle, ils devront être restitués par les possesseurs de mauvaise foi. Les possesseurs de bonne foi pourront garder ceux qu'ils ont touchés avant la demande en justice (191).

M. Recel ou divertissement

§ 450 Nous avons déjà vu ci-dessus que :

— l'héritier qui s'est rendu coupable de recel est *déchu du bénéfice d'inventaire* (voir § 153) ;

— les héritiers qui auraient diverti ou recélé des effets d'une succession, sont déchus de la faculté d'y renoncer (voir § 186).

Il résulte, par ailleurs, de l'article 792 du Code civil que les héritiers qui auraient diverti ou recélé des effets d'une succession *ne peuvent prétendre à aucune part* dans les objets divertis ou recélés (voir ci-dessus § 148).

Commet le délit de recel ou de divertissement tout héritier qui de mauvaise foi ou à l'aide de manœuvres frauduleuses retient en devers lui un bien de la succession en dehors de tout partage amiable ou judiciaire, ou qui dissimule soit un don manuel, soit une remise de dette qui lui aurait été consentie par le défunt.

Il a été jugé que le détournement, par un héritier, des fonds d'une succession indivise que ses cohéritiers lui avaient donné mandat d'employer dans l'intérêt commun, constitue un abus de confiance au préjudice de ses coïndivisaires (192). **§ 451**

Jugé également que les peines du recel successoral, qui ne sont pas applicables au légataire particulier*, peuvent frapper le conjoint survivant alors même que le montant de son usufruit* légal est inférieur à celui des legs particuliers qui lui ont été consentis (193).

Deuxième partie

Impôts et taxes

I. RÈGLES GÉNÉRALES

Avant d'aborder l'étude de cette deuxième partie consacrée aux impôts et taxes frappant les successions, nous devons donner ici quelques conseils pour essayer, *par des moyens légaux*, d'atténuer la charge fiscale en formulant les recommandations suivantes : § 452

1. Ne cherchez pas, *au moyen d'une fraude quelconque*, y compris les dissimulations d'une partie de l'actif héréditaire, ou la sous-estimation de certains biens et valeurs, à éluder les droits dûs à l'occasion d'une succession. L'Administration dispose de puissants moyens de contrôle, redresse les fraudes et applique de lourdes amendes. Employez donc uniquement les moyens légaux que nous indiquons ci-dessous pour économiser, autant que faire se peut, les droits successoraux.

2. La liquidation fiscale d'une succession étant une question extrêmement complexe, *chaque cas constitue un cas d'espèce*. Sauf cas simple, et si vous n'êtes pas vous-même très versé dans les problèmes posés en droit civil et en droit fiscal par la dévolution des successions, après avoir pris connaissance des grandes lignes régissant la question, que nous exposons ci-dessous, adressez-vous à un spécialiste. *Les notaires* sont les grands spécialistes en la matière. Leur intervention est d'ailleurs souvent obligatoire comme nous l'avons vu à plusieurs reprises ci-dessus ;

3. *Ayez de l'ordre dans vos papiers* et vos dossiers. Vous pouvez mourir d'un instant à l'autre, et il est de votre devoir de laisser vos héritiers en face d'une situation claire et nette.

II. LA DÉCLARATION DE SUCCESSION

A. Cas y donnant lieu

§ 453 Une déclaration de succession doit être souscrite *dès lors qu'est ouverte une succession.* Toutefois, il n'y a pas lieu à déclaration lorsque :
— une succession ne comporte aucun bien ;
— l'actif brut d'une succession en ligne directe ou entre époux est inférieur à 10 000 F.

Cette *exonération* résulte d'une tolérance de l'Administration.

§ 454 Si les agents de l'Administration jugent insuffisants les renseignements dont ils disposent ou s'ils ont des motifs de présumer que la succession comprend un actif dépassant le chiffre limite de non déclaration, ils peuvent, au moyen d'un imprimé spécial, *demander des renseignements complémentaires* avant d'exiger, le cas échéant, la souscription de la déclaration.

B. Qui doit faire la déclaration

§ 455 Il résulte de *l'article 800 du Code général des impôts* que sont tenus de souscrire une déclaration de succession, sauf exonération (voir § 453), *les héritiers**, *légataires** *ou donataires**.

En cas d'incapacité* (ex. mineurs, majeurs protégés), la déclaration de succession est souscrite par *le tuteur** *ou le curateur**.

Les *héritiers* étant responsables solidairement du paiement des droits, l'un d'eux peut rédiger la déclaration pour tous.

Les *légataires* et les *donataires* doivent chacun rédiger une déclaration pour les biens leur revenant.

Toutefois, héritiers, légataires et donataires peuvent rédiger une *déclaration unique* portant sur toute la succession et signée par chacun d'eux.

§ 456 A noter que chacun des *époux* communs de biens a l'administration de ses biens propres* (Code civ. art. 1428) (voir dans la même Collection l'ouvrage « Régimes matrimoniaux - Contrats de mariage »). Le mari n'a donc pas qualité pour souscrire la déclaration de succession pour les biens transmis à sa femme. A plus forte raison, en est-il ainsi si les époux sont séparés de biens.

Pour les époux mariés sous le régime de la *communauté universelle*, voir § 484.

Pour les *époux mariés avant le 1er février 1966* et qui relèvent des anciens régimes matrimoniaux, le mari continue à pouvoir souscrire la déclaration de succession pour les biens hérités par sa femme.

Il peut être donné *mandat* à un tiers* pour souscrire la déclaration de succession (voir ci-dessous « Formulaires »). Le mari peut ainsi recevoir mandat de sa femme. Un notaire peut également recevoir mandat pour déclarer une succession. **§ 457**

Le mandat doit être accepté, mais il n'a pas besoin d'être enregistré.

Il faut également signaler ici que *les dépositaires, détenteurs ou débiteurs de titres*, sommes ou valeurs** dépendant d'une succession qu'ils savent ouverte doivent adresser à l'Administration la liste de ces titres, sommes ou valeurs. Toutefois, il n'y a pas lieu à déclaration lorsque les sommes en question ne dépassent pas 10 000 F (successions dévolues à des collatéraux ou à des non-parents) ou 50 000 F (successions en ligne directe ou entre époux). Ces listes sont établies sur des formules imprimées délivrées sans frais par le service des impôts (Code gén. impôts art. 806-I et II et instruc. fisc. du 14-4-1986). **§ 458**

La même obligation de déclaration incombe *au gérant ou dépositaire des actifs d'un fonds commun de placement* agissant pour le compte du gérant, en cas de décès d'un propriétaire de parts du fonds (Code gén. impôts, Annexe III, art. 280 A) ou au gérant d'un fonds commun de placement à risques ou au dépositaire des actifs de ce fonds agissant pour le compte du gérant (Code gén. impôts, Annexe III, art. 280 B).

C. Délais

L'article 641 du Code général des impôts stipule que les délais pour l'enregistrement des déclarations que les héritiers*, donataires* ou légataires* ont à souscrire sont : **§ 459**

— *de six mois,* à compter du jour du décès, lorsque celui dont on recueille la succession est décédé en France métropolitaine ;
— *d'une année,* dans tous les autres cas.

Le délai d'une année n'est pas applicable lorsque le décès a lieu en France et que les héritiers sont domiciliés hors de France (Rép. min. J.O.A.N. 15-2-1975, § 15538).

§ 460 Dans *les départements d'Outre-mer, l'article 642 du Code général des impôts* fixe les délais également à *six mois* à compter du jour du décès, lorsque celui dont on recueille la succession est décédé dans le département où il était domicilié, et à *une année* dans les autres cas.

Toutefois, en ce qui concerne *La Réunion,* le délai est de deux ans à compter du jour du décès lorsque celui dont on recueille la succession est décédé ailleurs qu'à Madagascar, à l'Ile-Maurice, en Europe ou en Afrique.

§ 461 Le *jour de l'ouverture de la succession* n'est pas compté et si le délai expire *un dimanche ou un jour férié,* il est prorogé au lendemain.

Les mois se comptent de *quantième à quantième* sans tenir compte du nombre de jours compris dans chaque mois.

§ 462 Les délais fixés par les articles 641 et 642 du Code général des impôts sont des *délais de rigueur,* même lorsque tous les héritiers ne sont pas connus (Rép. min. J.O.A.N. 12.7.1975, § 19266). Il importe peu, également, que le partage définitif ne soit pas encore fait.

§ 463 En *cas d'absence**, le fait générateur des droits de mutation par *décès* se situe au jour de la transcription du jugement déclaratif d'absence (Code civil, art. 128). Les droits dus doivent être acquittés dans les six mois à compter de ce jour.

Si l'existence de la personne dont l'absence avait entraîné le paiement des droits de mutation par décès est judiciairement constatée, ces droits peuvent être restitués, à l'exception de ceux correspondant au droit de jouissance dont ont bénéficié les héritiers *(Code gén. impôts art. 1965).*

§ 464 Aux termes de *l'article 644 du Code général des impôts,* à l'égard de tous *les biens légués aux départements et à tous autres établissements publics ou d'utilité publique,* le délai ne court contre les héritiers ou légataires qu'à compter du jour où l'autorité compétente a statué sur la demande en autorisation d'accepter le legs*, sans que ce délai puisse être supérieur à deux ans à compter du jour du décès.

Pour les *biens rentrés dans l'hérédité**, le délai pour produire la déclaration de succession court à compter du jour de l'événement qui réintègre ces biens dans la succession. § 465

L'Administration peut adresser par lettre recommandée A.R. *une mise en demeure* d'avoir à fournir la déclaration dans les 90 jours. § 466

A défaut, l'amende est majorée au maximum, sauf cas de force majeure*.

D'une façon générale sont applicables les règles que nous exposons *ci-dessous aux § 651 et suiv.* relatives aux *pénalités*. § 467

Terminons en disant que s'il n'est pas produit de déclaration de succession l'Enregistrement peut demander *la liquidation provisoire des droits* et en poursuivre le recouvrement, en prouvant le décès et l'existence du ou des biens transmis ainsi que la qualité d'héritier du contribuable qu'il poursuit, sans préjudice des pénalités encourues (voir § 651 et suiv.). § 468

D. Forme et contenu

En application de l'article 800-I du Code général des impôts, la déclaration de succession détaillée, signée par ceux qui sont tenus de la souscrire, est établie *sur une feuille imprimée* fournie gratuitement par l'Administration. § 469

A noter qu'une instruction fiscale du 6 octobre 1993 (Bull. off. imp. 7 G-5-93) autorise *les notaires* à substituer aux imprimés administratifs normaux des documents reproduits et servis par ordinateur.

Cette possibilité est subordonnée à la conformité des documents produits aux imprimés administratifs en vigueur au moment de leur dépôt.

Il appartiendra donc aux concepteurs et utilisateurs de logiciels de s'assurer périodiquement de la conformité de leurs productions aux modèles administratifs.

Dans le cas contraire, les Receveurs des impôts auront la possibilité de refuser le dépôt des documents présentés.

Il en ira ainsi chaque fois que le document produit ne permettra pas de recueillir l'ensemble des informations prévues par les formulaires administratifs.

L'article 800-II du Code général des impôts fait obligation d'établir la déclaration de succession *en double exemplaire* lorsque l'actif brut successoral atteint 6 000 F (actif brut imposable ou non). Toutefois, l'Administration a porté cette somme à *100 000 F* quel que soit le degré de parenté entre le défunt et le déclarant, et même en cas de succession entre non-parents (Instruction fiscale du 17-9-1984 ; Bull. off. direct. gén. impôts 7 G-3-84).

§ 470 Toujours en application de l'article 800-I du Code général des impôts, lorsque la succession comprend *des immeubles situés dans la circonscription de recettes des impôts autres* que celle où est souscrite la déclaration, le détail est présenté non dans cette déclaration, mais distinctement, pour chaque recette de la situation des biens, sur une formule également fournie par l'Administration et signée par le déclarant.

§ 471 En application des *articles 784 et 801 du Code général des impôts*, la déclaration de succession *doit mentionner les nom, prénoms, date et lieu de naissance de chacun des héritiers**, légataires* ou donataires*.

Si la naissance est arrivée hors de France, il est, en outre, justifié de cette date avant l'enregistrement de cette déclaration.

La déclaration de succession comporte également l'état civil *du défunt* (nom, prénoms, date et lieu de naissance, date et lieu du décès), son domicile, et les renseignements concernant la dévolution de la succession, le contrat de mariage, les donations antérieurement consenties par le défunt au profit de ses successibles* (si aucune donation n'a été consentie antérieurement au décès, il faut le préciser), l'énumération et l'estimation détaillée des biens de la succession, même s'ils sont exonérés (voir § 487 et suiv.) ainsi que l'énumération et le montant des dettes à la charge du défunt (voir § 553 et suiv.) en tenant compte des biens en toute propriété et des biens en nue-propriété* appartenant au défunt au jour du décès.

A noter que *les immeubles* doivent être mentionnés avec toutes les indications de situation et de contenance permettant de les identifier.

Les meubles ne sont détaillés que s'ils font l'objet d'une évaluation par les parties qui ont rejetté le bénéfice du forfait (voir ci-dessous § 528).

En ce qui concerne *les fonds communs de placement* il n'est pas demandé d'énumérer les valeurs comprises dans le fonds et leur cours de bourse. Seules doivent figurer dans la déclaration de succession la désignation du fonds, l'indication du nombre de parts et la valeur de rachat à la date du décès.

Chaque déclaration, stipule *l'article 802 du Code général des impôts,* est *terminée par une mention* ainsi conçue : § 472

« Le déclarant affirme sincère et véritable la présente déclaration ».

« Il affirme en outre, sous les peines prévues à l'article 1837 du Code général des impôts (peines correctionnelles), que cette déclaration comprend l'argent comptant, les créances et toutes valeurs mobilières françaises ou étrangères qui, à sa connaissance, appartenaient au défunt, soit en totalité, soit en partie ».

Il est exigé autant de mentions que de déclarants non solidaires.

Lorsque le déclarant affirme *ne pas savoir ou ne pas pouvoir écrire et signer,* lecture de la mention obligatoire ci-dessus lui est donnée, ainsi que de l'article 1837 du Code général des impôts et des articles L. 230 et L. 231 du Livre des procédures fiscales relatifs à l'exercice des poursuites pénales en cas d'affirmation frauduleuse. § 473

Certification est faite, au pied de la déclaration, que cette formalité a été accomplie et que le déclarant a affirmé l'exactitude complète de sa déclaration.

E. Lieu

Aux termes de *l'article 656 du Code général des impôts,* les déclarations de sucession sont à envoyer à la *recette des impôts du domicile du défunt* quelle que soit la situation des valeurs mobilières* ou immobilières* à déclarer. § 474

Toutefois, en ce qui concerne les *immeubles* situés dans la circonscription d'une recette autre que celle du domicile du défunt, nous l'avons vu (§ 470), le détail est présenté distinctement pour chaque recette de la situation des biens. § 475

§ 476 Les déclarations de succession de personnes non domiciliées en France sont déposées auprès du *Centre des impôts des non-résidents*, 9, rue d'Uzès, 75084 Paris Cedex 02.

F. Déclaration partielle

§ 477 Il est loisible aux successeurs de souscrire une déclaration partielle *avant l'expiration du délai légal*. La mention de sincérité n'est alors pas requise. La déclaration partielle devra être complétée en temps utile.

Ce n'est qu'exceptionnellement et à la condition que le recouvrement de la créance du Trésor soit assuré par des garanties qu'une déclaration partielle peut être acceptée après l'échéance du délai légal.

G. Déclaration complémentaire

§ 478 Il y a lieu à déclaration complémentaire *dans les six mois qui suivent la découverte d'un actif nouveau.*

Une déclaration complémentaire doit également être fournie en cas *d'omission ou d'erreur* dans la déclaration initiale.

Enfin, il y a lieu à déclaration complémentaire *dans les six mois de la date à laquelle des biens frappés d'indisponibilité hors France sont devenus disponibles* (voir ci-dessous § 483).

H. Délivrance d'un extrait

§ 479 Une réponse ministérielle au J.O.A.N. du 22 juillet 1972 (n° 24436) rappelle qu'en application de l'article 2012 du Code général des impôts *(devenu article L. 106 du Livre des procédures fiscales)* un extrait d'une déclaration de succession ne peut être délivré que sur *ordonnance du juge du tribunal d'instance*, lorsqu'il n'est pas demandé par quelqu'une des parties contractantes.

III. EVALUATION DE LA SUCCESSION

A. Les actifs

1. Règles générales

Parmi les règles générales figure la règle du *régime de la territorialité de l'impôt* prévu par l'article 750 ter du Code général des impôts. Selon cet article, deux cas sont à distinguer : § 480

1. Le défunt a son domicile fiscal en France

Sont alors soumis aux droits de mutation à titre gratuit tous les biens meubles* et immeubles* situés en France ou hors de France, et notamment les fonds publics, parts d'intérêts, créances et généralement toutes les valeurs mobilières* françaises ou étrangères, de quelque nature qu'elles soient.

A noter que l'article 784 A du Code général des impôts prévoit que le montant des droits de mutation à titre gratuit acquitté, le cas échéant, hors de France, *est imputable sur l'impôt exigible en France*, cette imputation étant limitée à l'impôt acquitté sur les biens meubles et immeubles situés hors de France ;

2. Le défunt n'a pas son domicile fiscal en France

Sont alors soumis aux droits de mutation à titre gratuit en France, les biens meubles et immeubles situés en France, et notamment les fonds publics français, parts d'intérêts, créances et valeurs mobilières françaises (voir ci-dessous § 550).

Il est précisé à l'article 4 B du Code général des impôts, que sont considérés comme *ayant leur domicile fiscal en France* :

— les personnes qui ont en France leur foyer ou le lieu de leur séjour principal ;

— celles qui exercent en France une activité professionnelle, salariée ou non, sauf si cette activité est exercée à titre accessoire ;

— celles qui ont en France le centre de leurs intérêts économiques ;

— les agents de l'Etat exerçant leurs fonctions ou chargés de mission dans un pays étranger où ils ne sont pas soumis à un impôt personnel sur l'ensemble de leurs revenus.

Le domicile du défunt est apprécié en fonction des critères ci-dessus à la date du décès.

§ 481 Pour *les biens situés à l'étranger, l'évaluation* doit être faite conformément aux dispositions du Code général des impôts : valeur vénale, réelle à la date de la transmission.

Le forfait de 5 % ne s'applique qu'aux meubles meublants compte tenu de l'ensemble des biens imposables en France.

Toutefois, les dispositions du deuxième alinéa de l'article 761 dudit Code ne seront jamais appliquées pour le calcul des droits exigibles sur les immeubles situés à l'étranger (voir § 520).

En principe, le cours de change à retenir sera celui pratiqué sur la place de Paris au jour du fait générateur de l'impôt.

Enfin, toutes les exonérations prévues à l'article 793 du Code général des impôts ne sont susceptibles de s'appliquer qu'à des biens situés en France, sauf celle prévue à l'article 793-1-5° (voir § 537). Cette exonération prévue en faveur des reversions de rentes viagères entre époux ou entre parents en ligne directe s'appliquera même lorsque la reversion sera stipulée dans des conventions passées à l'étranger ou que le débiteur de la rente y sera domicilié.

§ 482 Des *conventions internationales* peuvent déroger à la règle générale. En vertu de ces conventions il peut être fait application de *la règle du taux effectif* qui consiste à calculer l'impôt afférent aux seuls éléments impossables en France, au taux correspondant à l'ensemble des éléments qui auraient été imposés en l'absence de dispositions spécifiques exonérant certains d'entre eux. L'impôt est donc calculé sur le montant total des biens, quelle que soit leur situation, mais il n'est dû qu'en proportion de la part effectivement soumise à l'impôt en France *(Instruction fisc. 17-2-1983 ; Bull. off. direct. gén. impôts 13-G-1-83).*

Des conventions internationales existent notamment avec les pays suivants : Algérie, Andorre, Arabie Saoudite, Autriche, Belgique, Bénin, Burkina-Faso (Hte Volta), Cameroun, Canada, République Centrafricaine, Comores, Congo, Côte d'Ivoire, Espagne, Etats-Unis, Finlande, Gabon, Grande-Bretagne, Italie, Koweït, Liban, Madagascar, Mali, Maroc, Mauritanie, Mayotte, Monaco, Niger, Nouvelle-Calédonie, Royaume-Uni, Sarre, Sénégal, Suède, Suisse, Togo, Tunisie.

§ 483 Mentionnons également que certains biens peuvent être *frappés d'indisponibilité hors de France*, par suite de mesures prises par un Gouvernement étranger. Ils sont, dit *l'article 280 de l'Annexe III du Code général des impôts*, portés pour mémoire sur la déclaration de succession, et feront l'objet d'une déclaration complémentaire souscrite dans le délai de neuf mois à compter de la date à laquelle lesdits biens ou leur représentation sont devenus disponibles ou ont fait l'objet d'une vente, d'une cession* ou d'un transfert volontaire ou forcé. Ils sont évalués à cette dernière date, abstraction faite des fruits*, intérêts, dividendes ou autres produits échus postérieurement à l'ouverture de la succession.

Les droits sont liquidés selon le tarif et d'après les règles applicables à la date d'ouverture de la succession et doivent être acquittés au moment de la déclaration complémentaire.

Lorsque les biens ou leur représentation ne deviennent disponibles ou ne font l'objet d'une vente, cession ou d'un transfert que pour partie, la déclaration complémentaire et le paiement des droits ne porteront que sur la fraction devenue disponible, vendue ou transférée.

Il faut également rappeler ici que *le régime matrimonial* **§ 484**
peut avoir une influence déterminante, les biens propres* au conjoint survivant ou lui revenant comme étant sa part de communauté, n'entrant évidemment pas dans l'actif successoral imposable. Au décès d'un époux, comme le rappelle une réponse ministérielle au J.O.A.N. du 9 février 1974 (n° 5517), il convient donc de procéder à la liquidation de la communauté (voir dans la même Collection brochure *« Contrats de mariage - Régimes matrimoniaux »*), en tenant compte de tous les éléments actifs et passifs et notamment des reprises et des récompenses que fait apparaître le compte de chaque époux. Le boni de communauté ainsi déterminé appartient, sauf stipulation contraire, pour moitié au conjoint survivant. L'autre moitié fait partie de l'actif successoral.

En ce qui concerne plus spécialement les époux mariés sous le régime de la *communauté universelle*, une réponse ministérielle au J.O.-Sénat du 23 avril 1981, p. 610 rappelle que dans ce régime tous les biens meubles et immeubles, présents et à venir des époux entrent dans la masse commune et que l'avantage éventuellement retiré par les époux de l'adoption de ce régime n'est pas regardé comme une donation. Mais la moitié des biens communs fait partie de l'actif successoral du prémourant et est imposable aux droits de succession.

Il en est différemment lorsque les époux ont, en outre, stipulé *une clause d'attribution intégrale de la communauté au survivant.* Celui-ci recueille alors la totalité de l'actif commun en vertu de la convention de mariage et les droits de succession ne sont pas exigibles. L'époux survivant est donc dispensé de la déclaration de succession, à moins que l'actif héréditaire ne comprenne certains biens restés propres au défunt.

Cependant une *déclaration immobilière* doit être établie par le notaire et publiée au bureau des hypothèques compétent lorsque la communauté comprend des biens immeubles. Au décès du deuxième époux, la succession est ouverte et englobe alors, outre les biens immobiliers, les biens mobiliers.

§ 485 En règle générale, la valeur des biens est la *valeur vénale* au jour du décès.* Il existe cependant certaines règles spéciales. Nous les indiquons ci-dessous lors de l'examen des divers cas d'espèce.

§ 486 Précisons que la valeur vénale retenue par le fisc *n'a pas force de loi* en ce qui concerne le partage de la succession, les parties* étant libres de donner une autre valeur aux biens partagés.

2. Cas d'espèce

§ 487 *Assurances sociales*: Le capital-décès est dispensé des droits de succession.

Toutes les autres prestations font partie de l'actif pour leur montant couru jusqu'à la date du décès.

§ 488 *Assurances vie - Capitaux décès:* Il résulte de l'article 757 B du Code général des impôts, issu de la loi n° 91-1323 du 30 décembre 1991, que les sommes, rentes ou valeurs quelconques dues directement ou indirectement par un assureur, à raison du décès de l'assuré, donnent ouverture aux droits de mutation par décès suivant le degré de parenté existant entre le bénéficiaire à titre gratuit et l'assuré, à concurrence de la fraction des primes versées *après l'âge de 70 ans qui excède 200 000 F.*

Lorsque plusieurs contrats sont conclus sur la tête d'un même assuré, il est tenu compte de l'ensemble des primes versées après le 70e anniversaire de l'assuré pour l'appréciation de la limite de 200 000 F.

Pour l'application de ce texte, il y a lieu de se reporter aux articles 292 A et 292 B de l'Annexe II du Code général des impôts, issus du décret n° 92-468 du 21 mai 1992. Il en résulte les règles suivantes.

Art. 292 A. Tous les contrats d'assurance en cas de vie ou en cas de décès souscrits *à compter du 20 novembre 1991* et conclus sur la tête d'un même assuré, en vertu desquels des primes ont été versées après son 70e anniversaire, doivent être déclarés par les bénéficiaires, au décès de l'assuré, dans les conditions fixées pour les déclarations de succession. La déclaration doit préciser, pour chaque contrat, la date de souscription et le montant des primes versées après le 70e anniversaire de l'assuré.

Les assureurs sont tenus, sur la demande des bénéficiaires, de leur communiquer les informations ci-dessus.

Art. 292 B.-I. Les assureurs qui doivent verser des sommes, rentes ou émoluments quelconques au titre de contrats mentionnés à l'article 292 A doivent, dans les 45 jours qui suivent le jour où ils ont connaissance du décès de l'assuré sur la tête duquel un ou plusieurs contrats en cause ont été souscrits, adresser à la direction des services fiscaux du domicile de l'assuré un document faisant connaître :

1. Le nom ou la raison sociale et le domicile de l'assureur ;
2. Les nom, prénoms et domicile de l'assuré ainsi que la date de son décès ;
3. Les nom, prénoms et domicile du ou des bénéficiaires ;
4. La date de souscription du ou des contrats ;
5. Le montant des primes versées après le 70e anniversaire de l'assuré pour chacun des contrats.

Les mêmes obligations incombent aux assureurs pour *les contrats souscrits avant le 20 novembre 1991,* lorsque des avenants de nature à transformer l'économie même de ces contrats ont été souscrits après cette date.

Ces documents sont établis sur des formules imprimées délivrées sans frais par le service des impôts.

-II. Les assureurs ne peuvent se libérer des sommes, rentes ou émoluments quelconques dus au titre des contrats mentionnés à l'article 292 A que sous réserve de la production d'un certificat du comptable des impôts attestant le dépôt d'une déclaration contenant les références du ou des contrats ainsi que les indications prévues à l'article 292 A et qu'après avoir satisfait aux obligations édictées au I. du présent article.

L'application du nouveau régime de l'assurance vie appelle **§ 489**
les commentaires suivants issus d'une *instruction fiscale du 29 mai 1992* (Bull. off. imp. 7 G-4-92).

I. Rappel du dispositif antérieur

L'assurance sur la vie est une convention aux termes de laquelle une personne (l'assureur) s'oblige envers une autre (le souscripteur) pendant une durée déterminée (durée du contrat) moyennant une prestation unique ou périodique (prime), à verser au contractant lui-même ou à un tiers désigné ou incertain (le bénéficiaire) un capital ou une rente, sous certaines éventualités dépendant de la vie ou de la mort d'une personne désignée (l'assuré). Dans la majorité des contrats, le souscripteur est également l'assuré.

S'agissant des assurances sur la vie en cas de décès ou mixtes (en cas de vie avec contre-assurance décès), il convient de distinguer selon que l'indemnité due par l'assureur en cas de décès de l'assurée est versée au profit :

— *d'un bénéficiaire indéterminé ou de l'assuré lui-même.* Dans ce cas, l'indemnité fait partie de la succession de l'assuré et se trouve taxée aux droits de mutation par décès dans les conditions de droit commun ;

— *ou d'un bénéficiaire déterminé.* Dans ce dernier cas, et conformément aux dispositions de l'article L. 132-12 du Code des assurances, les sommes stipulées payables lors du décès de l'assuré à ses héritiers ou à un bénéficiaire déterminé autre que l'assuré lui-même ne font pas partie de la succession de l'assuré.

Toutefois, l'article 757 B du Code général des impôts prévoit que les sommes versées par un assureur à raison du décès de l'assuré donnent ouverture aux droits de mutation par décès suivant le degré de parenté existant entre le bénéficiaire à titre gratuit et l'assuré lorsque les conditions suivantes sont remplies :

— le contrat d'assurance décès a été souscrit après le soixante-sixième anniversaire de l'assuré ;

— le montant total des primes payées pendant les quatre années qui ont suivi la conclusion du contrat représente les trois-quarts au moins du capital dû au jour du décès de l'assuré.

Mais, seule la fraction du capital supérieure à 100 000 F était soumise à l'impôt, étant précisé que cet abattement était global quel que soit le nombre de bénéficiaires ou de contrats.

II. Le nouveau dispositif

Le dispositif de l'article 757 B du Code général des impôts, donnait lieu à des difficultés d'application.

L'article 26-I de la loi de finances rectificative pour 1991 modifie donc les critères d'imposition aux droits de mutation des sommes versées par un assureur en raison du décès de l'assuré.

Le nouveau dispositif, *qui ne concerne que les contrats souscrits à compter du 20 novembre 1991,* assujettit aux droits de mutation par décès la fraction des primes versées après le soixante-dixième anniversaire de l'assuré qui excède 200 000 F.

Tous les contrats d'assurance en cas de décès ou en cas de vie demeurent dans le nouveau champ d'application de l'art. 757 B du Code général des impôts, quelle que soit leur dénomination (mixte, temporaire décès, vie entière ...) et indépendamment de la qualité du bénéficiaire (personne physique ou personne morale).

Par contre, les reversions de rente viagère entre parents en ligne directe et au profit du conjoint survivant continuent à bénéficier de l'exonération de droits de mutation à titre gratuit prévue à l'article 793-1-5° du Code général des impôts (voir ci-dessous § 537).

De même, lorsque l'assurance en cas de décès a été conclue sans désignation d'un bénéficiaire, le capital ou la rente garantis font partie du patrimoine ou de la succession de l'assuré.

Les nouvelles règles ne s'appliquent qu'aux successions ouvertes à compter de l'entrée en vigueur de la loi de finances rectificative pour 1991, c'est-à-dire, à Paris le 2 janvier 1992 et, partout ailleurs, un jour franc après l'arrivée du Journal officiel au chef-lieu d'arrondissement.

Il en résulte que :

a. Les sommes versées par les assureurs à raison du décès d'un assuré intervenu avant la date d'entrée en vigueur de la loi de finances rectificative pour 1991 demeurent soumises à l'ancien régime même si le contrat a été souscrit à compter du 20 novembre 1991 ;

b. Les sommes versées à raison du décès d'un assuré intervenu après l'entrée en vigueur du nouveau régime à un bénéficiaire déterminé en vertu de contrats souscrits avant le 20 novembre 1991 ne donnent plus ouverture aux droits de mutation par décès à la condition, toutefois, que ces contrats n'aient pas fait l'objet, à compter du 20 novembre 1991, de modifications essentielles.

1. Les conditions d'assujettissement aux droits de mutation à titre gratuit des sommes versées à un bénéficiaire d'un contrat d'assurance à la suite du décès de l'assuré

L'exigibilité des droits de mutation par décès suivant le lien de parenté existant entre l'assuré et le bénéficiaire est subordonnée aux conditions suivantes.

1. Le ou les contrats doivent avoir été souscrits à compter du 20 novembre 1991

Le nouveau dispositif s'applique aux contrats souscrits à compter du 20 novembre 1991.

Dès lors, les sommes versées par un assureur dans le cadre de contrats souscrits avant cette date ne sont plus soumises aux droits de mutation à titre gratuit, quel que soit l'âge de l'assuré à la date de la conclusion du contrat ou du versement des primes.

Cela étant, lorsque des modifications aux contrats souscrits avant le 20 novembre 1991 auront été apportées à compter de cette date, le régime fiscal des sommes versées par l'assureur à la suite du décès de l'assuré sera fonction de l'importance de ces modifications par rapport aux stipulations du contrat :

— soit les nouvelles clauses ne modifient pas l'économie du contrat (changement de bénéficiaire, des modalités de versement du capital ou de la rente ...). Dans ce cas, les sommes versées par l'assureur ne sont pas assujetties aux droits de mutation à titre gratuit ;

— soit les nouvelles clauses modifient l'économie du contrat, tels que le versement de nouvelles primes non prévues dans le contrat originel, la transformation d'un contrat à prime unique en un contrat à primes multiples ou à versements libres, le versement de primes disproportionnées par rapport à celles payées avant le 20 novembre 1991.

Dans cette hypothèse, le capital ou la rente payable au décès de l'assuré entre dans le champ d'application du nouveau dispositif dès lors que les modifications essentielles apportées au contrat originel, à compter du 20 novembre 1991, ne permettent plus de considérer qu'il s'agit d'un contrat souscrit avant cette date.

2. Seules les primes versées après le soixante-dixième anniversaire de l'assuré sont prises en compte

L'âge de l'assuré à la date du versement des primes est le critère déterminant de l'assujettissement aux droits de succession des sommes dues par l'assureur aux bénéficiaires.

A cet égard, il est précisé qu'il convient de retenir l'âge de l'assuré sur la tête duquel le contrat en cause est souscrit et non l'âge du souscripteur qui peut être une personne différente de l'assuré.

Dès lors, les sommes, rentes ou valeurs quelconques dues par un assureur à raison du décès de l'assuré, donnent ouverture aux droits de mutation par décès à concurrence de la fraction des primes qui ont été versées après le soixante-dixième anniversaire de l'assuré, quel que soit l'âge de l'assuré au moment de la souscription du contrat.

Autrement dit, toutes les primes versées (sans déduction des frais de gestion) après le soixante-dixième anniversaire de l'assuré entrent dans le champ d'application des droits de mutation par décès dès lors que le contrat a été souscrit à compter du 20 novembre 1991.

Par contre, sont exclues de l'assiette des droits de mutation par décès les sommes qui correspondent :

— aux primes versées avant le soixante-dixième anniversaire de l'assuré ;

— aux produits attachés au contrat (intérêts, attributions ou participations aux bénéfices...), y compris ceux afférents aux primes versées après le 70e anniversaire de l'assuré.

3. L'assiette des droits de mutation à titre gratuit

a. Principe

Aux termes de l'article 26-I de la loi de finances rectificative pour 1991, seule la fraction des primes versées après le 70e anniversaire de l'assuré qui excède 200 000 F est taxable aux droits de mutation par décès.

Cet abattement de 200 000 F est global, quel que soit le nombre de contrats et de bénéficiaires de ce ou ces contrats.

Lorsque plusieurs contrats sont conclus sur la tête d'un même assuré, il convient de retenir, pour la taxation aux droits de succession, les primes versées au titre de ces différents contrats après le 70e anniversaire de l'assuré.

L'abattement est donc appliqué en globalisant toutes les primes versées après le 70e anniversaire de l'assuré au titre des contrats souscrits sur sa tête par lui-même ou par des tiers.

D'autre part, en cas de pluralité de bénéficiaires, l'abattement est réparti entre les bénéficiaires concernés au prorata de la part leur revenant dans les primes taxables aux termes du ou des contrats (exemple 6 ci-dessous).

b. Cas particuliers

— *Contrats souscrits en unités de compte*

Lorsque des contrats sont souscrits en unités de compte (parts de S.I.C.A.V., de S.C.I...), il convient de retenir la valeur en francs des primes versées après le 70e anniversaire de l'assuré, au jour de leur paiement.

— *Rachats partiels et avances*

Les rachats partiels effectués par les souscripteurs ainsi que les avances accordées par les assureurs et non remboursées au décès de l'assuré restent sans incidence sur la détermination de l'assiette de la taxation dans le cadre du nouveau dispositif de l'article 767 B du Code général des impôts.

Dans le cas où les capitaux versés par l'assureur seraient inférieurs aux primes versées après le 70e anniversaire de l'assuré, l'assiette des droits sera limitée aux capitaux versés aux bénéficiaires.

La même solution s'applique pour les contrats prévoyant le versement d'une rente viagère immédiate avec garantie de réserve.

2. Les obligations déclaratives

1. Les obligations des bénéficiaires

Aux termes du nouvel article 292 A de l'Annexe II du Code général des impôts, les bénéficiaires des contrats d'assurance en cas de vie ou en cas de décès souscrits à compter du 20 novembre 1991 ou assimilés doivent déclarer tous les contrats conclus sur la tête d'un même assuré en vertu desquels des primes ont été versées après son 70e anniversaire.

Si le bénéficiaire du contrat a la qualité d'héritier, de légataire* ou de donataire*, ces indications doivent figurer sur la déclaration qu'il est appelé à souscrire en application des dispositions de l'article 800 du Code général des impôts pour l'ensemble des biens héréditaires qu'il recueille.

Si le bénéficiaire du contrat n'est pas héritier, donataire ou légataire du défunt, il doit souscrire une déclaration de succession dans les conditions et délai de droit commun (ex. : bénéficiaire d'un contrat souscrit sur la tête d'un assuré marié sous le régime de la communauté universelle...).

La déclaration doit préciser, pour chaque contrat, le montant des primes versées après le soixante-dixième anniversaire de l'assuré.

Les assureurs sont tenus de communiquer ces informations aux bénéficiaires qui en font la demande.

S'agissant des successions pour lesquelles la déclaration a déjà été déposée, il appartient aux bénéficiaires de souscrire une déclaration complémentaire comportant les renseignements en cause, auprès de la recette des impôts qui a enregistré la déclaration principale, et d'acquitter le complément de droits éventuellement exigible.

2. Les obligations des assureurs

L'article 292 B du Code général des impôts fixe les obligations des assureurs. Aux termes du II de cet article, les assureurs ne peuvent se libérer des sommes, rentes ou émoluments quelconques dus en cas de décès de l'assuré au titre des contrats en vertu desquels des primes ont été versées après le 70e anniversaire de l'assuré :
— qu'après avoir satisfait aux obligations édictées au I de l'article 292 B ;
— et que dans les conditions prévues au III de l'article 806 du Code général des impôts.

Ce nouveau dispositif concerne les sociétés, compagnies d'assurances et tous autres assureurs français ou étrangers ou leurs représentants en France qui doivent verser des sommes, rentes ou valeurs quelconques à raison du décès de l'assuré en vertu de contrats au titre desquels des primes ont été acquittées après le 70e anniversaire de l'assuré.

a. Les obligations édictées par le I de l'article 292 B nouveau

Aux termes de cet article, les assureurs qui doivent verser des sommes, rentes ou émoluments quelconques au titre des contrats souscrits à compter du 20 novembre 1991 en vertu desquels des primes ont été acquittées après le 70e anniversaire de l'assuré décédé, sont tenus dans les quarante-cinq jours qui suivent le jour où ils ont connaissance du décès de l'assuré sur la tête duquel un ou plusieurs contrats en cause ont été souscrits, d'adresser à la direction des services fiscaux du domicile de l'assuré, un document mentionnant :
— le nom ou la raison sociale et le domicile de l'assureur ;
— les nom, prénoms et domicile de l'assuré ainsi que la date de son décès ;
— les nom, prénoms et domicile du ou des bénéficiaires ;
— la date de souscription du ou des contrats ;
— le montant des primes versées après le 70e anniversaire de l'assuré pour chacun des contrats.

Les mêmes obligations incombent aux assureurs pour les contrats souscrits avant le 20 novembre 1991, lorsque des avenants prévus à l'article L. 112-3 du Code des assurances de nature à transformer l'économie même de ces contrats ont été souscrits à compter de cette date.

Les documents en cause sont établis sur des formules imprimées et délivrées sans frais par le service des impôts.

Dans l'hypothèse où les assureurs ne disposent pas dans le délai de 45 jours de toutes les informations sur la qualité et le domicile des bénéficiaires, ils doivent déposer une déclaration provisoire en précisant au service des impôts que les informations manquantes lui seront transmises ultérieurement.

b. Les conditions prévues au III de l'article 806 du Code général des impôts

Il résulte de cet article que les assureurs ne peuvent se libérer des sommes, rentes ou émoluments quelconques que :

— soit sur présentation par le bénéficiaire d'un certificat délivré sans frais par le comptable des impôts constatant l'acquittement ou la non-exigibilité de l'impôt de mutation par décès ;

— soit en versant, sur la demande écrite des bénéficiaires, tout ou partie des sommes dues par eux en l'acquit des droits de mutation à titre gratuit ;

Dans cette hypothèse, il convient de s'assurer que le montant des sommes taxables qui correspond aux primes versées après le 70e anniversaire de l'assuré, déduction faite de l'abattement de 200 000 F, figure bien dans la déclaration de succession.

— soit, lorsque les conditions prévues à l'article 806-III dernier alinéa du Code général des impôts sont réunies, sur la production d'un certificat délivré par le receveur des impôts compétent attestant le dépôt d'une déclaration contenant les références du ou des contrats ainsi que des renseignements énumérés à l'article 292 A de l'annexe II au Code général des impôts.

Le receveur des impôts compétent pour délivrer les certificats susvisés est celui du bureau où la déclaration de succession doit être souscrite (Code général des impôts, art. 656).

Afin de ne pas retarder le règlement des indemnités aux bénéficiaires, le certificat d'acquit des droits est délivré, le cas échéant, au vue d'une déclaration de succession partielle ne comprenant que l'indemnité d'assurance, le paiement étant provisoirement limité aux droits dus sur la fraction taxable de cette indemnité.

3. *Exemples chiffrés*

Exemple n° 1 :

M. X est âgé de soixante-sept ans lorsqu'il souscrit en janvier 1992 un contrat d'assurance sur la vie ; le bénéficiaire désigné au contrat est son neveu M. Y ; une prime unique de 600 000 F est versée.

M. X décède en septembre 1992.

Le capital dû par l'assureur à raison du décès de l'assuré au profit du bénéficiaire désigné est de 630 000 F.

Le contrat d'assurance ayant été souscrit après le 20 novembre 1991, le nouveau dispositif s'applique mais, dès lors que la prime unique a été versée avant le 70e anniversaire de l'assuré, le capital de 630 000 F qui sera versé au bénéficiaire désigné ne donnera pas ouverture aux droits de mutation par décès.

Exemple n° 2 :

M. X est âgé de plus de soixante-dix ans lorsqu'il souscrit en janvier 1992 un contrat à prime unique sur sa tête pour un montant de 600 000 F ; le bénéficiaire désigné au contrat est son fils M. Y.

M. X décède en septembre 1992.

Le capital dû par l'assureur à raison du décès de l'assuré au profit du bénéficiaire désigné est de 630 000 F.

Les 30 000 F correspondant aux produits attachés au contrat sont exonérés de droits de mutation par décès.

L'assiette imposable des sommes versées par l'assureur est déterminée comme suit :

— prime versée après l'âge de soixante-dix ans	600 000 F
— abattement	200 000 F
Somme imposable à inclure dans la part taxable du fils, M. Y	400 000 F

Exemple n° 3 :

M. X, né le 25 mars 1922, a souscrit un contrat d'assurance le 15 décembre 1991 et versé le même jour une prime de 450 000 F.

Le 6 juin 1992, il verse une prime de 500 000 F.

Il décède le 8 septembre 1992.

Le bénéficiaire désigné au contrat, son neveu M. Y, reçoit un capital de 1 030 000 F.

Les 80 000 F correspondant aux produits attachés au contrat sont exonérés de droits de mutation par décès de même que la fraction du capital égale au montant de la prime versée avant l'âge de soixante-dix ans, soit 450 000 F.

Sur les 500 000 F de prime payée après le 70e anniversaire de l'assuré, la fraction de 300 000 F, qui correspond à la prime en cause déduction faite de l'abattement de 200 000 F, est assujettie aux droits de mutation par décès dans les conditions de droit commun suivant le lien de parenté existant entre l'assuré et le bénéficiaire désigné.

Exemple n° 4 :

M. X, âgé de soixante-sept ans, souscrit un contrat d'assurance en cas de décès en octobre 1991 : le bénéficiaire désigné au contrat est son neveu M. Y. Une prime unique de 600 000 F est versée.

M. X décède en juin 1992.

Le capital dû par l'assureur à raison du décès de l'assuré au profit du bénéficiaire désigné est de 630 000 F.

Dès lors que le contrat d'assurance a été souscrit avant le 20 novembre 1991 et que le décès est intervenu après l'entrée en vigueur de la loi de finances rectificative pour 1991, les anciennes règles de l'article 757 B du Code général des impôts, et notamment celle des trois-quarts, ne sont plus applicables. Par suite, le capital versé au bénéficiaire désigné ne donnera ouverture à aucun droit de mutation par décès.

Exemple n° 5 :

M. X né le 20 mars 1922 a souscrit un contrat d'assurance à prime unique le 15 septembre 1991 et versé le même jour une prime de 300 000 F.

Le 15 janvier 1992, il souscrit un avenant au contrat prévoyant des versements libres.

Le 15 février 1992, il verse une somme de 400 000 F ; le 18 août 1993, il verse une somme de 800 000 F.

Le 20 novembre 1993, l'assureur lui verse une somme de 150 000 F à titre d'avance.

M. X décède le 15 décembre 1993 sans avoir remboursé l'avance qui lui a été consentie.

Le capital dû par l'assureur au profit des deux neveux de l'assuré (bénéficiaires désignés au contrat) est de 1 450 000 F.

Le régime fiscal des sommes versées par l'assureur est le suivant :

a. la prime de 300 000 F qui a été versée avant le 20 novembre 1991 est exonérée ;

b. l'avenant souscrit le 15 janvier 1992 constitue une modification essentielle et, par suite, le nouveau contrat résultant de cet avenant est régi par le nouveau dispositif qui s'applique aux contrats souscrits à compter du 20 novembre 1991 :

— la prime de 400 000 F versée en février 1992 est exonérée dès lors qu'elle a été acquittée avant le soixante-dixième anniversaire de l'assuré ;

— la prime de 800 000 F est, en revanche, taxable puisque M. X avait plus de soixante-dix ans lors de son versement ;

— l'avance consentie reste sans incidence sur les modalités de taxation.

L'assiette imposable est donc de :

— prime versée après l'âge de soixante-dix ans	800 000 F
— abattement	200 000 F
	600 000 F

Soit 300 000 F imposables au nom de chacun des deux neveux.

Exemple n° 6 :

M. X, âgé de plus de soixante-dix ans, a souscrit en 1992 plusieurs contrats :
— le 20 janvier, un contrat à prime unique de 600 000 F au profit de M. A ;
— le 15 juin, un contrat à prime unique de 400 000 F au profit de MM. B et C ;
— le 10 septembre, un contrat à prime unique de 700 000 F au profit de MM. A et B.

Il décède en février 1993. Les capitaux dus par les assureurs s'élèvent à :
— 660 000 F au profit de M. A (contrat souscrit en janvier 1992) ;
— 210 000 F au profit de M. B et 210 000 F au profit de M. C (contrat souscrit en juin 1992) ;
— 360 000 F au profit de M. A et 360 000 F au profit de M. B (contrat souscrit en septembre 1992).

Pour la liquidation des droits de mutation à titre gratuit, il convient de retenir toutes les primes versées par M. X dès lors que les contrats avaient été souscrits après le 20 novembre 1991 et que l'intéressé avait plus de soixante-dix ans lors de leur versement.

Primes imposables au titre des contrats souscrits les :	M. A	M. B	M. C
— 20 janvier 1992	600 000 F	—	—
— 15 juin 1992	—	200 000 F	200 000 F
— 10 septembre 1992	350 000 F	350 000 F	—
Assiette brute	950 000 F	550 000 F	200 000 F
Abattement	111 765 F (1)	64 706 F (2)	23 529 F (3)
Net imposable	838 235 F	485 294 F	176 471 F

(1) $200\,000 \times \frac{950\,000}{1\,700\,000}$ (2) $200\,000 \times \frac{550\,000}{1\,700\,000}$ (3) $200\,000 \times \frac{200\,000}{1\,700\,000}$

	600 000 F	
Primes imposables :	400 000 F	1 700 000 F
	700 000 F	

L'abattement de 200 000 F doit être réparti entre les différents bénéficiaires en fonction du prorata de leur part dans les primes imposables.

§ 490 *Automobiles* : Le prix retenu doit se rapprocher du prix de l'Argus. Toutefois, en cas de vente aux enchères dans les deux ans du décès, ou d'inventaire régulier, le produit de la vente ou l'estimation doivent être retenus.

§ 491 *Bail* : Le droit au bail n'est imposable que s'il est compris dans un fonds cessible*.

La valeur du bail emphytéotique* doit figurer à l'actif successoral.

§ 492 *Banques, chèques postaux, comptes courants et de dépôts* : Les avoirs doivent figurer à l'actif de la succession pour leur montant en capital et intérêts au jour du décès.

Il faut préciser que les soldes créditeurs de comptes courants font partie de la succession, peu importe la nationalité et le domicile du défunt.

Une réponse ministérielle au J.O.A.N. du 21 août 1971 rappelle que le bénéficiaire d'un chèque acquiert la propriété de la provision au moment même où le chèque lui est remis. En conséquence, lorsqu'il est établi qu'un chèque a été remis au bénéficiaire avant le décès du tireur, les droits de mutation par décès ne sont pas exigibles sur la fraction du compte courant du tireur correspondant au montant du chèque non encaissé.

Si cette preuve n'est pas établie, le solde créditeur du compte au jour du décès entre intégralement dans l'actif de la succession, mais les successibles* peuvent alors faire entrer dans le passif la dette que l'émission du chèque avait pour objet d'éteindre.

Il faut également rappeler ici qu'en application de l'article 752 du Code général des impôts, toutes les créances dont le défunt a eu la propriété ou par perçu les revenus à raison desquelles il a *effectué une opération quelconque moins d'un an avant son décès*, sont présumées, jusqu'à preuve contraire, faire partie de la succession.

S'agissant plus spécialement des *retraits effectués sur un compte courant pendant l'année précédant le décès*, infirmant la doctrine administrative, la Cour de cassation a jugé que ces retraits ne sont pas présumés faire partie de la succession. Pour réintégrer les sommes retirées dans l'actif successoral, l'administration doit apporter la preuve qu'elles ont été conservées par le défunt jusqu'au jour du décès (194).

Se conformant à cette position, et faisant suite à une Note du 27 février 1990 (Bull. off. imp. 7 G-1-90), une réponse ministérielle au J.O.A.N. du 11 juin 1990, p. 2752, précise qu'il appartient à l'administration d'apporter la preuve, par des présomptions de fait, graves, précises et concordantes, de l'omission dans la déclaration de succession des sommes en cause.

*Biens indivis**: Ils entrent dans l'actif successoral pour la part revenant au défunt indivisaire*. **§ 493**

Biens litigieux: Ce sont les biens dont la propriété apparente appartient à un tiers* mais qui sont revendiqués par les héritiers du défunt. Ils ne doivent pas être compris dans l'actif de la succession, mais doivent être déclarés dans les six mois de la décision qui les fait entrer dans l'hérédité*. **§ 494**

Par contre les biens dont la propriété apparente repose sur la tête du défunt et qui font l'objet d'une contestation doivent être déclarés immédiatement. Le cas échéant, les droits perçus à tort seront restitués.

Biens remis en gage, hypothèque*, nantissement**: Ils entrent dans l'actif successoral. Mais les biens que le défunt détenait sans en être propriétaire ne seront pas déclarés si les héritiers peuvent apporter la preuve de la non propriété. **§ 495**

Biens ruraux: En principe, les biens ruraux doivent, comme les autres biens, être values selon leur *valeur vénale** réelle à la date de la transmission de la succession. **§ 496**

Toutefois, en application de l'article 793-2-3° du Code général des impôts, sont *exonérés* des droits de mutation à titre gratuit *les biens donnés à bail à long terme* dans les conditions prévues aux articles L. 416-1 à L. 416-6, L. 416-8 et L. 416-9 du Code rural, (c'est-à-dire si le bail a une durée minimum de 18 ans, renouvelable par périodes de 9 ans, ou une durée minimum de 25 ans renouvelable par tacite reconduction), *à concurrence des trois quarts (75 %)* de leur valeur sous réserve des dispositions de l'article 793 bis.

Selon ledit article 793 bis, l'exonération partielle prévue ci-dessus est subordonnée à la condition que le bien reste la propriété de l'héritier ou du légataire* *pendant 5 ans* à compter de la date de la transmission à titre gratuit. Lorsque cette condition n'est pas respectée, les droits sont rappelés, majorés de l'intérêt de retard.

Toujours selon l'article 793 bis du Code général des impôts, lorsque *la valeur totale* des biens susceptibles de bénéficier de l'exonération partielle de 75 %, transmis par le défunt à chaque héritier ou légataire *excède 500 000 F,* l'exonération partielle des droits de mutation à titre gratuit est *ramenée à 50 % au-delà de cette limite.*

Pour l'appréciation de cette limite, il doit être tenu compte de l'ensemble des *donations** consenties par la même personne à un titre, à une date et sous une forme quelconques, à l'exception des donations passées devant notaire depuis plus de 10 ans.

L'exonération partielle des biens ruraux ne s'applique pas lorsque le bail a été consenti depuis moins de deux ans au donataire* de la transmission, à son conjoint, à un de leurs descendants* ou à une société contrôlée par une ou plusieurs de ces personnes.

L'article 793-1-4° du Code général des impôts exonère également des droits de mutation à titre gratuit *les parts des groupements fonciers agricoles* et celles des groupements agricoles fonciers visés audit article (voir ci-dessous § 518), *à concurrence des trois quarts (75 %)* de la fraction de la valeur nette des biens donnés à bail à long terme, sous réserve des dispositions de l'article 793 bis suscitées à condition :

— que les statuts du groupement lui interdisent l'exploitation en faire-valoir direct ;

— que les fonds agricoles constituant le patrimoine du groupement aient été donnés à bail à long terme dans les conditions prévues aux articles L. 416-1 à L. 416-6, L. 416-8 et L. 416-9 du Code rural (voir ci-dessus) ;

— que les parts aient été détenues depuis deux ans au moins par le défunt.

Ce délai n'est pas exigé lorsque le défunt a été partie au contrat de constitution du groupement agricole et, à ce titre, a effectué des apports constitués exclusivement par des immeubles ou des droits immobiliers à destination agricole.

L'exonération ne s'applique pas aux parts de groupements fonciers agricoles qui sont détenues ou qui ont été détenues par une société civile régie par la loi n° 70-1300 du 31 décembre 1970 fixant le régime applicable aux sociétés civiles autorisées à faire publiquement appel à l'épargne ou par une entreprise d'assurance ou de capitalisation.

Les dispositions relatives aux groupements agricoles peuvent être étendues aux *départements d'outre-mer,* dans des conditions fixées par décret en Conseil d'Etat, après avis des conseils généraux desdits départements. § 497

Bijoux, pierreries, objets d'art ou de collection : L'article 764-II du Code général des impôts pose le principe que, en ce qui concerne les bijoux, pierreries, objets d'art ou de collection, la valeur imposable ne peut, sous réserve de ce qui est dit au I du même article, être inférieure à *l'évaluation faite dans les contrats ou conventions d'assurance* contre le vol ou contre l'incendie en cours au jour du décès et conclus par le défunt, son conjoint ou ses auteurs, moins de dix ans avant l'ouverture de la succession, sauf preuve contraire. § 498

S'il existe plusieurs polices susceptibles d'être retenues, la valeur imposable est égale à la moyenne des évaluations figurant dans ces polices.

Il résulte de ce texte, et en tenant compte des dispositions du I de l'article 764 auquel il est fait référence dans le texte suscité, que la valeur des bijoux, pierreries, objets d'art ou de collection est retenue dans *l'ordre de préférence suivant* :
— le prix net de la vente publique, lorsque cette vente a eu lieu dans les deux années précédant le décès ;
— à défaut de vente publique dans les deux années précédant le décès, on retiendra l'évaluation contenue dans tout acte estimatif (inventaires, legs*...) dressé dans les cinq années ayant précédé le décès. Ladite évaluation ne peut toutefois être inférieure à la valeur d'assurance, prévue au II de l'article 764 suscité ;
— à défaut des deux critères ci-dessus, les parties* feront une déclaration estimative détaillée, cette estimation ne pouvant en tout état de cause être inférieure à la valeur d'assurance prévue au II de l'article 764.

Rappelons que l'article 764-II admet que le déclarant peut, en ce qui concerne la valeur d'assurance *apporter la preuve contraire*, c'est-à-dire que les bijoux, pierreries, objets d'art ou de collection figurant dans la succession ont en réalité une valeur inférieure à celle pour laquelle ils sont assurés. Les actes estimatifs invoqués ci-dessus ne peuvent à eux seuls constituer une telle preuve qui peut, par ailleurs, être rapportée par tout mode compatible avec la procédure écrite.

Il faut également signaler ici qu'en application de l'article 798 du Code général des impôts, les héritiers* ou légataires*, *dans les déclarations de succession*, doivent faire connaître si les bijoux, pierreries, objets d'art ou de collection compris dans la succession étaient l'objet d'un contrat d'assurance contre le vol ou contre l'incendie en cours au jour du décès, et dans l'affirmative, indiquer la date du contrat, le nom ou la raison sociale et le domicile de l'assureur, ainsi que le montant des risques assurés.

Il a été signalé à l'Administration que *les contrats d'assurance qualifiés de « multirisque habitation »* comportent une évaluation du mobilier assuré dans laquelle la garantie des « objets précieux » entre en général pour 30 à 40 %. En outre, ces objets consistent non seulement en bijoux, pierreries, objets d'art ou de collection, mais également en tout autre objet mobilier de valeur. Aussi, la question a-t-elle été posée de savoir si l'évaluation forfaitaire des objets précieux contenue dans de tels contrats est susceptible de constituer la base légale d'évaluation prévue par l'article 764-II du Code général des impôts ou si, au contraire, l'application de cet article implique l'existence d'un contrat particulier garantissant uniquement les bijoux, pierreries, objets d'art ou de collection individuellement décrits et évalués.

Une réponse ministérielle au J.O.A.N. du 28 septembre 1987, p. 5388 a précisé que les évaluations forfaitaires des « objets précieux » contenues dans les contrats d'assurance qualifiés « multirisque habitation » ne sont susceptibles de constituer la base légale d'évaluation prévue à l'article 764-II que dans la mesure où elles s'appliquent à des bijoux, pierreries, objets d'art ou de collection, à l'exclusion de tout autre « objet précieux », tels, par exemple, que des meubles meublants. Par suite, lorsqu'un contrat garantit, pour une somme globale, des objets précieux de diverses natures, sans estimation distincte, l'évaluation qu'il contient est susceptible d'être prise en compte au titre de l'article 764-II, mais à concurrence seulement de la fraction du capital assuré correspondant aux bijoux, pierreries, objets d'art ou de collection, déterminée par une ventilation faite par les parties sous le contrôle de l'Administration.

En ce qui concerne ces contrats, les successibles* sont seulement dispensés de la déclaration prévue à l'article 798, à condition que ces conventions ne dérogent pas au pourcentage maximal de 30 % ou 40 % indiqué dans la question.

Au demeurant, selon la règle générale, les successibles peuvent établir par tous modes de preuve compatibles avec la procédure écrite, que la valeur réelle des bijoux déclarée est inférieure au montant du forfait.

Bois et forêts : L'article 793-2-2e du Code général des impôts exonère des droits de succession, les successions *à concurrence des trois-quarts de leur montant (75 %)*, intéressant les propriétés en nature de bois et forêts à condition que soient appliquées les dispositions prévues aux articles 703, 1840 G bis-II et III et 1929-3 du même Code. § 499

Il en résulte que l'exonération est subordonnée aux *conditions* suivantes :

1. La déclaration de succession doit être accompagnée d'un certificat délivré sans frais par le Directeur départemental de l'agriculture attestant que les bois et forêts transmis *sont susceptibles d'aménagement ou d'exploitation régulière*. Le certificat doit être délivré dans le mois de la demande (demande établie sur papier libre précisant les contenances, numéros de sections et lieux-dits du cadastre). Le refus de délivrer le certificat doit être motivé.

2. Les héritiers, à quelque titre que ce soit, doivent *s'engager, pour eux et leurs ayants-cause** :
— soit de soumettre pendant trente ans les bois et forêts transmis par héritage à un régime d'exploitation normale ;
— soit d'appliquer pendant trente ans le plan simple de gestion agréé par le Centre régional de la propriété forestière, et de ne le notifier qu'avec l'agrément dudit Centre ;
— soit, s'il n'existe pas de plan simple de gestion agréé, d'en faire agréer un dans les cinq ans et de l'appliquer pendant trente ans. Pendant le délai où il n'existe pas de plan, le bénéficiaire de l'exonération doit appliquer le régime d'exploitation normale.

A noter qu'en cas de legs* de l'usufruit* et de la nue-propriété* à deux légataires* différents, l'un des engagements ci-dessus doit être pris par chacun d'eux, pour lui-même et ses ayants-cause (Rép. min. J.O.A.N. 1-5-1963, p. 2745).

Si *l'engagement pris n'est pas respecté*, la totalité des droits de mutation, plus un droit supplémentaire égal à la moitié de la réduction consentie, deviennent immédiatement exigibles. § 500

Pour la garantie du paiement des droits complémentaires et supplémentaires éventuellement exigibles, *le Trésor possède une hypothèque légale** sur les bois et forêts objet de la succession. Toutefois, si la créance éventuelle du Trésor n'atteint pas 10 000 F, l'hypothèque n'est pas inscrite. *(Voir également ci-dessous « Groupements forestiers » § 519)*.

Bons de caisse, bons d'épargne, bons du Trésor : Ils doivent figurer à la déclaration de succession pour leur valeur nomi- § 501 nale, déduction faite du prorata d'intérêts versés d'avance ou pour leur valeur de remboursement au jour du décès. Toutefois, l'Administration accepte que les *Bons du Trésor* soient imposables non pas sur leur valeur nominale, mais sur leur valeur réelle au jour du décès (Rép. min. J.O.A.N. 13-12-1961, p. 5548).

Les bons anonymes doivent également être déclarés dès l'instant qu'ils entrent dans la succession.

En ce qui concerne les *bons de caisse,* lorsque la succession fait l'objet d'un litige, l'*option pour le prélèvement libératoire* doit être exercée dans les conditions suivantes :

— si le *litige ne concerne pas la détermination des droits respectifs des héritiers ou des légataires* sur les biens compris dans la succession il y a lieu de considérer que chacun d'eux a disposé de la part des produits des biens de la succession qui correspond à ses droits au moment même où la succession a été elle-même créditée de ces revenus ; dans cette hypothèse, les héritiers ou légataires doivent, pour bénéficier du prélèvement libératoire, formuler l'option libératoire *au plus tard au moment où le compte de la succession est crédité* du montant des intérêts ;

— en revanche si le *litige porte sur les droits respectifs des héritiers ou légataires,* la part des produits de la succession revenant à chacun des ayants droit ne peut être fixée tant que le litige n'a pas été réglé par un accord amiable ou par un jugement exécutoire ; le fait générateur de l'impôt se situe donc à la date de cette décision et l'option pour le prélèvement libératoire doit être formulée par l'héritier ou le légataire qui reçoit des intérêts *dès l'intervention du jugement exécutoire ou de l'accord amiable ayant réglé le litige* (Doc. adm. 5. I-1222-45).

§ 502 *Caisses d'épargne* : Toutes les sommes portées aux divers livrets doivent figurer à l'actif de la succession pour leur montant en capital et intérêts au jour du décès.

Une réponse ministérielle au J.O.A.N. du 3 juillet 1974 (§ 10667) rappelle que l'Administration est fondée à faire rapporter fiscalement à la succession du défunt le montant des livrets de Caisse d'épargne ou des comptes d'épargne-logement ouverts au nom d'enfants mineurs dudit défunt, lorsqu'elle établit que les fonds ont été fournis par leur auteur.

§ 503 *Cautions versées par les locataires* : Les sommes versées à titre de caution par les locataires au propriétaire n'entrent pas dans l'actif de sa succession puisqu'elles doivent être reversées aux locataires lors de l'échéance du bail.

Coffres-forts : C'est l'article 754 du Code général des impôts qui précise que les sommes, titres ou objets trouvés dans un coffre-fort loué conjointement à plusieurs personnes sont réputés, à défaut de preuve contraire, et seulement pour la perception des droits, être la propriété conjointe de ces personnes et dépendre pour une part virile* de la succession. Cette disposition est applicable aux plis cachetés et cassettes fermées, remis en dépôt aux banquiers, changeurs, escompteurs et à toute personne recevant habituellement des plis de même nature. **§ 504**

Comptes joints : L'article 753 du Code général des impôts dispose que tous les titres, sommes ou valeurs existant chez les dépositaires (administration, banque, agent de change, officiers ministériels) et faisant l'objet de comptes indivis ou collectifs avec solidarité sont considérés, pour la perception des droits de mutation par décès, comme appartenant conjointement aux déposants et dépendant de la succession de chacun d'eux, pour part virile*, sauf preuve contraire réservée tant à l'Administration qu'aux redevables, et résultant pour ces derniers soit des énonciations du contrat de dépôt, soit des titres. **§ 505**

La preuve contraire peut être apportée par l'Administration au moyen de tous les modes de preuve compatibles avec la procédure écrite. Par les héritiers, la preuve contraire ne peut être établie que par des énonciations de l'acte de dépôt, ou d'actes authentiques* ou d'actes sous seings privés* ayant acquis date certaine avant l'ouverture de la succession autrement que par le décès d'une des parties contractantes (enregistrement volontaire, notamment). **§ 506**

Concessions et sépultures : Elles ne sont pas à déclarer (Rép. min. J.O.A.N. 18-6-1984, p. 2816). **§ 507**

Conjoint survivant : Nous avons vu ci-dessus § 94 et suivants quels sont les droits du conjoint survivant. **§ 508**

A noter qu'une *donation au dernier vivant* entraîne un transfert de propriété qui prend effet au jour du décès. En conséquence, le conjoint survivant doit normalement les droits de succession dans les conditions de droit commun* sur les biens qui lui reviennent du fait de la donation au dernier vivant.

En cas de *tontine**, voir ci-dessous § 547.

§ 509 *Constructions nouvelles* : En application de l'article 793-2-4° du Code général des impôts, issu de l'article 21 de la loi de finances rectificative pour 1993 n° 93-859 du 22 juin 1993, *lors de leur première transmission à titre gratuit,* les immeubles acquis neufs ou en état de futur achèvement dont la déclaration de l'achèvement des travaux prévue par la réglementation de l'urbanisme est déposée *avant le 1er juillet 1994* à la mairie de la commune sur le territoire de laquelle l'immeuble concerné a été édifié et dont l'acquisition par le défunt est constatée par *un acte authentique* signé entre le 1er juin 1993 et le 1er septembre 1994,* sont exonérés des droits de mutation à titre gratuit.

L'exonération est subordonnée à la condition que les immeubles aient été *exclusivement affectés de manière continue à l'habitation principale pendant une durée minimale de 5 ans* à compter de l'acquisition ou de l'achèvement s'il est postérieur.

La condition de 5 ans n'est pas opposable en cas de décès de l'acquéreur durant ce délai.

Le régime d'exonération de l'article 793-2-4° suscité *ne s'applique pas* aux immeubles pour lesquels l'acquéreur a bénéficié des réductions d'impôt pour investissement locatif en vertu des articles 199 decis A et B du Code général des impôts, ou pour investissement immobilier neuf dans les D.O.M.-T.O.M. en vertu de l'article 199 undecies du Code général des impôts.

Un *décret n° 93-1145 du 30 septembre 1993* précise les modalités d'application de ce texte (J.O. 7-10), et notamment les obligations déclaratives incombant aux intéressés et les pièces justificatives à fournir.

Une *instruction fiscale du 26 octobre 1993* (Bull. off. imp. 7 G-6-93) commente l'ensemble de ces dispositions transitoires.

Précisons, avec une réponse ministérielle au J.O.A.N. du 15 novembre 1993, p. 4037, que sont seuls considérés comme des *immeubles acquis neufs,* ceux qui n'ont fait l'objet d'aucune utilisation depuis leur construction. Ainsi, lorsque des immeubles sont donnés à bail par des promoteurs-constructeurs entre leur date d'achèvement et celle de leur première cession, cette occupation s'oppose à l'exonération des droits de mutation.

§ 510 *Constructions-Primes* : L'administration admet que les primes à la construction ne constituent pas un actif de la succession.

Créances : Il est de principe que toutes les créances, même celles à terme, sont portées à l'actif de la succession pour leur valeur nominale, augmentée des intérêts échus et non encore payés au jour du décès ainsi que ceux courus à la même date. Lorsque des créances sont remboursables par annuités, comprenant capital et intérêts, les droits de succession ne sont pas dus sur les intérêts à courir postérieurement à l'ouverture de la succession. § 511

Les créances certaines mais *indéterminées* sont évaluées provisoirement et donneront lieu, éventuellement, à supplément de droits lorsque leur montant exact sera connu.

D'une façon générale, en application de l'article 760 du Code général des impôts, *toute somme recouvrée postérieurement à l'évaluation d'une créance, et en sus de celle-ci,* doit faire l'objet d'une déclaration et d'un paiement complémentaire dans les six mois.

Il est intéressant de préciser les *cas particuliers* suivants : § 512

— *Créances faisant l'objet d'une adjudication en justice ou devant notaire commis* : Les droits de succession sont assis sur le prix de vente de la créance.

— *Créances en cas de redressement ou de liquidation judiciaires* :

• En cas de *créances sur un débiteur* en état de redressement ou de liquidation judiciaires, les droits de succession seront liquidés d'après une déclaration estimative de recouvrement. Si finalement le recouvrement est supérieur, il y a lieu à déclaration et paiement complémentaires, dans les six mois du recouvrement excédentaire.

• *En cas de créances représentatives de comptes d'associés*, ces créances ne sont pas retenues dès lors qu'il apparaît que compte tenu de la situation de la société, elles sont irrécupérables.

— *Créances au titre de l'indemnisation complémentaire des rapatriés* : l'assiette retenue pour les droits de succession, en cas de décès du détenteur de titres d'indemnisation avant amortissement complet de sa créance est constituée par la somme des annuités du complément d'indemnisation dues au jour du décès et revenant aux héritiers en fonction de leur vocation héréditaire* ou testamentaire (Rép. min. J.O.A.N. 31-3-1980, p. 1308).

Dettes : Les dettes dues à la succession font partie de l'actif successoral (voir également ci-dessus *« Créances »*). § 513

§ 514 *Donations : Les donations qui ont déjà donné lieu à droits de mutation* ne font plus partie de l'actif de la succession. Les autres donations s'ajouteront à la part de l'héritier auquel elles profitent (voir § 584).

Lorsqu'il y a eu *donation en avancement d'hoirie** d'une somme imputable d'abord sur la succession du pré-mourant des donateurs*, et subsidiairement sur celle du survivant, il ne peut être effectué de déduction sur la première succession qu'à concurrence de ce qui s'impute effectivement sur ladite succession. *(Voir dans la même Collection, du même auteur, l'ouvrage « Testament ou donation ? »).*

§ 515 *Droits d'auteur — Brevets d'invention — Licences :*

Ils font partie de l'actif de la succession selon la valeur estimative déclarée par les parties, sous réserve du contrôle de l'Administration.

En ce qui concerne *les droits d'auteur*, il n'existe pas de méthode légale d'évaluation. En règle générale, l'Administration affecte d'*un coefficient variable la moyenne annuelle des droits d'auteurs perçus au cours des trois dernières années civiles*, avant toute déduction pour frais professionnels. En cas de revenus exceptionnels durant cette période (ex : attribution d'un prix littéraire...), la moyenne obtenue est pondérée. En cas de cession pour un prix forfaitaire de droits sur une œuvre, le prix représentant le capital cédé est exclu du total retenu pour le calcul de la moyenne des droits perçus annuellement.

Quant aux coefficients à appliquer à la moyenne annuelle retenue, ils peuvent varier de 1 à 5, selon la notoriété de l'auteur, la nature de ses écrits, la durée prévisible de leur exploitation ;

Par ailleurs, dans une réponse ministérielle au J.O.A.N. du 9 juin 1962, p. 1630, il a été précisé que lorsque *les brevets d'invention* ont été cédés moyennant un prix consistant en annuités proportionnelles au nombre d'objets fabriqués, la créance de la succession fait l'objet d'une déclaration estimative soumise au contrôle de l'Administration.

§ 516 *Droits sociaux* : Les droits sociaux (parts d'intérêts et commandites simples, parts sociales, etc.) doivent être portés à l'actif successoral pour leur valeur nette d'après le dernier bilan social. (Voir également ci-dessous *« Valeurs mobilières »*).

§ 517 *Fonds de commerce* : Il faut distinguer les valeurs incorporelles* d'une part et le matériel d'exploitation et les marchandises, d'autre part.

En ce qui concerne *les valeurs incorporelles*, il est appliqué des coefficients variables selon les secteurs d'activité, soit au bénéfice annuel, soit au chiffre d'affaires. Le bénéfice est lui-même souvent dégagé par une moyenne des résultats de plusieurs exercices.

Quant à l'évaluation *du matériel d'exploitation* il n'est prévu aucune base légale. Il faut donc faire une déclaration estimative. Les *marchandises* sont évaluées à leur valeur vénale*.

Lorsque le fonds de commerce comporte un passif, les héritiers ne sont pas admis à déclarer la valeur nette du fonds. Ils doivent évaluer l'actif brut et demander la déduction du passif en produisant les justifications nécessaires.

Groupements fonciers agricoles et groupements agricoles fonciers. § 518

Sont exonérés partiellement des droits de mutation à titre gratuit les parts des groupements fonciers agricoles et celles des groupements agricoles fonciers créés conformément à la loi n° 62-933 du 8 août 1962, et répondant aux diverses caractéristiques de la loi n° 70-1299 du 31 décembre 1970, dans les conditions prévues aux articles 793-1-4° et 793 bis du Code général des impôts (voir ci-dessus § 496).

Groupements forestiers: L'article 793-1-3e *exonère* des droits § 519
de succession les parts d'intérêts détenues dans un groupement forestier à concurrence de *75 % de leur valeur vénale**, à condition :

— *que l'acte* constatant la déclaration de succession soit appuyé d'un certificat délivré sans frais par le directeur départemental de l'agriculture et de la forêt attestant que :
- les bois et forêts du groupement sont susceptibles d'aménagement ou d'exploitation régulière ;
- les friches et landes appartenant au groupement sont susceptibles de reboisement et présentent une vocation forestière ;
- les terrains pastoraux appartenant au groupement sont susceptibles d'un régime d'exploitation normale ;

— *que le groupement forestier* prenne, selon le cas, l'un des engagements prévus à l'article 703.

Ce groupement doit *s'engager, en outre* :
- à reboiser ses friches et landes dans un délai de cinq ans à compter de la délivrance du certificat et à les soumettre ensuite au régime défini à l'article 703 ;
- à soumettre pendant trente ans ses terrains pastoraux à un régime d'exploitation normale ou, à défaut, à les reboiser ;

— *que les parts* aient été détenues depuis plus de deux ans par le défunt, lorsqu'elles ont été acquises à titre onéreux à compter du 5 septembre 1979.

Rappelons qu'en application de l'article 703 auquel il est fait référence ci-dessus, le groupement doit prendre l'un des engagements suivants :
— l'engagement de soumettre pendant trente ans, les bois et forêts, objet de la succession, à un régime d'exploitation normale ;
— l'engagement d'appliquer pendant trente ans le plan simple de gestion agréé par le Centre régional de la propriété forestière, et de ne les modifier qu'avec l'agrément dudit Centre ;
— l'engagement, s'il n'existe pas de plan de gestion agréé, d'en faire agréer un dans les cinq ans et de l'appliquer pendant trente ans. Pendant le délai où il n'existe pas de plan, le bénéficiaire de l'exonération doit appliquer le régime de l'exploitation normale.

En cas de manquement à l'engagement pris par un groupement forestier dans les conditions prévues à l'article 793-1-3° pour l'amélioration de la production et de la structure foncière des forêts françaises, ce groupement est tenu, solidairement avec les héritiers, les légataires ou les ayants cause* à titre universel, d'acquitter, à première réquisition, le complément de droit d'enregistrement et, en outre, un droit complémentaire égale à la moitié de la réduction consentie (Code gén. impôts, art. 1840 G bis).

§ 520 *Immeubles* : Aux termes de l'article 761 du Code général des impôts, pour la liquidation des droits de succession, les immeubles, quelle que soit leur nature, sont estimés *d'après leur valeur vénale* réelle à la date de la transmission*, d'après la déclaration détaillée et estimative des parties*, sous réserve, naturellement, du droit de contrôle de l'Administration. Il ne peut être fait état des charges, sauf en ce qui concerne celles expressement prévues par la loi comme pouvant figurer au passif de la succession (voir ci-dessous § 553 et suiv.).

Les parts d'une *société civile immobilière* (S.C.I.) sont évaluées conformément à la valeur des biens qu'elle possède et entrent pour cette valeur dans l'actif de la succession.

A noter qu'il n'existe *pas de méthode impérative d'évaluation*, ce qui provoque de nombreux litiges avec le fisc. Si les biens immeubles ont une certaine importance, on pourra avoir recours à *un expert immobilier* (agent immobilier, administrateur de biens, architecte...) ou mieux encore à *un expert judiciaire* dont l'avis a un poids certain en cas de redressement fiscal (la liste de ces experts est affichée à la mairie ou au tribunal). A titre indicatif, une expertise d'un bien immobilier peut varier, selon son importance, entre 5 000 F et 10 000 F. Si l'on ne veut pas engager de tels frais *les notaires* disposent d'un fichier informatisé de référence des valeurs immobilières.

A noter également, comme le rappelle deux réponses ministérielles au J.O.A.N. du 16 janvier 1971 et du 8 juin 1970, n° 14385, que la valeur vénale s'entend du *prix normal et sincère* auquel l'immeuble transmis aurait pu être vendu à la date du décès, compte tenu de l'ensemble des circonstances de fait qui, à cette même date, étaient susceptibles d'avoir une incidence sur la détermination du prix.

Il est aussi intéressant de préciser, avec une autre réponse ministérielle au J.O.A.N. du 6 mars 1989, p. 1112, qu'*un immeuble occupé par le défunt*, qui n'est grevé d'aucun engagement de location ne peut être évalué que comme un immeuble libre. De même, si l'immeuble est occupé par l'héritier* ou le légataire*, dès lors que les intéressés ne disposent sur les biens en cause d'aucun titre régulier de location.

Si, comme nous venons de le voir, c'est en principe la valeur vénale réelle estimée par les parties, qui doit être retenue comme valeur des immeubles pour le paiement des droits de succession, néanmoins, dit l'article 761 du Code général des impôts, alinéa 2, si, *dans les deux années qui ont précédé ou suivi*, le point de départ des délais pour souscrire la déclaration de succession, les immeubles transmis *ont fait l'objet d'une adjudication**, soit par autorité de justice, soit volontaire, avec admission des étrangers, les droits exigibles ne peuvent être calculés sur une somme inférieure au prix de l'adjudication, en y ajoutant toutes les charges en capital, à moins qu'il ne soit justifié que la consistance des immeubles a subi, dans l'intervalle, des transformations susceptibles d'en modifier la valeur.

L'alinéa 2 suscité n'est cependant applicable que si le défunt ou ses héritiers sont parties* à l'acte.

Si *le prix de l'adjudication est inférieur à l'estimation* portée sur la déclaration de succession, l'Administration admet que le trop-perçu, par rapport au prix de l'adjudication, est restituable sur demande présentée dans les délais normaux de réclamation auprès du fisc. (voir ci-dessous § 641).

Par ailleurs, lorsque le défunt était assujetti à *l'impôt sur la fortune* on retiendra l'évaluation figurant dans sa dernière déclaration.

Signalons aussi que *les immeubles situés en Corse* bénéficient d'un régime particulier. Leur valeur est fixée en multipliant le revenu cadastral par le taux de la taxe proportionnelle sur le revenu. (Voir également ci-dessous § 533 *« Patrimoine artistique et monuments historiques »*). Ce mode d'estimation est susceptible de modification (se renseigner auprès des notaires).

§ 521 L'expression « immeuble » doit s'entendre dans le sens le plus large et comprend donc également *les terrains* non construits. Comme pour les autres immeubles, la valeur à déclarer est la valeur vénale réelle à la date de la transmission. Cette valeur tient compte des éléments de viabilité, des possibilités de construction et de la situation locative à la date du décès. Il n'y a pas lieu de retenir les modifications intervenues depuis le jour de la transmission (Rép. min. J.O.A.N. 8-6-1979, p. 4829).

Pour l'évaluation des *terres agricoles*, on peut se référer au barême indicatif publié chaque année par arrêté ministériel (Se renseigner auprès de la mairie ou de la préfecture).

§ 522 *Intérêts* : Les intérêts échus et non encore encaissés au jour du décès entrent dans l'actif successoral.

§ 523 *Inventions* : Les brevets et licences d'invention constituent un actif successoral pour une valeur estimative fixée par les héritiers, sous le contrôle de l'Administration (voir ci-dessus § 515).

§ 524 *Legs** : Les legs particuliers* qui donnent lieu à des droits de mutation séparés sont détachés de l'actif de la succession, à moins que ces legs ne soient faits net de droits *(Code gén. impôts, art. 767).*

§ 525 *Location attribution ou location vente* : La transmission à titre gratuit de contrats de location-attribution consentis par des sociétés anonymes coopératives d'H.L.M. ou de contrats-location-vente de locaux d'habitation en cours de construction ou achevés depuis moins de 5 ans lors de la conclusion du contrat et répondant aux conditions de l'article 1378 quinquies du Code général des impôts, est présumée avoir pour objet le logement visé par ce contrat. La valeur de ce logement est réputée égale à la somme que les ayants-droits* recevraient en cas de cession ou de résiliation du contrat *(Code gén. des impôts, art. 792).*

Loyers : Les loyers payables à terme échu doivent être déclarés pour le montant couru de la dernière échéance à la date du décès. Les loyers payés d'avance font normalement partie de l'actif. § 526

*Mandat** : Les sommes et valeurs que le défunt détenaient seulement à titre de mandataire* ne lui appartiennent pas et par suite ne doivent pas figurer à l'actif de la succession. § 527

Les sommes dont le défunt est débiteur en vertu d'un mandat sont déductibles, à condition de justifier d'un mandat antérieur au décès.

*Meubles et bien meubles** : En application de l'article 764 du Code général des impôts, pour la liquidation des droits de succession, la valeur de la propriété des biens meubles est déterminée, *sauf preuve contraire de l'Administration* : § 528

1. Par le prix exprimé dans *les actes de vente*, lorsque cette vente a lieu publiquement dans les deux années du décès. Il s'agit du prix net obtenu après déduction des frais ;

2. A défaut d'actes de vente, par l'estimation contenue dans *les inventaires*, s'il en est dressé dans les formes prescrites par l'article 943 du Code de procédure civile, et dans les cinq années du décès, pour les meubles meublants*, et par l'estimation contenue dans les inventaires et autres actes, s'il en est passé, dans le même délai, pour les autres biens meubles, sauf en ce qui concerne les bijoux, pierreries, objets d'art ou de collection qui font l'objet de dispositions particulières (voir ci-dessus § 498).

Précisons que les inventaires dressés dans les formes prescrites par l'article 943 du Code de procédure civile doivent reproduire les mentions prévues par cet article, être *dressés par un notaire* et être clos. Ils doivent porter sur tous les objets mobiliers, y compris les valeurs mobilières.

La Cour de cassation a jugé que, conformément à l'article 943 du Code de procédure civile, le notaire chargé d'établir la valeur des biens mobiliers dépendant d'une succession doit décrire et estimer ceux-ci sur les lieux où l'inventaire est fait. Sa présence sur ces lieux est indispensable à la validité de l'inventaire.

3. A défaut des bases d'évaluation établies aux 1. et 2. ci-dessus, par *la déclaration détaillée et estimative des parties* ; toutefois, *pour les meubles meublants*, et sans que l'Administration ait à en justifier l'existence, la valeur imposable *ne peut être inférieure à 5 %* de l'ensemble des autres valeurs mobi-

lières et immobilières de la succession, la preuve contraire étant aussi réservée.

A noter que ces différentes évaluations s'appliquent dans l'ordre défini par l'article 764 suscité. Ainsi, l'existence d'une vente publique dans les deux années du décès exclut l'estimation contenue dans un inventaire passé dans les cinq années du décès, et l'existence d'un tel inventaire exclut le forfait minimum de 5 %. Si une partie seulement des meubles meublants a fait l'objet d'une vente publique, le surplus est évalué selon la règle de l'inventaire. A défaut, il devra être produit une déclaration estimative de sorte que la valeur de l'ensemble des meubles meublants ne soit pas inférieure au forfait de 5 %.

A préciser que *le forfait de 5 % s'applique à l'actif brut* de la succession, avant déduction du passif.

Ne sont *pas compris* dans l'actif :

— les meubles meublants qui font objet du forfait ;

— les rapports* de dons en avancement d'hoirie* (voir ci-dessous § 539) ;

— les récompenses dues par le défunt qui s'imputent sur les biens communs ;

— les biens exonérés de droits de succession, totalement ou à concurrence de la partie exonérée.

Par contre, sont compris dans l'actif :

— l'ensemble des biens meubles, autres que les meubles meublants qui font l'objet du forfait ;

— les biens soumis au retour légal ;

— les biens appartenant pour l'usufruit* au défunt et entrant dans le champ d'application de l'article 751 du Code général des impôts (voir ci-dessous § 548).

Dans le cas particulier où le défunt résidait dans *une maison de retraite et ne possédait aucun meuble personnel*, l'Administration, dans des réponses ministérielles aux J.O.A.N. des 26 juillet 1975 et 26 juin 1989, p. 2927, admet qu'une attestation du directeur de la maison de retraite confirmant que le défunt utilisait uniquement les meubles de l'établissement, peut constituer la preuve de l'absence de mobilier taxable.

De même, peut être considéré comme ne possédant aucun bien meuble le mineur décédé vivant chez ses parents et ne laissant comme bien qu'un livret de Caisse d'épargne, ou la personne qui a donné tout son mobilier avec réserve de jouissance seulement (Voir également ci-dessus § 511 et 512 *« Créances »*, et ci-dessous § 549 et suiv. *« Valeurs mobilières »*).

Monnaies, pièces et lingots d'or: Les monnaies sont à déclarer *au cours du marché libre*. Les pièces et lingots d'or sont imposés d'après le cours en vigueur au jour du décès. Pour les pièces et lingots non cotés au marché libre de l'or à Paris, il faut retenir le cours de reprise de la Banque de France. § 529

Navires: Ils sont évalués par le déclarant sous le contrôle de l'Administration. § 530

*Nue-propriété**: En application de *l'article 762 du Code général des impôts*, la valeur de la nue-propriété et de l'usufruit* est déterminée par une quotité de la valeur de la propriété entière, conformément au barème ci-après : § 531

Age de l'usufruitier	*Valeur usufruit*	*Valeur nue-propriété*
Moins de 20 ans révolus	7/10	3/10
Moins de 30 ans révolus	6/10	4/10
Moins de 40 ans révolus	5/10	5/10
Moins de 50 ans révolus	4/10	6/10
Moins de 60 ans révolus	3/10	7/10
Moins de 70 ans révolus	2/10	8/10
Plus de 70 ans révolus	1/10	9/10

Exemple : Pour un usufruitier de 64 ans, la valeur de l'usufruit est égale à 2/10e de la valeur du bien et celle de la nue-propriété à 8/10e de cette valeur.

Pour déterminer la valeur de la nue-propriété, il n'est tenu compte que des usufruits ouverts au jour du décès.

Toujours, en application de l'article 762 du Code général des impôts, *l'usufruit constitué pour une durée fixe* est estimé aux deux dixièmes de la valeur de la propriété entière pour chaque période de dix ans de la durée de l'usufruit, sans fraction et sans égard à l'âge de l'usufruitier.

Lorsque, dit *l'article 763 du Code général des impôts*, la mutation porte seulement sur une nue-propriété ou un usufruit, les actes et déclarations relatifs à des transmissions à titre gratuit doivent faire connaître *la date et le lieu de naissance de l'usufruitier*; si la naissance est arrivée hors de France, il doit être justifié de sa date avant l'enregistrement de la déclaration de succession, faute de quoi, il est perçu les droits les plus élevés qui pourraient être dus au Trésor, sauf restitution du trop perçu sur présentation ultérieure de l'acte de naissance.

§ 532 *Numéraire* : Naturellement, toutes les espèces en caisse doivent figurer à l'actif successoral.

§ 533 *Patrimoine artistique et monuments historiques* : Il résulte de *l'article 1131 du Code général des impôts* que l'héritier* ou le légataire* *d'une œuvre d'art, de livres, d'objets et de collections ou documents de haute valeur historique ou artistique* est *exonéré* des droits de succession afférents à la transmission de ces biens, lorsqu'il *en fait don à l'Etat* dans le délai prévu pour l'enregistrement de la déclaration de succession (voir ci-dessus § 459 et suiv.). Il n'est pas exigé de lien de parenté.

L'article 310 G de l'Annexe II du Code général des impôts précise que l'héritier ou le légataire qui désire bénéficier de l'exonération des droits et taxes prévus à l'article 1131 suscité, doit déposer à la recette des impôts compétente pour enregistrer la déclaration de succession *une offre de donation* à l'Etat*, précisant le ou les biens qui en font l'objet et, le cas échéant, les conditions auxquelles cette offre est soumise. Il en est délivré récépissé. L'offre doit être faite dans le délai prévu pour l'enregistrement de la déclaration de succession. La décision d'octroi ou de refus, prise après l'avis d'une commission spécialisée, est notifiée* au demandeur par pli recommandé avec demande d'avis de réception. En cas *d'agrément*, le demandeur dispose du délai fixé par la décision d'agrément pour accepter les conditions auxquelles celui-ci est subordonné. Il fait connaître son acceptation au ministre de l'économie et des finances, par pli recommandé avec demande d'avis de réception.

En l'absence de décision notifiée dans le délai d'un an à compter de la date du récépissé de l'offre, celle-ci est *considérée comme refusée*.

Le donateur*, dit encore *l'article 1131 du Code général des impôts*, peut stipuler qu'il conservera, sa vie durant, *la jouissance** du bien donné. Il peut également stipuler que la réserve de jouissance bénéficiera après sa mort à son conjoint. Lorsqu'il s'agit d'une personne morale*, la réserve de jouissance prend fin à sa dissolution ; elle ne peut, en tout état de cause, excéder vingt-cinq ans à moins que le bien donné ne soit accessible au public dans les conditions fixées par la décision d'agrément prise en vertu de l'article 310 G suscité.

Lorsque la décision d'agrément constate que *les biens donnés sont attachés à un immeuble*, en raison des motifs historiques ou artistiques, et lorsque le donateur prend l'engagement de les conserver dans cet immeuble et d'autoriser le public à les visiter, le donateur peut stipuler que la réserve de jouissance bénéficiera successivement aux personnes auxquelles l'immeuble sera transmis tant qu'elles respecteront elles-mêmes cet engagement.

Dans les cas de réserve de jouissance, la décision d'agrément arrête notamment les mesures propres à *assurer la conservation et la surveillance des biens* donnés à l'Etat.

La donation à l'Etat n'est considérée comme *réalisée*, qu'après acceptation, par le donateur, des conditions prévues par la décision d'agrément.

En *cas de refus d'agrément ou de non-acceptation par le donateur* dans le délai imparti par la décision d'agrément, les droits de succession, à l'exclusion de toute pénalité de retard, deviennent exigibles dans le délai d'un mois.

Le donateur et ses ayants-cause peuvent, *à tout moment, renoncer à la réserve de jouissance* et remettre les biens à l'Etat.

En cas de *violation de l'engagement* pris par le donateur en application des dispositions suscitées de l'article 1131 du Code général des impôts, *l'article 1840 G bis A du même Code* prévoit qu'il est mis fin de plein droit* à la réserve de jouissance et que les biens donnés doivent être remis à l'Etat à la première réquisition, sous peine d'une astreinte* de 1 000 F au plus par jour de retard, établie et recouvrée selon les règles applicables en matière de droits d'enregistrement. Le montant de l'astreinte est en fait fixé par le Directeur des services fiscaux qui le notifie au donateur au moyen d'un avis de mise en recouvrement.

Naturellement, si la succession ne comprend pas uniquement des biens donnés à l'Etat dans le cadre de l'article 1131 du Code général des impôts, les droits de succession sont normalement dus, déduction faite pour l'assiette de l'impôt des biens ainsi donnés.

Les *legs* faits aux musées* nationaux ou municipaux, ainsi que ceux faits aux musées gérés par des collectivités territoriales ou par des groupements de collectivités territoriales peuvent bénéficier des mêmes avantages que les dons faits à l'Etat (Loi n° 86-972 du 19-8-1986 et Loi n° 91-1322 du 30-12-1991).

En ce qui concerne *les monuments historiques, l'article 795 A du Code général des impôts, exonère* des droits de succession les immeubles classés ou inscrits sur l'inventaire supplémentaire des monuments historiques et les meubles qui en constituent le complément historique ou artistique. **§ 534**

L'exonération est subordonnée à la signature d'une convention à durée indéterminée conclue, dans les conditions fixées par le décret n° 88-389 du 21 avril 1988 (J.O. 22-4) et ses conditions d'application ont été précisées par une instruction du 10 mai 1988 (Bull. off. imp. 7 G-1-88).

En ce qui concerne *les biens exonérés*, l'instruction du 10 mai 1988 a précisé que sont concernés par l'exonération *les immeubles par nature* (châteaux, manoirs, abbayes et les parcs et jardins ordonnancés qui les entourent...), ainsi que *les immeubles par destination* (meubles attachés matériellement à un immeuble par nature, comme par exemple les glaces fixées au mur, les statues placées dans des niches...), *classés ou inscrits sur l'inventaire supplémentaire des monuments historiques « pour l'essentiel »*. Dans le cas où la protection ne s'étend pas à la totalité des biens en cause, il appartient aux services ministériels (culture et finances) d'apprécier lors de la demande de convention si le monument est protégé « pour l'essentiel » au sens de l'article 795 A du Code général des impôts. Dans le cas contraire, la mutation ne bénéficie d'aucune exonération.

Quant aux *meubles* qui constituent le complément historique ou artistique des biens exonérés il ressort de l'instruction du 10 mai 1988 qu'il s'agit :

— des biens meubles classés parmi les monuments historiques et qui sont conservés dans des immeubles de même nature ;

— des autres biens conservés dans un monument historique et dont la qualité de « complément historique ou artistique » est reconnue par les services ministériels (culture et finances) lors de la demande de convention.

Les biens immeubles ou meubles définis ci-dessus ne peuvent bénéficier de l'exonération s'ils sont détenus sous forme sociale (parts ou actions de sociétés).

Comme nous l'avons vu, l'exonération est subordonnée à la signature d'une convention à durée déterminée conclue avec les services ministériels (culture et finances), dans les conditions fixées par le décret n° 88-389 du 21 avril 1988 et selon la convention-type annexée audit décret.

Disons brièvement ici qu'il en résulte les règles suivantes :

1. Contenu de la convention avec l'Etat : La convention-type prévoit notamment le maintien dans l'immeuble classé ou inscrit des meubles exonérés, leurs conditions de présentation, les modalités d'accès du public ainsi que les conditions d'entretien.

2. Obligations des héritiers ou légataires** : Conformément à l'article 281 bis du Code général des impôts, les héritiers ou légataires doivent tout d'abord remettre à la Recette des impôts compétente pour enregistrer la déclaration de succession (voir ci-dessus § 474 et suiv.) et dans les délais prévus pour cet enregistrement (voir ci-dessus § 459 et suiv.), *une copie de la demande de convention* ou d'adhésion à une convention existante, certifiée par le service du département de la culture compétent. Le recouvrement des droits de succession est alors différé jusqu'à ce qu'il soit statué sur la demande. Les intéressés disposent alors *d'un mois* à compter de la signature de la convention conclue avec l'Etat pour déposer *la copie certifiée conforme de cette convention* à la Recette des impôts qui a reçu copie de la demande de convention et sursis au recouvrement des droits de succession.

A défaut d'accord de l'Etat ou à défaut de dépôt de la copie certifiée conforme de la convention dans le délai d'un mois, les droits de succession deviennent exigibles dans les conditions de droit commun*.

Les services ministériels (culture et finances) assurent *le contrôle*, au moins annuel, des engagements souscrits par chaque héritier* ou légataire*.

3. Durée et fin de la convention avec l'Etat : La convention avec l'Etat est conclue à *durée indéterminée*. Toutefois, il est stipulé à l'article 795 A du Code général des impôts qu'*en cas de non-respect des règles fixées par la convention*, les biens exonérés sont soumis aux droits de succession sur la base de leur valeur au jour où la convention n'est pas respectée ou de la valeur déclarée lors du décès si cette valeur est supérieure et aux taux auxquels ils auraient été soumis lors de leur transmission.

Il résulte, par ailleurs, de l'article 10 de la convention-type que la convention prend fin par le non-respect de l'un des engagements pris, le transfert à titre onéreux* de tout ou partie de la propriété des biens en cause ou lorsque, à l'occasion de l'une des mutations à titre gratuit de ces biens, les héritiers*, donataires* ou légataires* n'adhèrent pas à la convention.

Pensions, rentes et retraites autres qu'entre particuliers : Les § 535
arrérages* payables à terme échu doivent être déclarés pour le montant couru de la dernière échéance à la date du décès.

En ce qui concerne plus spécialement *la retraite mutualiste du combattant*, les pensions et retraites de réversion versées au survivant ou aux enfants mineurs ne doivent pas être comprises dans la déclaration de succession. Il en est de même, comme le rappelle une réponse ministérielle au

J.O.-Sénat du 17 mars 1983, p. 421, du capital perçu par les ayants droit* d'un ancien combattant qui avait cotisé en vue de bénéficier de la retraite mutualiste du combattant donnant lieu à majoration de l'Etat, quelles que soient les modalités de constitution de la rente.

§ 536 Les *titres et rentes de l'Etat* doivent être portés à l'actif de la succession et être évalués au cours de la Bourse au jour du décès (voir également ci-dessous § 549).

§ 537 *Pensions, rentes et retraites sur particuliers*: Les pensions, rentes ou retraites perpétuelles ou viagères *transmissibles par décès* constituées entre particuliers sont passibles des droits de succession. Leur valeur en capital est déterminée, sous réserve du droit de contrôle de l'Administration, par une déclaration estimative. Le barème des grandes compagnies d'assurance pourra servir de référence.

Les arrérages* payables à terme échu doivent être déclarés pour le montant couru de la dernière échéance à la date du décès.

En ce qui concerne les *reversions de rentes viagères entre époux* ou entre parents en ligne directe*, elles sont exonérées des droits de succession par l'article 793-1-5e du Code général des impôts. L'exonération vaut qu'elle que soit la nature du contrat qui prévoit la reversion*. Mais elle ne concerne que les droits exigibles sur la rente réversible, à l'exclusion de ceux qui peuvent être dûs sur les arrérages* échus ou courus ou sur la récompense motivée éventuellement par la réversion si les époux sont mariés sous un régime de communauté.

Les *autres cas de reversion* ne bénéficient pas de l'exonération qui est réservée au conjoint survivant et aux héritiers en ligne directe.

§ 538 *Professions libérales*: Depuis un arrêt de la Cour de cassation du 17 mai 1961, l'Administration considère (Bull. Off. enregistrement 1964-9169), que *la valeur du droit de présentation d'un successeur* à la clientèle est assujettie aux droits de mutation. Seule échappe la clientèle attachée à la personne du défunt et ne pouvant faire l'objet d'une cession*.

L'agencement, le matériel, le mobilier servant à l'exercice de la profession doivent être évalués à leur valeur vénale*.

§ 539 *Rapports* et récompenses**: *Les rapports* de biens donnés en avancement d'hoirie* par le défunt doivent figurer dans la déclaration de succession. Leur montant est cependant déduit, pour le calcul des droits de succession, de la part des héritiers qui les effectuent. Cette question très complexe nécessite l'intervention d'un spécialiste.

Il en est de même pour *les récompenses* dues par les époux qui doivent être comprises dans l'actif de la communauté.

Récoltes : Elles doivent être évaluées si le fermier n'est pas propriétaire du sol. **§ 540**

Redevances : Les redevances payables à terme échu doivent être déclarées pour le montant couru de la dernière échéance à la date du décès. **§ 541**

Remboursements des actes médicaux : Lorsqu'une personne ayant subi des examens ou traitements médicaux décède avant d'avoir perçu les remboursements correspondants, *deux situations* sont envisageables : **§ 542**

— Si le défunt avait *acquitté les actes médicaux avant son décès,* la *créance* de remboursement de ces actes sur les organismes sociaux doit être *inscrite à l'actif successoral* ;

— Si le défunt était *toujours redevable des actes médicaux* lors de son décès, la déclaration de succession doit comporter, d'une part, la *créance* de remboursement de ces actes à l'actif et, d'autre part, la *dette* à l'égard de l'établissement de soins au passif.

En conséquence, selon l'Administration, quelle que soit la solution retenue, les règles de liquidation des droits de mutation à titre gratuit ne peuvent contribuer à générer des iniquités. (Réponse ministérielle J.O.-Sénat 15-7-1993, p. 1139).

Représentants : Les avantages attachés aux contrats des V.R.P. doivent être déclarés. **§ 543**

Il a été jugé qu'un portefeuille de représentant de commerce peut revêtir une valeur susceptible de figurer à l'actif patrimonial lorsque le contrat du représentant lui confère le droit de présenter un successeur (196).

Salaires : Les salaires payables au défunt à terme échu doivent être déclarés pour le montant couru depuis la dernière paye jusqu'au jour du décès. **§ 544**

En ce qui concerne les *« Salaires différés »*, voir ci-dessous § 576.

Stocks : L'évaluation des stocks doit être faite en fonction de leur valeur au jour du décès. S'agissant plus spécialement de **§ 545** stocks de cognac, une réponse ministérielle au J.O.A.N. du 17 novembre 1980 (n° 30351) précise que l'évaluation ne peut donc qu'être fonction du prix minimum de commercialisation du cognac fixé chaque année par un accord interprofessionnel conclu entre les professions de la viticulture et du négoce, membres du bureau national interprofessionnel du cognac (B.N.I.C.). Mais les héritiers ne sont pas défavorisés pour autant, puisqu'ils ont la possibilité, s'ils rencontrent des difficultés pour s'acquitter des droits de succession, d'adapter leurs versements aux possibilités, prévues par le B.N.I.C., de commercialisation des eaux-de-vie de cognac en cas de succession, le stock de cognac existant au décès d'un viticulteur pouvant en effet être commercialisé à raison de 20 % par an, avec un minimum de 10 hectolitres d'alcool pur pour l'ensemble de l'héritage.

§ 546 *Successions échues au défunt*: Si elles ne sont pas encore liquidées, elles doivent figurer dans sa propre succession.

§ 547 *Tontine*: Un clause de tontine par laquelle il est convenu dans un contrat d'acquisition en commun que la part du ou des premiers décédés reviendra aux survivants de telle sorte que le dernier vivant sera considéré comme seul propriétaire de la totalité des biens est, du point de vue fiscal, réputée opérer une transmission de biens à titre gratuit à chacun des bénéficiaires de l'accroissement *(Code gén. impôts, art. 754 A)*. Les droits sont alors liquidés selon la règle générale en tenant compte éventuellement des liens de parenté entre pré-mourants et successibles et de la valeur de la part d'accroissement transmise à chacun d'eux.

Toutefois, lorsque la clause de tontine est insérée dans un contrat d'acquisition en commun, les droits de succession ne sont pas dus, à titre exceptionnel si sont remplies les quatre conditions suivantes :

— le bien doit avoir été acquis en commun par deux personnes ;
— le bien acquis est un immeuble ;
— il constitue l'habitation principale commune des deux acquéreurs au jour du décès du pré-mourant ;
— la valeur globale de l'immeuble à cette même date est *inférieure à 500 000 F*.

Sont alors seuls applicables les droits de mutation à titre onéreux *(Inst. fiscale du 4 juin 1981 ; Bull. off. direct. gén. imp. 7-G-7-81)*.

Comme il a été exposé au Ministre, les dispositions de l'article 754 A du Code général des impôts suscitées peuvent se révéler moins favorables que l'application des droits de succession lorsque l'acquisition a été faite par deux époux en raison de l'abattement applicable en cas de succession entre époux (voir ci-dessous § 588), et il a donc été demandé que, selon le cas d'espèce, l'Administration admette le régime le plus favorable. Dans sa réponse au J.O.A.N. du 18 janvier 1988, p. 223, le Ministre fait savoir que cette suggestion ne peut être retenue, car elle serait contraire au principe selon lequel les droits de mutation sont acquis au Trésor, tels qu'ils ressortent des stipulations des actes conclus.

Selon une réponse ministérielle au J.O.A.N. du 24 février 1992, p. 884, il n'est pas envisagé de modifier le plafond de 500 000 F.

*Usufruit** : Aux termes de l'article 751 du Code général des impôts, sont réputés, *du point de vue fiscal,* faire partie, jusqu'à preuve contraire, de la succession de l'usufruitier, toute valeur mobilière*, tout bien meuble* ou immeuble* appartenant, pour l'usufruit, au défunt et, pour la nue-propriété*, à l'un de ses présomptifs héritiers ou descendants* d'eux, même exclu par testament ou à ses légataires*, institués, même par testament postérieur, ou à des personnes interposées à moins qu'il y ait eu donation* régulière et que cette donation, si elle n'est pas constatée dans un contrat de mariage, ait été consentie plus de trois mois avant le décès. **§ 548**

Sont réputées personnes interposées les père et mère, les enfants et descendants, et l'époux de la personne incapable* ainsi que les enfants de l'autre époux issus d'un autre mariage et les parents de l'autre époux.

Toutefois, si la nue-propriété provient à l'héritier, au donataire, au légataire ou à la personne interposée d'une vente ou d'une donation à lui consentie par le défunt, les droits de mutation acquittés par le nu-propriétaire et dont il est justifié sont imputés sur l'impôt de transmission par décès exigible à raison de l'incorporation des biens dans la succession.

L'article 751 suscité trouve notamment application lorsqu'un immeuble est acheté conjointement par le père pour l'usufruit et par un enfant pour la nue-propriété.

Sauf la présomption ci-dessus, les valeurs dont le défunt *avait l'usufruit seulement* ne font pas partie de l'actif de la succession.

Lorsqu'il y a lieu à évaluation de l'usufruit *en complément de la nue-propriété*, se reporter à la règle exposée au § 531.

A noter qu'en application de l'article 619 du Code civil, l'usufruit au profit d'une *personne morale** ne peut dépasser 30 ans. Cet usufruit a donc une valeur maximale de six dixièmes.

Une *instruction fiscale du 27 mars 1992* (Bull. off. imp. 7 G-2-92) apporte les précisions suivantes pour l'application de l'article 751 suscité du Code général des impôts.

1. Mise en œuvre de la présomption à l'article 751 du C.G.I.

1. Ainsi qu'il résulte des motifs de la loi, les biens dont le défunt avait l'usufruit, présumés déprendre de sa succession, sont *réputés transmis au bénéficiaire du démembrement de propriété,* c'est-à-dire au *nu-propriétaire.*

2. Par suite, le *nu-propriétaire est personnellement redevable des droits* sur la valeur totale de ces biens au tarif fixé selon son degré de parenté avec le défunt.

Bien entendu, les droits payés lors du démembrement de propriété par le nu-propriétaire sont, en principe, imputables sur le montant de l'impôt de transmission par décès.

3. Les *dispositions antérieures* prescrivant d'imposer, dans tous les cas, le successible sont, par voie de conséquence, *rapportées.*

2. Cas pratiques

1. Premier exemple

M. Pierre Durand est décédé le 31 mai 1990 laissant pour héritiers sa sœur Pierrette et son frère Paul.

La déclaration de sa succession déposée le 30 novembre 1990 fait apparaître un actif net de 1 000 000 F composé exclusivement de liquidités.

Les droits d'un montant de 411 000 F ont été acquittés le même jour. Lors du contrôle, il est apparu qu'en 1980, le défunt avait cédé à son frère, pour un prix de 200 000 F, une villa dont il avait conservé l'usufruit sa vie durant.

Les droits de mutation à titre onéreux versés à l'époque se sont élevés à 20 000 F.

En application de l'article 751, la liquidation des droits de succession doit être rétablie, étant précisé qu'à la date du décès de M. Durand, le bien en cause avait une valeur en toute propriété de 400 000 F.

Actif successoral : 1 000 000 F + 400 000 F = 1 400 000 F.

— Part de Pierrette
(sans changement) .... 500 000 F
Droits à 35 % et 45 % après abattement .... 205 500 F

— Part de Paul	500 000 F	
Réintégration article 751	+ 400 000 F	
	900 000 F	
Droits à 35 % et 45 % après abattement		385 500 F
Imputation droit de vente		– 20 000 F
		365 500 F

— Rappel mis à la charge de Paul : 160 000 F
(365 500 F – 205 500 F)

2. Deuxième exemple

Cas dans lequel le bien en cause a été vendu dans les mêmes conditions à Jean, fils de Pierrette, lequel est donc un descendant d'un présomptif héritier.

Actif successoral : 1 400 000 F

— Part de Pierrette ou de Paul (sans changement)	500 000 F	
Droits à 35 % et 45 %		205 500 F
— Bien présumé légué à Jean .	400 000 F	
Droits à 55 % après abattement (tarif entre oncle et neveu)	214 500 F	
Imputation droit de vente	– 20 000 F	
	194 500 F	

— Rappel : 194 500 F

Note : Dans l'hypothèse où Pierrette et Paul seraient légataires institués, Jean serait atteint par la présomption, non en qualité de descendant de légataire — lequel n'est pas expressément visé par la loi — mais en qualité de personne interposée.

3. Troisième exemple

Cas dans lequel le bien en cause a été vendu dans les mêmes conditions à Pierrette et à son mari, Jacques, lequel est une personne interposée.

Actif successoral		1 400 000 F
— Part de Paul (sans changement)	500 000 F	
Droits à 35 % et 45 %		205 500 F
— Part de Pierrette	500 000 F	
1/2 du bien réintégré	+ 200 000 F	
	700 000 F	

Droits à 35 % et 45 %	
après abattement	295 500 F
Imputation droit de vente	– 10 000 F
	285 500 F
— Biens présumés légués	
à Jacques	200 000 F
Droits à 60 % (tarif non parent)	
après abattement	114 000 F
Imputation droit de vente	– 10 000 F
	104 000 F

— Rappel : 80 000 F + 104 000 F = 184 000 F

Note : Il en serait de même si, au lieu d'être héritiers, Pierrette et Paul étaient légataires institués.

Par ailleurs, selon une réponse ministérielle au J.O.A.N. du 22 février 1993, p. 674, la présomption de l'article 751 du Code général des impôts n'est pas applicable lorsqu'un immeuble a été acquis en usufruit par des parents et *en nue-propriété par une société civile* dont les associés sont les enfants. Dans ce cas, en effet, la nue-propriété de l'immeuble appartient à la société et non aux héritiers.

Toutefois, la réponse ministérielle réserve la mise en œuvre éventuelle de la *procédure de répression des abus de droit* qui est fonction des circonstances particulières de chaque affaire.

Une autre réponse ministérielle au J.O.A.N. du 27 septembre 1993, p. 3190 précise que, dans le cas *d'une donation intervenue moins de trois mois avant le décès,* les droits de mutation à titre gratuit payés à l'occasion de la donation de la nue-propriété de biens qui sont, au décès du donateur, réintégrés à sa succession en application des dispositions de l'article 751 du Code général des impôts, sont *imputables sur les droits de succession* dus par le nu-propriétaire, alors même qu'ils auraient été acquittés par le donateur.

Par ailleurs, les droits de donation réglés par le donateur au titre de la donation, réputée inexistante du point de vue fiscal, doivent être considérés comme une créance de la succession et être inclus dans le montant de l'actif taxable.

Rappelons ici qu'il résulte d'une doctrine et d'une jurisprudence constantes que la *prise en charge par le donateur des droits et frais incombant normalement au donataire* ne s'analyse pas en une libéralité additionnelle de la libéralité principale. Il n'y a donc pas lieu d'ajouter à la valeur des biens donnés le montant de ces frais et droits pour calculer l'impôt exigible.

Cet avantage disparaît, en cas de donation avec réserve d'usufruit, lorsque le donateur décède moins de trois mois après la donation. En effet, les droits afférents à la donation pris en charge par le donateur et imputables sur les droits de succession dus par le « donataire-héritier » sont réintégrés corrélativement dans l'actif successoral taxable, à titre de créance sur le Trésor.

En *cas d'usufruits conjoints* sans stipulation de parts, les biens sont partagés fictivement en autant de parts qu'il y a d'usufruitiers et le barème des droits est appliqué à chacune des parts. La perception initiale sera révisée en fonction du nombre et de l'âge des usufruitiers survivants, cette révision pouvant entraîner un complément de droits si l'usufruitier survivant est plus jeune ou d'un degré de parenté plus éloigné du constituant que le bénéficiaire prédécédé. Corrélativement, l'exédent de perception effectué sur la valeur de la nue-propriété sera restitué au nu-propriétaire, comme le permet l'article 1965 B du Code général des impôts.

En *cas d'usufruits successifs ou éventuels* les règles sont les suivantes. Lorsque plusieurs personnes sont appelées à jouir successivement de l'usufruit, les droits sont dus lors de l'ouverture de chaque nouvel usufruit en se plaçant à la date du décès de l'usufruitier précédent (valeur des biens, âge du nouvel usufruitier, tarif des droits). Il est tenu compte des liens de parenté existant entre le constituant de l'usufruit et le nouvel usufruitier.

Lors de l'ouverture de l'usufruit éventuel, le nu-propriétaire a droit, selon l'article 1965 B du Code général des impôts, à la restitution d'une somme égale à ce qu'il aurait payé en moins si le droit acquitté par lui avait été calculé d'après l'âge de l'usufruitier éventuel.

Valeurs mobilières: (Voir également ci-dessus « *Bons de* **§ 549**
caisse, bons d'épargne, bons du Trésor » et « *Titres et rentes d'Etat* »). En ce qui concerne *les valeurs cotées en Bourse*, il est stipulé à l'article 759 du Code général des impôts que pour les valeurs mobilières françaises et étrangères de toute nature admises à une cote officielle, le capital servant de base à la liquidation et au payement des droits de succession est déterminé au jour de la transmission, c'est-à-dire *au jour du décès*.

Des réponses ministérielles au J.O.A.N. du 14 mars 1988 pp. 1138 et 1140 ont confirmé que dans tous les cas il faut retenir la valeur des titres cotés au jour du décès, même si celle-ci a beaucoup baissé entre la date du décès et la date d'exigibilité des droits (ex. : krach boursier d'octobre 1987). Dans le même sens, réponse ministérielle au J.O.A.N. du 2 mai 1988, p. 1863.

A préciser que le cours de la Bourse comprend les dividendes ou intérêts courus au jour où le titre est coté. Ces dividendes ou intérêts n'ont pas à être déclarés séparément. Il en est de même pour les titres d'emprunt d'Etat (voir ci-dessus § 536 ; Bull. off. direct. gén. imp. 7 G-8-74).

Les *valeurs étrangères* cotées seulement hors de France peuvent bénéficier d'une décote allant jusqu'à 5 % selon le cours de la devise titre. (Se renseigner auprès des services de l'Enregistrement ou d'un notaire).

Lorsque, comme il est d'usage pour les titres cotés en Bourse, le *coupon est détaché 15 jours avant son échéance*, les héritiers sont tenus de déclarer le montant du coupon détaché, mais non encore encaissé au jour du décès. Toutefois, pour les rentes françaises et les obligations assimilées, depuis le 1er mai 1974 la valeur correspond au cours de la Bourse sans tenir compte du coupon, car ce dernier n'est plus détachable 15 jours avant l'échéance.

Disons encore que pour les valeurs détenues *en usufruit** par le défunt, entrent dans l'assiette de sa succession le montant des proratas de dividende ou d'intérêts distribués après le décès pour l'exercice en cours.

En ce qui concerne *les valeurs non cotées en Bourse*, la valeur servant de base à l'impôt est la valeur vénale* déterminée par la déclaration détaillée et estimative des parties, sous le contrôle de l'Administration.

La Cour de cassation a jugé, infirmant la position initiale de l'Administration fiscale, que « c'est la décision de l'assemblée générale de distribuer tout ou partie des bénéfices réalisés au cours de l'exercice sous forme de dividendes qui confère à ceux-ci leur existence juridique ».

En conséquence, la créance correspondant à des dividendes dont la distribution n'était pas décidée à la date du décès d'un associé n'est pas à comprendre dans son actif successoral.

Seuls sont à déclarer les dividendes ayant fait l'objet d'une décision de mise en distribution avant l'ouverture de la succession, c'est-à-dire avant le décès (197).

L'Administration, dans une *instruction du 30 avril 1991* (Bull. off. imp. 7 G-2-91), a décidé de se conformer à cette jurisprudence.

En ce qui concerne plus spécialement *les parts du Fonds commun de placement, l'article 799 du Code général des impôts* dispose que la déclaration estimative comportera la désignation du Fonds, ainsi que l'indication du nombre de parts de leur valeur de rachat à la date du décès, sans qu'il y ait lieu de fournir à l'Administration l'énumération de toutes les valeurs comprises dans le Fonds et leur cours de Bourse. (Voir également ci-dessus § 458, articles 280 A et 280 B du Code général des impôts).

Quant aux sommes investies dans *un Bon d'Epargne en vue de la Retraite* (P.E.R.) institué par la loi n° 87-416 du 17 juin 1987, complétée par décrets n° 87-907 et 87-908 du 10 novembre 1987 et un arrêté de la même date, en cas de décès le ou les héritiers* sont assujettis aux droits de succession, mais échappent à l'impôt sur le revenu s'ils transfèrent les produits existant dans le P.E.R. du défunt sur un autre P.E.R. A noter que seuls peuvent bénéficier du P.E.R. de l'assuré les héritiers et non les bénéficiaires de son choix.

Les dépositaires désignés au I de l'article 806 (voir ci-dessus § 458) doivent, dans la quinzaine de la notification* qui leur est faite par le service des impôts, du décès d'un de leur déposant à *un compte indivis ou collectif avec solidarité,* adresser à la direction des services fiscaux de leur résidence, la liste des titres, sommes ou valeurs existant au jour du décès, au crédit des cotitulaires du compte (Code général des impôts, art. 808).

Nous avons vu ci-dessus (§ 480) que si *le défunt n'est pas domicilié en France* seuls les biens français sont passibles des droits de succession. Echappent donc, les valeurs mobilières étrangères. **§ 550**

En application de l'article 750 ter du Code général des impôts :

— *Sont considérées comme françaises* les créances sur un débiteur qui est établi en France ou qui y a son domicile fiscal ainsi que les valeurs mobilières émises par l'Etat français, une personne morale* de droit public français ou une société qui a en France son siège social statutaire ou le siège de sa direction effective ;

— *Sont également considérées comme françaises* les actions ou parts de sociétés ou personnes morales non cotées en Bourse dont le siège est situé hors de France et dont l'actif est principalement constitué d'immeubles ou de droits immobiliers situés sur le territoire français et ce à proportion de la valeur de ces biens par rapport à l'actif total de la société. Pour l'application de cette disposition ne sont pas pris en considération les immeubles situés sur le territoire français, effectués par la société à sa propre exploitation industrielle, commerciale, agricole ou à l'exercice d'une profession non commerciale.

Signalons aussi que l'article 807 du Code général des impôts stipule que les prescriptions des deux premiers alinéas de l'article 806-III (voir ci-dessus § 489) sont applicables aux administrations publiques, aux établissements, organismes, sociétés, compagnies ou personnes désignées à l'article 806-I (voir ci-dessus § 458) qui seraient dépositaires, détenteurs ou débiteurs de titres, sommes ou valeurs dépendant d'une succession qu'elles sauraient ouverte, et dévolue à un ou plusieurs héritiers ou légataires* ayant à l'étranger leur domicile de fait ou de droit.

Sont à considérer comme pays étrangers les territoires ou Etats autres que :
— les départements européens de la République française (France continentale et Corse) ;
— les départements d'outre-mer : Guadeloupe, Martinique, Guyane, Réunion, Saint-Pierre-et-Miquelon ;
— les territoires d'outre-mer : Nouvelle-Calédonie, Polynésie française, îles Wallis et Futuna, Terres australes et antarctiques ;
— la collectivité territoriale de Mayotte.

Il a été décidé de ne pas faire application de l'article 807 lorsque les héritiers ou légataires*, titulaires d'un poste à l'étranger ou détachés auprès d'un organisme international, conservent la qualité de fonctionnaire français.

§ 551 Si au moment du décès, *des valeurs ont été achetées à terme*, elle figureront également dans la déclaration de succession. Mais le prix d'achat figurera au passif déductible. En cas de vente de tels titres, le montant non encore réglé de telles valeurs figurera seul à l'actif.

§ 552 Comme nous l'avons déjà vu, il résulte par ailleurs de *l'article 752 du Code général des impôts* que sont présumées, jusqu'à preuve contraire, faire partie de la succession, les actions, obligations, parts de fondateur ou bénéficiaires, parts sociales et toutes autres créances dont *le défunt a eu la propriété ou a perçu les revenus ou à raison desquelles il a effectué une opération quelconque moins d'un an avant son décès.*

La *preuve contraire* ne peut résulter de la cession à titre onéreux consentie à l'un des héritier présomptifs ou descendants* d'eux, même exclu par testament, ou a des donataires* ou légataires*, institués, même par testament postérieur, ou à des personnes interposées*, à moins que cette cession ait acquis date certaine avant l'ouverture de la succession (voir ci-dessus § 492).

B. Les passifs

1. Règles générales

Pour l'évaluation de la succession il y a lieu de *déduire* des actifs successoraux, déterminés comme dit ci-dessus (§ 480 et suiv.), les passifs, essentiellement constitués par les dettes. § 553

Pour qu'une dette soit déductible, il est nécessaire, dit *l'article 768 du Code général des impôts* : § 554
— *que son existence au jour de l'ouverture de la succession* soit dûment justifiée par *tous modes de preuve* compatibles avec la procédure écrite (actes, écrits, présomptions graves, précises et concordantes etc.). Le Receveur de l'Enregistrement peut exiger une attestation du créancier (voir modèle en quatrième partie).

Toutefois, comme nous le verrons ci-dessous, certaines dettes sont déductibles bien qu'elles aient pris naissance après le décès, et d'autres, au contraire, ne sont pas déductibles, comme présumées éteintes ou fictives, biens que nées avant le décès ;
— *qu'elle soit à la charge personnelle du défunt* au jour du décès, sous réserve des déductions expressément prohibées par la loi (voir ci-dessous).

Les dettes dont la déduction est demandée, stipule *l'article 770 du Code général des impôts, sont détaillées, article par article*, dans un inventaire certifié par le déposant et annexé à la déclaration de la succession. § 555

Il est admis que *l'inventaire des dettes soit inséré dans le corps de la déclaration de succession (Rép. min. J.O.-Sénat 2-12-1970).*

Toujours selon l'article 770 du Code général des impôts, *à l'appui de leur demande* de déduction des dettes, les héritiers ou leurs représentants doivent indiquer : § 556
— soit la date de l'acte, le nom et la résidence de l'officier public qui l'a reçu ;

— soit la date de la décision judiciaire et la juridiction dont elle émane.

Ils doivent représenter les autres titres, actes ou écrits que le créancier ne peut, sous peine de dommages-intérêts, se refuser à communiquer sous récépissé.

§ 557 Il résulte, par ailleurs, des articles L. 20 et L. 21 du Livre des procédures fiscales que *l'Administration peut exiger des justifications* au sujet de toutes les dettes déduites de l'actif de la succession. Si les justifications produites sont jugées insuffisantes, elle peut rectifier la déclaration selon la procédure de redressement contradictoire.

§ 558 Les règles suivantes sont généralement admises :

1. *La dette résulte d'un acte authentique* ou d'un jugement* : Il suffit d'indiquer soit la date de l'acte et le notaire qui l'a reçu, soit la date du jugement et le tribunal qui l'a prononcé ;

2. *La dette résulte d'un acte sous seing privé** : Son admission au passif est subordonnée à la condition que cet acte ait une valeur juridique, c'est-à-dire qu'il existe au jour de l'ouverture de la succession et qu'il résulte d'un titre susceptible de faire preuve en justice contre le défunt.

L'original de l'acte doit être produit et le créancier ne peut, sous peine de dommages-intérêts refuser de le communiquer contre récépissé ;

3. *La dette est purement verbale* : Les dettes purement verbales et celles qui ne sont appuyées que par un commencement de preuve par écrit* ne sont pas déductibles, à moins de justifications probantes.

§ 559 Cependant, toutes les dettes, même justifiées, ne peuvent pas figurer au passif de la succession et la loi fiscale rejette les dettes soumises à *une condition suspensive** et les dettes juridiquement inexistantes.

§ 560 De plus, *l'article 773 du Code général des impôts* déclare expressément non déductibles certaines dettes.

Il s'agit 1e des *dettes échues depuis plus de 3 mois* avant l'ouverture de la succession, à moins qu'il ne soit produit une attestation du créancier en certifiant l'existence à cette époque.

Il s'agit 2e des *dettes consenties par le défunt au profit de ses héritiers* ou personnes interposées*. Néanmoins, lorsque la dette a été consentie par acte authentique* ou par acte sous seing privé* ayant date certaine avant l'ouverture de la succession autrement que par le décès d'une des parties contractantes, les héritiers, donataires* et légataires*, et les personnes réputées interposées ont le droit de prouver la sincérité de cette dette et son existence au jour de l'ouverture de la succession.

Jugé que les droits de succession sont exigibles sur une somme empruntée en espèces par le frère du défunt, trois mois avant sa mort, alors que ce dernier se savait atteint d'une maladie incurable (198).

Il s'agit 3e des *dettes reconnues par testament* et 4e des *dettes hypothécaires** garanties par une inscription périmée depuis plus de 3 mois, à moins qu'il ne s'agisse d'une dette non échue et que l'existence n'en soit attestée par le créancier ; si l'inscription n'est pas périmée, mais si le chiffre en a été réduit, l'excédent est seul réduit, s'il y a lieu.

Il s'agit enfin, 5e des dettes en capital et intérêts pour lesquelles *le délai de prescription* est accompli*, à moins qu'il ne soit justifié que la prescription a été interrompue.

Précisons également ici que *le cautionnement** est un acte transmissible aux héritiers. Ils doivent par conséquent régler les dettes existant au jour du décès du fait du cautionnement et cela avec rétroactivité pendant les deux années suivant le premier effet impayé.

En ce qui concerne la *déduction des dettes*, la chambre commerciale de la Cour de cassation a souvent été amenée à intervenir. § 561

Elle a ainsi, notamment jugé, que le jugement par lequel un tribunal a relevé que si l'impôt correspondant à *la réintégration d'une provision pour hausse des prix dans les bénéfices* d'une entreprise n'était pas exigible à la date du décès de l'épouse, le conjoint survivant serait appelé dans les six années suivantes à verser l'impôt sur la totalité de la provision, quels que soient les résultats, bénéficiaires ou non, de l'exploitation. Il en résulte que la dette, si elle n'était pas exigible, n'en avait pas moins une existence certaine à la date du décès et était donc déductible de l'acte successoral (199).

L'Administration soutenait dans le pourvoi rejeté par la Cour que si la provision pour hausse des prix doit obligatoirement être rapportée aux résultats imposables d'un exercice ultérieur à celui de sa constitution, son imposition dépend du caractère bénéficiaire ou déficitaire de ces résultats et représente donc seulement une éventualité.

La Cour de cassation n'a pas admis ce raisonnement. Dès lors que l'article 39-1-5e du Code général des impôts ne fait aucune distinction entre les résultats bénéficiaires ou déficitaires, elle a considéré qu'en cas de bénéfice la provision sera imposée lors de sa réintégration et qu'en cas de déficit, la réintégration vient réduire le montant du déficit à reporter.

§ 502 La Cour de cassation a également jugé que :

— les dettes d'origine non contractuelle du défunt envers ses héritiers peuvent être prouvées par tous les moyens compatibles avec le caractère écrit de la procédure *fiscale*.

A violé l'article 768 du Code général des impôts le tribunal qui, après avoir retenu le principe de la dette et son remboursement partiel par la défunte, a considéré que la preuve de la dette ne résulte ni du contenu des actes de vente des immeubles, ni de la cession des droits successifs de l'un des frères au profit des autres, ni de la déclaration établie pour le compte de la défunte au titre de l'impôt sur la fortune, alors que cette déclaration était opposable à l'Administration qui ne l'avait pas contestée et qu'il n'était pas interdit de tirer la preuve de l'existence de la dette au jour du décès d'un acte notarié postérieur contenant reconnaissance de cette dette par un cohéritier envers les autres (200) ;

— en l'absence d'engagement pris par le défunt avant le décès, *le montant indéterminé de travaux de ravalement d'un immeuble,* obligatoires en vertu d'un arrêté municipal, payés par le légataire universel après le décès, ne constitue pas une dette à la charge du défunt, certaine au jour du décès et déductible de l'actif successoral.

En l'espèce, le défunt n'ayant pris aucun engagement, notamment en commandant les travaux, il n'y avait à sa charge qu'une obligation de faire, dont le coût était indéterminé, résultant de l'arrêté municipal. Cette obligation ne présentait pas le caractère d'une dette déductible de l'actif successoral.

Mais la Cour a souligné que cette obligation est un élément à prendre en considération pour apprécier la valeur vénale de l'immeuble, puisqu'elle constitue une charge (201) ;

— un jugement intervenu avant le décès avait annulé les acquisitions de divers bien réalisées par le défunt, *ordonné la restitution des prix et prescrit une expertise pour déterminer l'étendue exacte d'un prêt consenti par la venderesse à l'acquéreur.*

Après le décès de ce dernier, l'héritier investi de la saisine* a accepté en cette qualité une transaction mettant fin à la procédure engagée contre son auteur, moyennant le règlement d'une somme de 1 550 000 F, comme représentant en valeur la dette successorale.

La Cour a jugé que cette dette, certaine dans son principe au jour du décès, est déductible de l'actif successoral, l'héritier étant légalement habilité à exercer les droits de son auteur (202).

2. Cas d'espèce

§ 563 *Chèques émis avant le décès et non encaissés*: Comme le confirme une réponse ministérielle au J.O.A.N. du 21 août 1971, p. 3941, dès lors que le bénéficiaire d'un chèque acquiert la propriété de la provision au moment même où le chèque lui est remis, les droits de succession ne sont pas exigibles sur la fraction du compte courant du tireur correspondant au montant du chèque non encore encaissé, s'il est établi que le chèque a été remis au bénéficiaire avant le décès du tireur.

§ 564 *Conjoint survivant*: En application de l'article 1481 du Code civil, relatif aux régimes matrimoniaux, si la communauté est dissoute par la mort de l'un des époux, le survivant a droit, *pendant les neuf mois qui suivent*, à la nourriture et au logement, ainsi qu'aux frais de deuil, le tout à la charge de la communauté, en ayant égard tant aux facultés de celle-ci qu'à la situation du ménage. Les sommes dues en application de l'article 1481 suscité sont déductibles de l'actif successoral (Rép. min. J.O.-Sénat 28-1-1970).

§ 565 *Dettes commerciales*: Elles sont provisoirement admises en déduction sans justification. Mais l'Administration peut contrôler ensuite le passif commercial ainsi déduit.

§ 566 *Dettes contractées pour l'achat de biens exonérés: L'article 769 du Code général des impôts* prévoit que les dettes à la charge du défunt, qui ont été contractées pour l'achat de biens compris dans la succession et exonérés des droits de mutation par décès, ou dans l'intérêt de tels biens, sont imputées par priorité sur la valeur desdits biens.

Il en est de même des dettes garanties par des biens exonérés des droits de mutation par décès, lorsqu'il est établi que le ou les emprunts ont été contractés par le *« de cujus »** ou son conjoint en vue de soustraire tout ou partie de son patrimoine à l'application de ces droits.

L'article 769 suscité est applicable que les biens exonérés soient recueillis ou non par les successibles qui sont tenus au paiement des dettes (Rép. min. J.O.-Sénat 15-8-1969).

Lorsqu'un bien n'est assujetti aux droits de mutation à titre gratuit que pour une fraction de sa valeur, comme le précise une réponse ministérielle au J.O.A.N. du 2 mars 1981 (n° 39327), le passif afférent à ce bien est déductible de l'actif dans la même proportion.

Dans une autre réponse au J.O.-Sénat du 28 avril 1970, p. 1059, le Ministre précise encore que les dispositions de l'article 769 ne peuvent trouver à s'appliquer lorsque le bien pour l'acquisition duquel la dette a été contractée, est sorti du patrimoine du défunt par l'effet d'une donation*. La partie de la dette non remboursée au jour du décès est déductible de l'actif successoral dans les conditions générales de l'article 768 du Code général des impôts (voir ci-dessus § 554).

§ 567 *Frais funéraires*: En application de *l'article 775 du Code général des impôts*, sur justifications fournies par les héritiers, les frais funéraires sont déduits de l'actif de la succession dans la limite d'un maximum de 3 000 F.

En pratique, l'Administration n'exige pas de justifications si le montant des frais n'excède pas 1 000 F. Mais, comme le précise une réponse ministérielle au J.O.-Sénat du 12 décembre 1969 (n° 8852), cette mesure de tempérament n'a pas pour effet d'autoriser les héritiers à déduire dans tous les cas de l'actif successoral et à titre forfaitaire une somme de 1 000 F représentative des frais funéraires. Seuls les frais réellement exposés à ce titre peuvent être déduits.

D'une façon générale, les frais funéraires dont la déduction est admise sont les frais assortis du privilège général mobilier institué par l'article 2101-2e du Code civil, *c'est-à-dire*:

— les frais d'inhumation et de la cérémonie qui l'accompagne ;
— les avis d'obsèques ;
— les billets d'invitation et de remerciements ;
— l'achat et la pose d'un emblème religieux sur la tombe ;
— l'acquisition d'une concession dans un cimetière ;
— la construction, l'ouverture et la fermeture d'un caveau ;
— les frais de transport du corps.

Mais, comme le précise une réponse ministérielle au J.O.A.N. du 31 mars 1983, p. 535, si les frais de deuil déductibles couvrent également l'achat des vêtements de deuil, ils ne sauraient englober les frais d'érection d'un monument funéraire.

A noter que les frais et les dépenses annexes (fleurs et couronnes, notamment) n'entrent pas dans la catégorie des frais de cérémonie et ne sont donc pas déductibles de l'actif de la succession au titre des frais funéraires.

Frais et honoraires d'avocat: Les frais et honoraires dus à un avocat pour les affaires plaidées pour le défunt avant son décès sont déductibles (Rép. min. J.O.A.N. 2-5-1958). § 568

Frais et honoraires de notaire: Une réponse ministérielle au J.O.A.N. du 19 novembre 1969 admet que les émoluments proportionnels dus au notaire pour la rédaction du testament du défunt sont déductibles. Il en est de même des frais de dépôt d'un testament chez un notaire sans qu'il y ait lieu de distinguer selon que le dépôt a été effectué par le testateur ou, après l'ouverture de la succession par ses héritiers* ou légataires* (Rép. min. J.O.A.N. 14-6-1958, n° 5758). Il en est encore ainsi des frais de donation entre époux (Rép. min. J.O.A.N. 3-10-1972). § 569

Par contre, dit une réponse ministérielle au J.O.A.N. du 31 mai 1969 (n° 4687), *les frais d'inventaire* ne sont pas déductibles puisqu'ils constituent une charge qui n'a pris naissance qu'après le décès.

Frais de maladie: Les frais de dernière maladie encore dus au décès sont déductibles sur justifications, sans limitation de somme. Mais si le défunt était marié sous un régime de communauté ils ne seront retenus que jusqu'à concurrence de la moitié. Aucune déduction n'est possible pour les frais remboursés par la Sécurité sociale. § 570

Impôts et taxes: Les divers impôts et taxes dus par les héritiers au nom du défunt constituent un passif déductible (impôts directs, impôts indirects, pénalités), même s'ils résultent de rôles postérieurs au décès. Après publication du rôle, ce passif peut être déduit par voie de réclamation (Rép. min. J.O.A.N. 8-10-1984, p. 4501). § 571

Intérêts: Les intérêts échus et non prescrits* et ceux courus au décès sont déductibles comme le principal de la dette. § 572

Loyers: Les loyers dus au jour du décès sont déductibles de l'actif dans la mesure où ils concernent la période antérieure au décès. Mais, comme le précise une réponse ministérielle au J.O.A.N. du 12 juin 1965, le paiement du loyer afférent à la période postérieure au décès a pour contrepartie la jouissance de l'appartement pendant la même période. Cette charge ne peut être admise en déduction de l'actif laissé par le défunt. § 573

Opérations de Bourse: Dans les opérations à terme, l'acquéreur est réputé immédiatement propriétaire des valeurs § 574 acquises et débiteur à l'échéance de leur prix. Ce prix constitue un passif de la succession si le décès du donneur d'ordre intervient avant le terme. Naturellement, en contrepartie, l'actif comprend les titres et les fonds destinés à leur paiement, même s'ils sont bloqués au compte du défunt par la banque intermédiaire ou déposés chez un agent de change.

§ 575 *Salaires*: Les salaires dus par le défunt au jour de sa mort sont déductibles de l'actif successoral.

§ 576 *Salaires différés*: Nous avons vu ci-dessus § 214 et suiv. les règles de droit civil relatives au *salaire différé en agriculture*, en ce qui concerne les rapports des héritiers entre eux. Il est d'ailleurs expressément stipulé à l'article L. 321-14 du Code rural que le bénéfice du contrat de travail à salaire différé est dispensé de tout droit de mutation par décès.

Cette position est confirmée par les articles 763-6e et 1037 du Code général des impôts.

Les sommes dues par un exploitant agricole à l'un de ses héritiers au titre du contrat de travail à salaire différé figurent donc au passif de la succession.

Il faut citer ici également l'article 774 du Code général des impôts aux termes duquel, par dérogation aux dispositions de l'article 773-2e (voir ci-dessus § 560), l'existence et la sincérité des dettes résultant du contrat à salaire différé sont suffisamment prouvées à l'égard de l'Administration, par tous actes et écrits, même postérieurs au décès d'un exploitant agricole, susceptibles de faire preuve en justice entre les cohéritiers ou représentants de l'exploitant.

L'héritier, créancier de la succession, est toutefois tenu de fournir une attestation datée et signée par lui, mentionnant le montant de sa créance sur la succession de l'exploitant.

Pour l'application des textes suscités, il a notamment été précisé par l'Administration que :

— Compte tenu de l'évolution de la jurisprudence en la matière (arrêt de la Cour d'appel de Bordeaux au 6-11-1979), l'Administration admet, lorsque l'exploitation agricole est un bien commun aux époux, que les héritiers puissent considérer le salaire différé comme une dette de communauté.

Il en résulte que la dette est déductible de la succession de chacun des époux à concurrence de la part contributive de chacun dans le passif commun, déterminé d'après les règles du droit civil. (Réponse ministérielle au J.O.A.N. du 18-9-1989, p. 4170).

— Le paiement du salaire différé incombe à la succession de l'exploitant, cette qualité relevant de l'appréciation souveraine des juges du fond. Si deux époux sont considérés comme co-exploitants, il semble, selon l'avis du Ministre de l'agriculture, que la dette pourrait être mise à la charge de leurs deux successions. La créance de salaire différé ne peut être ainsi considérée comme un passif de communauté. (Réponse ministérielle au J.O.A.N. du 15-1-1990, p. 201).

En ce qui concerne le *salaire différé du conjoint survivant d'un artisan ou d'un commerçant*, voir ci-dessus § 223.

Sécurité sociale : Les sommes dues personnellement par le **§ 577**
défunt au jour du décès et payées par les héritiers sont déductibles. Il en est de même des arrérages récupérés sur les successions dont l'actif dépasse un certain montant. Des justifications seront exigées.

Titres passés à l'étranger : Les dettes résultant de titres **§ 578**
passés à l'étranger ou garanties par des biens situés à l'étranger sont déductibles de l'actif successoral.

IV. LES DROITS DE MUTATION PAR DÉCÈS

A. Exigibilité et exonérations

§ 579 Toute succession *qui laisse un actif* est passible des droits de mutation par décès, plus communément appelés droits de succession.

Toutefois, en application de l'article 794-I du Code général des impôts, *les régions, les départements, les communes, les établissements publics hospitaliers, les centres d'action sociale sont exonérés* des droits de mutation à titre gratuit sur les biens qui leur adviennent par succession.

Le II du même article 794 étend l'exonération aux legs* faits aux organismes d'administration et de gestion de *la Sécurité sociale*, ainsi qu'à la caisse générale de prévoyance des *marins* et de leurs familles en cas d'accident, de maladie, d'invalidité et de maternité.

§ 580 Aux termes de l'article 795 du Code général des impôts, sont *encore exonérés* des droits de succession :

1. Les legs* d'œuvres d'art, de monuments ou d'objets ayant un caractère historique, de livres, d'imprimés ou de manuscrits, faits aux *établissements pourvus de la personnalité civile**, autres que ceux visés à l'article 794-I suscité, si ces œuvres et objets sont destinés à figurer dans une collection publique ;

2. Les legs consentis aux *établissements publics ou d'utilité publique*, dont les ressources sont exclusivement affectées à des œuvres scientifiques, culturelles ou artistiques à caractère désintéressé ;

3. *(supprimé loi n° 87-571 du 23-7-1987 ; J.O. 24-7)* ;

4. Les legs faits aux *établissements publics charitables* autres que ceux visés à l'article 794-I ci-dessus, *aux mutuelles* et à toutes autres *sociétés reconnues d'utilité publique* dont les ressources sont affectées à des œuvres d'assistance.

Une réponse ministérielle au J.O.A.N. du 9 novembre 1972, p. 4905 admet l'exonération des legs consentis aux associations protectrices des animaux reconnues d'utilité publique ;

5. Les legs faits aux *associations d'enseignement supérieur reconnues d'utilité publique et aux société d'éducation populaire gratuite reconnues d'utilité publique* et subventionnées par l'Etat ;

6. Les legs de sommes d'argent ou d'immeubles faits aux établissements pourvus de la personnalité civile, autres que ceux visés à l'article 794-I ci-dessus, avec l'obligation pour les bénéficiaires de *consacrer ces libéralités* à l'achat* d'œuvres d'art, de monuments ou d'objets ayant un caractère historique, de livres, d'imprimés ou de manuscrits destinés à figurer dans une collection publique, ou à l'entretien d'une collection publique ;

7. Les legs faits aux *H.L.M.* ou à leurs unions ;

8. *(périmé)* ;

9. Les legs faits à l'*Office national des anciens combattants* et victimes de guerre ;

10. Les legs faits aux *associations cultuelles*, aux unions d'associations cultuelles et aux congrégations autorisées ;

11. Les legs faits aux établissements publics ou d'utilité publique autres que ceux visés à l'article 794-I ci-dessus, aux sociétés particulières ou autres groupements régulièrement constitués, en tant qu'ils sont affectés par la volonté expresse du testateur à *l'érection de monuments aux morts de la guerre* ou à la gloire de nos armes et des armées alliées ;

12. Les legs d'immeubles situés dans les zones définies à l'article L. 243-1 du Code rural, faits au profit *du conservatoire de l'espace littoral et des rivages lacustres.*

On peut obtenir *la liste* des établissements et associations ne payant pas de droits de succession, en application de l'article 795 du Code général des impôts, chez son notaire ou, à défaut, au Conseil supérieur du notariat, 31, rue du général Foix, 75008 Paris.

En ce qui concerne l'exonération des droits de succession *du patrimoine artistique et des monuments historiques*, voir ci-dessus § 533 et § 534.

A noter que les exonérations des droits de mutation par décès prévues en faveur de certains organismes et établissements, selon ce que nous disons ci-dessus ne sont en principe applicables qu'aux collectivités françaises. Cependant, ces avantages peuvent bénéficier à des *collectivités étrangères* s'il existe *un régime de réciprocité* entre la France et le pays considéré. Cette réciprocité peut résulter, soit d'une convention internationale, soit d'un accord constaté par un échange de notes diplomatiques. Il en est ainsi pour les *collectivités étrangères à caractère public ou à but désintéressé* situées dans les pays suivants : Belgique, Espagne, Etats-Unis, Finlande, Israël, Italie, Liban, Suède et Suisse.

Des accords particuliers ont également été conclus entre la France et les pays suivants, permettant aux *institutions culturelles* créées en France par ces pays de bénéficier de l'exonération des droits de mutation pour les legs* qu'elles recueillent. Il faut toutefois que les organismes intéressés soient des institutions culturelles officielles. Des accords de cette nature ont été passés avec l'Allemagne, l'Autriche, les Etats-Unis, la Hongrie et l'Italie.

Par ailleurs, l'article 976 du Code général des impôts exonère de l'impôt des droits de mutation par décès les successions :

1. Des militaires des armées françaises et alliées, *morts sous les drapeaux pendant la durée de la guerre*.

Une réponse ministérielle au J.O.-Sénat du 20 mars 1963 a précisé que les successions de soldats décédés *au cours de manœuvres* pendant leur service militaire ne bénéficient pas de l'exonération de l'article 796 du Code général des impôts ;

2. Des *militaires* qui, soit sous les drapeaux, soit après renvoi dans leurs foyers, seront morts, dans les trois années à compter de la cessation des hostilités, de blessures reçues ou de maladies contractées pendant la guerre ;

3. De toute personne ayant la nationalité française ou celle d'un pays allié dont le décès aura été provoqué, soit *au cours des hostilités*, soit dans les trois années à compter de la cessation des hostilités, *par faits de guerre* suivant la définition qui en est donnée pour les réparations à accorder aux victimes civiles de la guerre ;

4. Des personnes décédées *en captivité* ou des conséquences immédiates et directes de leur captivité dans le délai prévu au 2. ci-dessus, après avoir été internées pour faits de résistance ;

5. Des personnes décédées au cours de *leur déportation* ou des conséquences immédiates et directes de leur déportation dans le délai prévu au 3. ci-dessus ;

6. Des militaires et civils décédés *en Afrique du Nord*, victimes d'opérations militaires ou d'attentats terroristes ;

7. Des personnes décédées du fait *d'actes de terrorisme* ou des conséquences directes de ces actes dans un délai de trois ans à compter de leur réalisation.

Une instruction du 25 mars 1991 (Bull. off. imp. 7 G-1-91) commente ainsi cette exonération.

L'exonération s'applique aux successions des personnes décédées :

— du fait d'actes de terrorisme visés à l'article 26 de la loi 90-86 du 23 janvier 1990 portant diverses dispositions relatives à la Sécurité sociale et à la santé,
— ou des conséquences directes des actes en cause dans un délai de trois ans à compter de leur réalisation. Conformément à l'article 26 de la loi du 23 janvier 1990, les personnes concernées sont les victimes d'actes de terrorisme commis sur le territoire national et les personnes de nationalité française ayant leur résidence habituelle en France ou résidant habituellement hors de France et régulièrement immatriculées auprès des autorités consulaires, victimes à l'étranger d'un acte de terrorisme.

L'exonération de l'article 796 *ne profite* toutefois, qu'aux parts nettes recueillies par les ascendants*, les descendants*, le conjoint du défunt, ainsi que par ses frères et sœurs ou leurs descendants.

L'exonération n'entraîne pas la dispense de la déclaration de succession. Elle est subordonnée à la condition que cette *déclaration soit accompagnée* :
— Dans les cas visés aux 1. et 2., d'un certificat de l'autorité militaire dispensé de timbre et constatant que la mort a été causée par une blessure reçue ou une maladie contractée pendant la guerre ;
— Dans les cas visés au 3., 4., 5 et 6. d'un certificat de l'autorité militaire ou civile compétente, dispensé de timbre et établissant les circonstances du décès.

Dans le cas visé au 7., l'instruction du 25 mars 1991 suscitée précise que la déclaration de succession devra être accompagnée d'une copie de l'offre d'indemnisation faite aux ayants droit* des victimes par le Fonds de garantie institué par la loi n° 86-1020 du 9 septembre 1986 relative à la lutte contre le terrorisme et aux atteintes à la sûreté de l'Etat.

L'exemption s'applique *sans limite de montant.*

L'Administration admet l'exonération :
— des indemnités versées par la République fédérale allemande aux héritiers des victimes de spoliations commises pendant la période 1940-1944, lorsqu'elles ont été payées après l'ouverture de la succession. Les indemnités payées au jour du décès et entrées dans le patrimoine du défunt sont, par contre, passibles des droits de succession (Doc. admin. 7 G-2629) ;
— des indemnités versées par le Gouvernement allemand en application de l'Accord de Bonn du 15 juillet 1960 et du décret n° 61-971 du 29 août 1961 aux ayants droit* des ressortissants

français ayant fait l'objet de mesures de persécutions nationales-socialistes, dans les conditions ci-dessus (Doc. admin. 7 G-2629).

Signalons également ici que l'article 775 bis du Code général des impôts, issu de l'article 4 de la loi n° 92-655 du 15 juillet 1992, prévoit l'exonération des indemnités versées ou dues par le Fonds d'indemnisation des transfusés et hémophiles contaminés par *le virus du S.I.D.A.* Une loi n° 92-1476 du 31 juillet 1992, en donnant une nouvelle rédaction audit article 775 bis, a étendu l'exonération à toutes les indemnités versées ou dues aux transfusés ou hémophiles contaminés par le virus du S.I.D.A., que cette indemnisation résulte ou non de l'intervention du Fonds d'indemnisation. Ainsi, sont également exonérées les indemnités allouées par les tribunaux.

Comme le précise une instruction du 7 août 1992 (Bull. off. imp. 7 G-7-92) la déclaration de succession d'une victime du S.I.D.A. devra comprendre tous les biens du défunt au jour de son décès, y compris la créance d'indemnisation en tant que victime du S.I.D.A., mais le montant des indemnités versées ou dues à la victime ou à sa succession sera déductible de l'actif successoral.

Une autre instruction du 10 février 1993 (Bull. off. imp. 7 G-1-93) donne encore les précisions suivantes.

Il résulte des dispositions de l'article 775 bis du Code général des impôts que toutes les indemnités versées ou dues aux personnes contaminées par le V.I.H. à la suite d'une transfusion de produits sanguins ou d'une injection de produits dérivés du sang réalisée sur le territoire de la République française doivent être admises en déduction de l'actif successoral, quels que soient la procédure suivie par la victime pour obtenir réparation et l'organisme ordonnateur chargé d'indemniser la victime.

Les indemnités allouées par les tribunaux ou les compagnies d'assurances, avec ou sans le concours du fonds d'indemnisation, peuvent donc être déduites de l'actif de succession des personnes contaminées par le V.I.H.

Les personnes contaminées sont :

— celles infectées de façon directe par le V.I.H. à la suite de l'administration de produits sanguins (transfusés) ou dérivés du sang (hémophiles et autres malades du sang) ;

— celles infectées par transmission : conjoint, concubins stables et, éventuellement, enfants atteints par le virus « in utéro ».

Les indemnités sont déduites de l'actif de succession sous réserve de la présentation au service des impôts de justifications permettant d'apprécier le montant des sommes versées ou dues et la qualité de l'organisme ordonnateur, c'est-à-dire la copie du jugement et la quittance du versement.

L'exonération s'applique, en principe, aux successions ouvertes à compter du 1er janvier 1992.

L'Administration fiscale admet toutefois que cette exonération s'applique à toutes les successions, quelle que soit la date d'ouverture de la succession de la personne contaminée. Les droits de mutation par décès éventuellement perçus à ce titre pourront être restitués sur demande des héritiers ou légataires* présentée et instruite dans les conditions de droit commun*.

L'article 4 de la *loi de finances rectificative pour 1993, n° 93-1353 du 30 décembre 1993* (J.O. 31-12) étend l'application de l'article 775 bis du Code général des impôts, dans les mêmes conditions, aux indemnités versées ou dues aux personnes contaminées par la *maladie de Creutzfeldt-Jakob* à la suite d'un traitement par hormones de croissance extraites d'hypophyse humaine. Ces indemnités pourront donc être déduites de l'actif successoral laissé par ces personnes pour leur valeur nominale. Il devra être justifié de l'origine de la maladie et du montant des sommes versées ou dues.

L'article 4 suscité s'applique aux *successions ouvertes à compter du 1er janvier 1991.* Les droits déjà payés peuvent faire l'objet d'une nouvelle liquidation et l'excédent éventuel des droits *restitué* sur demande formulée par les ayants droit* *avant le 31 décembre 1995.*

Ne donnent lieu à la perception d'aucun impôt, donc sont **§ 581**
également exonérées des droits de succession, *les attributions gratuites d'actions ou parts au personnel des entreprises* faites en application :

— des articles L. 322-13 et L. 322-22 du Code des assurances, relatifs aux entreprises nationales d'assurances ;

— de la loi n° 73-9 du 4 janvier 1973, relative à la mise en œuvre de l'actionnariat du personnel de la Société nationale industrielle aérospatiale et à la Société nationale d'étude et de construction de moteurs d'aviation. (Code général des impôts, art. 1127).

A noter que l'article 1126 du Code général des impôts stipule que l'attribution gratuite par une société à l'ensemble de son personnel d'actions ou parts sociales de son capital ne donne lieu à la perception d'aucun impôts, et bénéficie donc de l'exonération des droits de succession. Mais l'application de cette disposition étant limitée aux opérations réalisées dans des conditions fixées par décret et ce décret n'étant jamais paru, l'exonération de l'article 1126 suscité n'est pas actuellement en vigueur.

B. Assiette matérielle

§ 582 L'assiette matérielle des droits de mutation par décès résulte de *la déduction du passif* (voir ci-dessus § 553 et suiv.) *de l'actif* de la succession (voir ci-dessus § 480 et suiv.).

§ 583 En cas de *pluralité d'héritiers*, pour déterminer l'assiette matérielle des droits dus par chacun, il y a lieu de considérer deux cas :

Dans *le 1er cas, le partage n'est pas encore intervenu* au moment de la déclaration de succession. Les droits sont alors calculés sur la fraction de l'actif net recueilli par chacun des héritiers selon les règles de la dévolution successorale et en tenant compte, éventuellement, des dispositions testamentaires.

Dans *le 2e cas, le partage est déjà intervenu* au moment de la déclaration de succession. Les droits sont alors calculés selon les répartitions indiquées dans l'acte de partage.

§ 584 A chaque part déterminée comme dit ci-dessus, l'héritier doit ajouter *les donations* antérieures. L'article 784 du Code général des impôts* veut en effet que les parties* sont tenues de faire connaître dans toute déclaration de succession, s'il existe ou non des donations antérieures consenties à un titre ou sous une forme quelconque par le défunt aux héritiers* ou légataires* et, dans l'affirmative, le montant de ces donations ainsi que, le cas échéant, les noms, qualités et résidences des officiers ministériels qui ont reçu les actes de donation, et la date de l'enregistrement de ces actes.

La perception des droits de mutation est effectuée en ajoutant à la valeur des biens compris dans la déclaration de succession, celle des biens qui ont fait l'objet de donations antérieures, *à l'exception de celles passées depuis plus de dix ans,* et, lorsqu'il y a lieu à application d'un tarif progressif, en considérant *ceux de ces biens dont la transmission n'a pas encore été assujettie au droit de mutation à titre gratuit*, comme inclus dans les tranches les plus élevées de l'actif imposable.

Pour le calcul des abattements et réductions il est tenu compte des abattements et réductions effectués sur les donations antérieures visées ci-dessus consenties par la même personne.

A noter que l'article 784 du Code général des impôts suscité, a été modifié par la loi de finances pour 1992, n° 91-1322 du 30 décembre 1991 en exemptant des droits de succession les donations passées depuis plus de dix ans. Donc, depuis janvier 1992, lorsqu'une donation a été enregistrée depuis plus de dix ans, elle n'a plus à être rappelée lors de la succession. Le bénéficiaire de la succession profitera donc à nouveau des abattements et des taux des premières tranches.

Exemple pratique :

Un père a consenti à son fils une donation de 400 000 F en 1976 et laisse un actif successoral de 1 000 000 F en 1992.

Les droits de mutation à titre gratuit sont ainsi calculés :

a. sur la donation de 1976 :

Montant de la donation	400 000 F
Abattement alors en vigueur	175 000 F
Montant imposable	225 000 F

Somme imposable selon les taux et règles en vigueur en 1976

b. sur la succession de 1992 :

La donation de 1976 ayant été consentie depuis plus de dix ans, il n'en est pas tenu compte. Les droits de succession sont donc calculés comme suit :

Montant de la succession	1 000 000 F
Abattement alors en vigueur	300 000 F
Montant imposable	700 000 F

Somme imposable selon les taux et règles en vigueur en 1992 (Circulaire Bull. off. imp. 7 G-3-92).

A noter également, comme nous l'avons vu ci-dessus au § 272, qu'en application de l'article 860 du Code civil, le rapport des donations est dû de la valeur du bien donné à l'époque du partage, d'après son état à l'époque de la donation. Mais ces dispositions peuvent être écartées, notamment par une stipulation contraire de l'acte de donation, à l'application de laquelle l'Administration fiscale ne saurait faire obstacle, si cet acte a été régulièrement soumis à l'enregistrement. Le rapport est alors effectué sur la base de la valeur du bien au jour de la donation, qui a été retenue pour la liquidation des droits de mutation à titre gratuit.

Au plan fiscal, quel que soit le mode d'évaluation adopté pour le rapport des donations, seul l'actif successoral net au jour du décès est, en toute hypothèse, susceptible d'être taxé, dès lors que les donations sont déduites pour le montant pour lequel elles ont été rapportées.

Les conditions du rapport ont, en revanche, une incidence au niveau de la répartition de l'actif successoral entre les héritiers. S'agissant de la liquidation des droits de succession, les biens ainsi rapportés sont toujours déduits de la part de l'héritier qui a effectué le rapport à concurrence de celui-ci.

Les dons manuels et les donations indirectes consentis par le défunt aux héritiers et légataires, qui n'ont pas été déclarés ou enregistrés par le donataire, doivent être obligatoirement évalués, pour la liquidation des droits de succession, à la valeur des biens donnés au jour du décès d'après leur état à l'époque de la donation.

(Rép. min. J.O.A.N. 14-12-1992, p. 5642).

§ 585 Il y a également lieu de tenir compte des dispositons de *l'article 785 du Code général des impôts* qui veut que les héritiers ou légataires* acceptants sont tenus, pour *les biens leur advenant par l'effet d'une renonciation* à une succession ou à un legs, d'acquitter, au titre des droits de mutation par décès, une somme qui, nonobstant tous abattements, réductions *ou* exemptions, ne peut être inférieure à celle que le renonçant aurait payée, s'il avait accepté.

§ 586 Lorsqu'une succession comprend à la fois des biens imposables en France métropolitaine ou dans les départements d'Outre-mer et des biens imposables dans *les territoires d'Outre-mer*, le montant des droits est liquidé, compte tenu, le cas échéant, de tous abattements, charges ou déductions, sur la valeur de l'intégralité de la succession ; toutefois les droits ainsi déterminés ne sont exigibles que dans la mesure du rapport existant entre, d'une part, la valeur des biens auxquels s'appliquent les dispositions du Code général des impôts et, d'autre part, l'intégralité de l'actif net successoral *(Code gén. impôts, art. 789)*.

§ 587 Terminons en rappelant l'obligation de produire *une déclaration complémentaire* (voir ci-dessus § 478) si à la suite de la première déclaration de succession l'assiette matérielle des droits se trouve modifiée.

C. Abattements

En application de l'article 779-I du Code général des impôts, pour la perception des droits de succession, il est effectué un abattement de *330 000 F* : § 588

— sur la part du conjoint survivant*,

et de *300 000 F* :

— sur la part de chacun des ascendants*, et

— sur la part de chacun des enfants vivants ou représentés*.

Entre les représentants des enfants prédécédés, l'abattement se divise d'après les règles de la dévolution légale (voir ci-dessus § 34 et suiv.).

L'abattement de l'article 779-I suscité est applicable quelle que soit la nationalité du défunt ou des successibles*.

Exemple : Soit une succession recueillie d'une part par le conjoint survivant et d'autre part par deux enfants vivants. L'abattement sera de 330 000 F pour le conjoint survivant et de 300 000 F pour chaque enfant, soit *au total 930 000 F.*

En cas de représentation, l'héritier ne peut prétendre qu'à l'abattement dont son auteur aurait pu bénéficier s'il avait survécu (confirmé par rép. min. Sénat 17-11-1983, p. 1569).

Selon l'article 779-I suscité, le petit-fils appelé *du vivant de son père* à la succession de son grand-père, ne bénéficie donc pas de l'abattement puisque ce dernier profite au père vivant (Rép. min. J.O.A.N. 13-12-1961, p. 5545).

Mais l'Administration a admis au bénéfice de l'abattement, le petit-fils appelé à la succession de son aïeul par suite de *l'indignité* de son père vivant* (Bull. Off. En. 1963-8823).

A noter que *les enfants* auxquels il est fait application du tarif des droits de succession en ligne directe (Voir ci-dessous § 603 et 604) bénéficient également de l'abattement de 300 000 F.

Il en est ainsi, selon une réponse ministérielle au J.O.A.N. du 25 mars 1978, n° 40614, en ce qui concerne les legs* consentis aux *pupilles de l'Etat et de la Nation* auxquels il est fait application des droits de succession en ligne directe (voir ci-dessous § 604).

L'abattement est un *droit personnel* de sorte que l'excédent ne saurait être reporté sur un autre héritier.

Soit, par exemple, une succession s'élevant à 960 000 F dévolue au conjoint survivant usufruitier* du quart pour une valeur de deux dixièmes, à un enfant vivant et à deux petits-enfants représentant un enfant prédécédé. Les abattements se calculeront ainsi :

Part du conjoint survivant :

$$\frac{960\,000 \times 1 \times 2}{4 \times 10} = 48\,000 \text{ F}$$

Abattement 330 000 F. Pas de droits à payer

Part de l'enfant vivant :

$$\frac{960\,000 - 48\,000}{2} = 456\,000 \text{ F}$$

Abattement 300 000 F reste 156 000 F, base des droits de succession.

Part de chaque petit-enfant :

$$\frac{960\,000 - 48\,000}{2 \times 2} = 228\,000 \text{ F}$$

Abattement $\frac{300\,000}{2}$ = 150 000 F reste 78 000 F base des droits de succession.

§ 589 L'article 779-II du Code général des impôts prévoit, par ailleurs, que pour la perception des droits de succession, il est effectué *un abattement de 300 000 F* sur la part de tout héritier* ou légataire* *incapable de travailler dans des conditions normales* de rentabilité, en raison d'une infirmité physique ou mentale, congénitale ou acquise. Aucune condition de parenté n'est exigée.

Depuis le 1er janvier 1992, l'abattement de 300 000 F de l'article 779-I peut *se cumuler* avec l'abattement de 330 000 F ou de 300 000 F prévus à l'article 779-I (voir ci-dessus § 588), ainsi qu'avec l'abattement de 100 000 F applicable à certaines mutations en ligne collatérale (voir ci-dessous § 592).

L'abattement de 300 000 F peut s'appliquer au profit d'une personne handicapée visée à l'article 779-II suscité autant de fois qu'elle bénéficie d'un héritage distinct (Rép. min. J.O.A.N. 23-6-1980, p. 2576 et J.O.A.N. 22-5-1989, p. 2338).

§ 590 Pour l'application de l'abattement ci-dessus il est tenu compte, dit *l'article 293 de l'Annexe II du Code général des impôts*, de *toutes les infirmités, congénitales ou acquises existant au jour de l'ouverture de la succession.*

Il n'y a pas lieu de tenir compte de la nature, de la cause ou de l'ancienneté de l'infirmité pourvu que l'héritier ou le légataire soit incapable de travailler, en raison de son infirmité

physique ou mentale, dans des conditions normales de rentabilité. Il est précisé, à ce sujet, à *l'article 294 de l'Annexe II du Code général des impôts* que l'héritier ou le légataire qui invoque son infirmité doit justifier que celle-ci l'empêche :
— soit de se livrer dans des conditions normales de rentabilité à toute activité professionnelle ;
— soit, s'il est âgé de moins de 18 ans, d'acquérir une instruction ou une formation professionnelle d'un niveau normal.

L'Administration a interprété les dispositions suscitées à l'article 294 de façon restrictive et une réponse ministérielle au J.O.A.N. du 6 mai 1971 (n° 16639) précise qu'une personne qui, après avoir eu une existence normale, n'est plus susceptible d'exercer une activité professionnelle en raison de son âge ne peut bénéficier de l'abattement.

La Cour de cassation a confirmé que l'abattement n'est pas applicable à l'héritier qui, à la date de l'ouverture de la succession, était à la retraite depuis plusieurs années et dont l'infirmité n'avait pas nui au déroulement normal de sa carrière et n'avait eu aucune incidence sur le montant de la pension de retraite (203). Mais dans un autre arrêt, la même Cour s'est montrée plus souple en admettant l'abattement pour l'héritier qui à la date du décès de sa mère était atteint d'une incapacité permanente de 80 % ayant motivé son admission anticipée à la retraite. La Cour a retenu, dans ce cas d'espèce, que la retraite était inférieure à celle à laquelle il aurait pu prétendre s'il avait pu continuer à travailler jusqu'à l'âge normal de cessation de son activité (204).

En aucun cas, l'attribution d'*une pension au titre de l'invalidité* invoquée, ne peut faire perdre le bénéfice de l'abattement.

L'héritier ou le légataire peut *justifier de son état* par tous **§ 591**
éléments de preuve (certificat médical, certificat d'un établissement scolaire spécialisé pour handicapés...), et notamment invoquer une décision de la Commission technique d'orientation et de reclassement professionnel le classant dans la catégorie correspondant aux handicaps graves ou le déclarant relever soit d'un atelier protégé, soit d'un centre d'aide par le travail.

Il résulte aussi de *l'article 788 du Code général des impôts* **§ 592**
que pour la perception des droits de mutation par décès, il est effectué *un abattement de 100 000 F sur la part de chaque frère ou sœur, célibataire, veuf, divorcé ou séparé de corps*, à la double condition :

1. Qu'il soit, au moment de l'ouverture de la succession, âgé de plus de cinquante ans ou atteint d'une infirmité le

mettant dans l'impossibilité de subvenir par son travail aux nécessités de l'existence ;

2. Qu'il ait été constamment domicilié avec le défunt pendant les cinq années ayant précédé le décès.

Les *justifications* nécessaires doivent être jointes aux demandes d'abattement lorsqu'il est invoqué une condition d'incapacité. La loi n'ayant pas fixé de taux minimum d'invalidité, la situation des intéressés sera appréciée dans chaque cas particulier (Rép. min. J.O.A.N. 7-7-1960).

La circonstance que le défunt et son frère ou sa sœur n'aient pas vécu sous le même toit au cours des cinq dernières années qui ont précédé le décès n'est pas de nature à mettre obstacle à l'application de l'abattement susvisé s'il est établi que pendant le même délai, les intéressés ont conservé, en droit, un domicile commun au sens des articles 102 et suivants du code civil (Rép. min. J.O.A.N. 4-5-1979, n° 12 224).

§ 593 *A défaut d'autre abattement, un abattement de 10 000 F* est opéré sur *chaque part successorale.*

Une réponse ministérielle au J.O.A.N. du 9 février 1974 (n° 6800) précise que l'abattement de 10 000 F bénéficie à tout héritier qui ne peut prétendre à un autre abattement, quel que soit son degré de parenté avec le défunt et même s'il n'existe aucun lien de parenté. Il est donc susceptible de s'appliquer à la part recueillie par un frère consanguin ou utérin, si ce dernier ne réunit pas les conditions posées par l'article 788 du Code général des impôts.

L'abattement étant opéré sur chaque part successorale, il peut être opéré deux fois lorsque l'héritier est appelé à la fois dans la ligne* paternelle et dans la ligne maternelle. Ainsi, en cas de dévolution d'une succession à un collatéral*, cousin germain dans la branche paternelle, et cousin au 5e degré dans la branche maternelle, l'abattement de 10 000 F est applicable à la part recueillie en qualité de cousin germain dans la branche paternelle et à la part recueillie en qualité de cousin au 5e degré dans la branche maternelle (Rép. min. J.O.A.N. 22-1-1977, p. 321).

§ 594 Bien entendu, les divers abattements sont *diminués* de ceux dont l'héritier ou le légataire* a déjà bénéficié à l'occasion de donations* antérieures du défunt (voir ci-dessus § 584).

D. Réduction des droits

Le législateur a prévu une réduction des droits de succession *pour charges de famille*. Lorsqu'un héritier* ou légataire*, dit *l'article 780 du Code général des impôts*, a trois enfants ou plus, vivants ou représentés* au moment de l'ouverture de ses droits à la succession, il bénéficie sur l'impôt à sa charge une réduction de 100 % qui ne peut, toutefois, excéder *2 000 F par enfant* en sus du deuxième. Ce maximum est porté à *4 000 F* en ce qui concerne les successions en ligne directe* et entre époux. Le bénéfice de cette disposition est subordonné à la production soit d'un certificat de vie dispensé de timbre et d'enregistrement pour chacun des enfants vivants des héritiers ou légataires et des représentants de ceux prédécédés, soit d'une expédition* de l'acte de décès de tout enfant décédé depuis l'ouverture de la succession. § 595

Ainsi, *l'héritier d'une tante* qui est père de trois enfants bénéficiera d'une réduction des droits de 2 000 F, d'une réduction de 4 000 F s'il est père de quatre enfants etc., tandis que *la fille* qui hérite de son père bénéficiera d'une réduction de 4 000 F si elle a trois enfants, de 8 000 F si elle a quatre enfants etc.

Les enfants adoptés entrent en ligne de compte.

L'article 781 du Code général des impôts précise que pour l'application de l'article 780 suscité, est compté comme *enfant vivant ou représenté* de l'héritier, ou du légataire, l'enfant qui : § 596

1. Est décédé après avoir atteint l'âge de seize ans révolus ;
2. Etant âgé de moins de seize ans, a été tué par l'ennemi au cours des hostilités, ou est décédé des suites de faits de guerre, soit durant les hostilités, soit dans l'année à compter de leur cessation.

Le bénéfice de cette disposition est subordonné à la production dans le premier cas, d'une expédition* de l'acte de décès de l'enfant et, dans le second cas, d'un acte de notoriété* délivré sans frais par le juge du tribunal d'instance du domicile du défunt et établissant les circonstances de la blessure ou de la mort.

La réduction s'applique au montant des droits dus et est invocable autant de fois qu'une personne ayant plus de deux enfants est appelée à hériter de personnes différentes.

Il est précisé à *l'article 783 du Code général des impôts* que sous réserve de traités de réciprocité, la réduction pour § 597 charges de famille n'est applicable qu'aux *citoyens français* et aux personnes originaires des territoires d'Outre-mer.

L'Administration l'admet également pour les étrangers domiciliés en France, en instance de naturalisation et mariés à des français ou ayant à leur charge des enfants français, ainsi que pour les réfugiés bénéficiaires de la Convention de Genève du 28 juillet 1951 (Doc. admin. 7 G-2432).

§ 598 *L'article 782 du Code général des impôts* prévoit une réduction des droits de succession en faveur *des mutilés de guerre* frappés d'une invalidité de 50 % au minimum. Les droits sont réduits de moitié, sans que la réduction puisse excéder 2 000 F. Cette réduction s'effectue après celle pour charges de famille, s'il y a lieu.

Il n'y a pas lieu de distinguer suivant que la victime était *militaire ou civile* à l'époque où l'invalidité s'est produite. La réduction peut ainsi être invoquée par un déporté titulaire d'une pension de victime civile de la guerre (Rép. min. J.O.A.N. 27-5-1966, p. 1536). L'Administration admet même comme mutilés de guerre les personnes victimes d'attentats terroristes survenus à l'occasion de la guerre d'Algérie, dans ce territoire ou en métropole (Doc. admin. G-2432).

§ 599 Les réductions sont *diminuées* de celles dont l'héritier ou le légataire a bénéficié lors de *donations antérieures* du défunt (voir ci-dessus § 584).

§ 600 Rappelons ici qu'en vertu de *l'article 790 du Code général des impôts, les donations-partages** bénéficient d'une réduction de 25 % lorsque le donateur* est âgé de moins de 65 ans et de 15 % lorsque le donateur a 65 ans révolus et moins de 75 ans (Voir dans la même Collection *« Testament ou donation ? »*).

E. Taux

§ 601 Les droits de succession sont fixés aux taux indiqués ci-dessous, étant entendu que *l'assiette matérielle d'imposition* (actif-passif) *sera amputée des abattements* avant application du taux spécifique de la situation considérée, *le résultat supportant, le cas échéant*, les *réductions de droits*.

S'il s'agit d'une succession en ligne directe, l'article 777 du Code général des impôts* prévoit que les droits de mutation à titre gratuit sont fixés dans les tableaux ci-après pour la part nette revenant à chaque ayant droit* : § 602

Fraction de part nette taxable	Taux d'imposition
N'excédant pas 50 000 F	5 %
Comprise entre 50 000 F et 75 000 F .	10 %
Comprise entre 75 000 F et 100 000 F	15 %
Comprise entre 100 000 F et 3 400 000 F	20 %
Comprise entre 3 400 000 F et 5 600 000 F	30 %
Comprise entre 5 600 000 F et 11 200 000 F	35 %
Au-delà de 11 200 000 F	40 %

Bénéficie du régime fiscal des transmissions en ligne directe l'enfant qui a fait l'objet d'une *adoption plénière*. Mais stipule *l'article 786 du Code général des impôts*, pour la perception des droits de mutation à titre gratuit, il n'est pas tenu compte du lien de parenté résultant de *l'adoption simple*. Cette disposition n'est cependant *pas applicable* aux transmissions entrant dans les prévisions de l'alinéa premier de *l'article 368-1 du Code civil* qui prévoit que si l'adopté meurt sans descendants*, les biens donnés par l'adoptant ou recueillis dans sa succession retournent à l'adoptant ou à ses descendant, s'ils existent encore en nature lors du décès de l'adopté, à charge de contribuer aux dettes et sous réserve des droits acquis par les tiers*. Les biens que l'adopté avait reçus à titre gratuit de ses père et mère retournent pareillement à ces derniers ou à leurs descendants. § 603

L'exclusion de parenté résultant de l'adoption simple n'est pas *non plus applicable* dit *l'article 786 du Code général des impôts* aux transmissions faites en faveur :

1. D'enfants issus d'un premier mariage du conjoint de l'adoptant. Une réponse ministérielle au J.O.A.N. du 5 septembre 1988, p. 2465 confirme que l'enfant issu d'un premier mariage qui fait l'objet d'une adoption simple par le nouveau conjoint de son père ou de sa mère bénéficie du régime fiscal des transmissions en ligne directe pour les successions qu'il reçoit de l'adoptant. Il en est ainsi même si le mariage

entre le père ou la mère de l'enfant a été rompu par divorce, sous réserve que l'adoption soit intervenue pendant le mariage ;

2. De pupilles de l'Etat ou de la Nation ainsi que d'orphelins de père mort pour la France ;

3. D'adoptés qui, soit dans leur minorité et pendant cinq ans au moins, soit dans leur minorité et leur majorité et pendant dix ans au moins, auront reçu de l'adoptant des secours et des soins non interrompus.

Selon une réponse ministérielle au J.O.A.N. du 8 septembre 1979, p. 7161, les secours et les soins non interrompus doivent être établis par les modes de preuve compatibles avec les règles de la procédure écrite. Le témoignage est, en principe, exclu même lorsqu'il est constaté dans un acte de notoriété*. Toutefois, ce document peut être produit pour corroborer d'autres moyens de preuve. La preuve peut résulter également du jugement d'adoption si celui-ci constate de façon suffisamment précise que les conditions requises sont remplies.

Selon une autre réponse ministérielle au J.O.-Sénat du 1er octobre 1987, p. 1546, il doit être tenu compte des difficultés que peuvent éprouver certains adoptés à apporter la preuve qu'ils réunissent les conditions légales. Le caractère des documents produits est apprécié de manière libérale. Il est tenu notamment compte du jugement d'adoption, s'il ressort de celui-ci de façon suffisamment précise que les conditions prévues à l'article 786-3e sont remplies, ou des attestations fournies. Mais la présomption qui se dégage de ces dernières doit être corroborée par d'autres présomptions suffisamment précises et concordantes pour que la preuve puisse être considérée comme rapportée. En toute hypothèse, l'appréciation de la valeur probante des documents produits est une question de fait.

Ces règles traditionnelles s'appliquent notamment lorsqu'il s'agit de successions de Français résidant à l'étranger.

Toujours pour l'application du 3. de l'article 786 du Code général des impôts, une réponse ministérielle au J.O.A.N. du 26 juin 1989, p. 2930, donne les précisions suivantes :

Un enfant avait été adopté, à l'âge de 7 ans, avec rupture de ses lients de parenté avec sa famille naturelle. L'adoptant étant décédé, les parents par le sang de l'enfant envisagent de l'adopter par adoption simple.

Ses liens de parenté avec sa famille naturelle ayant été rompus, cet enfant ne sera appelé à la succession de ses parents par le sang que par l'effet de l'adoption simple envisagée par ces derniers. En conséquence et conformément aux dispositions de l'article 786-3 du Code général des impôts, il ne sera tenu compte, pour la perception des droits de mutation, du lien de parenté résultant de cette adoption, que si la preuve est apportée que l'adopté a reçu dans sa minorité des secours et des soins non interrompus des adoptants pendant la durée minimale de cinq ans prévue par la loi.

Faisant une application stricte de la loi, l'Administration n'a pas considéré, comme il lui était demandé, que la preuve exigée par ce texte résultait de la qualité d'enfant légitime de ses parents adoptifs qu'avait eu cet enfant jusqu'à l'âge de 7 ans, lors de sa première adoption par un tiers.

4. D'adoptés dont le ou les adoptants ont perdu, morts pour la France, tous leurs descendants en ligne directe ;

5. D'adoptés dont les liens de parenté avec la famille naturelle ont été déclarés rompus par le tribunal saisi de la requête en adoption, sous le régime antérieur à la loi du 11 juillet 1966 ;

6. Des successibles en ligne directe descendante des personnes visées aux 1. et 5. ;

7. D'adoptés, anciens déportés politiques ou enfants de déportés n'ayant pas de famille naturelle en ligne directe.

Lorsque l'adoption permet le bénéfice du régime fiscal des transmissions en ligne directe, le régime bénéficie également à l'adoptant en cas de prédécès de l'adopté (Rép. min. J.O.A.N. 12-7-1975, n° 18931), et aux frères et sœurs de l'adopté (Rép. min. J.O.A.N. 24-11-1978, n° 3372).

Bénéficient encore des droits de succession en ligne directe : **§ 604**
— les libéralités faites au profit *d'enfants abandonnés par suite de guerre*, lorsqu'ils ont reçu dans leur minorité des secours et des soins non interrompus pendant cinq ans au moins de la part du défunt et que celui-ci n'a pu légalement les adopter *(Code gén. impôts, art. 778)* ;
— les legs* consentis aux pupilles de l'Etat ou de la Nation et aux enfants confiés en garde par l'Aide sociale lorsque le défunt a pourvu à leur entretien pendant cinq ans au moins au cours de leur minorité *(Code gén. impôts, art. 787 A)*.

Rappelons, avec une *instruction fiscale du 21 janvier 1985* (Bull. off. direct. gén. impôts 7 G-1-85), qu'est dit « enfant en garde », l'enfant qui se trouve dans l'une des situations suivantes :

1. L'enfant dont les parents ont, par l'effet d'une mesure de retrait, perdu une partie des attributs de l'autorité parentale,

et dont la garde se trouve dévolue au service de l'Aide sociale à l'enfance par application de l'article 379-1 du Code civil ;

2. L'enfant confié au service de l'Aide sociale à l'enfance, par application des articles 375-3, 375-5 ou 380 du Code civil ;

3. L'enfant confié audit service, en vertu de l'ordonnance du 2 février 1945 relative à l'enfance délinquante (art. 10, 15 et 28).

Il s'agit donc d'enfants dont les parents on fait l'objet d'un retrait partiel de l'autorité parentale, ou dont la garde de droit a été confiée au service de l'Aide sociale à l'enfance.

Celui qui demandera le bénéfice de ces dispositions pourra justifier de sa qualité d'enfant en garde par tout mode de preuve en sa possession compatible avec la procédure écrite, (copie de décision judiciaire, arrêté d'admission du mineur auprès du service de l'Aide sociale à l'enfance, etc.).

Le fait que les parents nourriciers perçoivent une allocation mensuelle d'un service public ne s'oppose pas à l'application du régime fiscal de l'article 787 A suscité (Rép. min. J.O.A.N. 3-10-1979, p. 7700).

§ 605 *S'il s'agit d'une succession entre époux, l'article 777 du Code général des impôts* prévoit les droits de succession suivants :

Fraction de part nette taxable	Taux d'imposition
N'excédant pas 50 000 F	5 %
Comprise entre 50 000 F et 100 000 F	10 %
Comprise entre 100 000 F et 200 000 F	15 %
Comprise entre 200 000 F et 3 400 000 F	20 %
Comprise entre 3 400 000 F et 5 600 000 F	30 %
Comprise entre 5 600 000 F et 11 200 000 F	35 %
Au-delà de 11 200 000 F	40 %

Le conjoint *divorcé* ne peut être considéré comme époux. Il en est de même du concubin, quelle qu'ait été la durée du concubinage (Rép. min. J.O.A.N. 29-3-1982, p. 1244).

A noter que les époux mariés sous le régime de *la communauté universelle*, avec attribution de la communauté au profit du survivant, ne payent pas de droits de succession au décès du premier époux. (voir ci-dessus § 484).

S'il s'agit d'une succession en ligne collatérale ou entre non parents, l'article 777 du Code général des impôts* prévoit les droits de succession suivants : § 606

Fraction de part nette taxable	Taux d'imposition
Entre frères et sœurs :	
N'excédant pas 150 000 F	35 %
Supérieure à 150 000 F.....................	45 %
Entre parents jusqu'au 4e degré* inclusivement	55 %
Entre parents au-delà du 4e degré et entre personnes non parentes	60 %

Rappelons que sont considérés comme *parents jusqu'au 4e degré* inclusivement : les oncles ou tantes, les neveux ou nièces, les grand oncles ou grandes tantes, les petits neveux ou petites nièces et les cousins germains.

Les *parents par alliance* sont considérés comme non parents.

Sous réserve de leur exclusion des droits de succession (voir ci-dessus § 579 et 580), *les legs* faits aux établissements publics ou d'utilité publique* sont soumis aux tarifs fixés pour les successions entre frères et sœurs *(Code gén. impôts art. 777).*

Les tarifs édictés au dernier alinéa de l'article 777, ainsi que les exonérations prévues aux 1. à 10. de l'article 796 (voir ci-dessus § 580), sont applicables aux biens qui, par suite de renonciation, reviennent aux collectivités bénéficiant desdits tarifs ou de ladite exonération pour les legs leur profitant personnellement et leur conférant le droit à l'accroissement.

F. Paiement

1. Solidarité des héritiers

L'article 1709 du Code général des impôts prévoit que les droits des déclarations des mutations par décès sont payés par les héritiers*, donataires* ou légataires*. § 607

Les *cohéritiers sont solidaires.*

Il en résulte que *chacun d'eux est débiteur de l'intégralité des droits de mutation par décès,* l'Administration fiscale pouvant réclamer son dû à un seul d'entre eux.

Dès lors l'Administration n'est pas tenue de notifier le redressement auquel elle entend procéder à tous les débiteurs solidaires de la dette fiscale, chacun d'entre eux pouvant opposer au service des impôts, outre les exceptions qui lui sont personnelles, toutes celles qui résultent de la nature de l'obligation ainsi que celles qui sont communes à tous les codébiteurs (205).

Une *instruction fiscale du 28 mars 1991* (Bull. off. imp. 13 L-1-91 donne pour l'application de la règle de solidarité des cohéritiers les précisions suivantes, lorsqu'un des héritiers solidaires *est décédé sans avoir acquitté les droits* de mutation par décès :

Le décès de l'un des codébiteurs solidaires qui laisse plusieurs héritiers n'efface pas le caractère solidaire de la dette au regard des débiteurs.

Cette règle s'applique au cohéritier décédé sans avoir acquitté l'impôt, pour le paiement de la dette fiscale : ses propres ayants droit deviennent débiteurs de cette dette antérieure qu'il aurait été possible de réclamer, pour le tout, à leur auteur.

Mais le décès du cohéritier modifie les effets de la solidarité pour ses héritiers : en vertu du principe de la division des dettes (Code civil, art. 1220), ils ne peuvent être recherchés en paiement qu'au prorata de leurs droits respectifs dans sa succession appliqué à cette dette globale : à ce seul titre, ils ne sont pas solidaires entre eux.

La part de la dette globale que l'héritier du codébiteur solidaire décédé est tenu d'acquitter constitue l'obligation au paiement.

Cette obligation, qui repose sur les personnes tenues d'acquitter l'impôt et contre lesquelles le Trésor a une action en recouvrement, doit être distinguée de la contribution à la dette, qui correspond à la quotité pour laquelle chacun des intéressés doit rester, en définitive, débiteur de l'impôt.

Exemple : Une succession est échue à trois enfants (A, B, C) : l'un d'eux (A) est décédé en laissant deux enfants (D, E). Il est dû 15 000 F de droits.

Les deux cohéritiers survivants peuvent se voir réclamer le paiement de la totalité de la somme de 15 000 F. Les deux petits-enfants ne sauraient être poursuivis qu'en paiement de leur part dans la dette solidaire de 15 000 F qui est divisible à leur égard, soit 15 000 F : 2 = 7 500 F (et non 5 000 F : 2 = 2 500 F, chiffre qui correspond à leur contribution finale à la dette, et non à leur obligation au paiement).

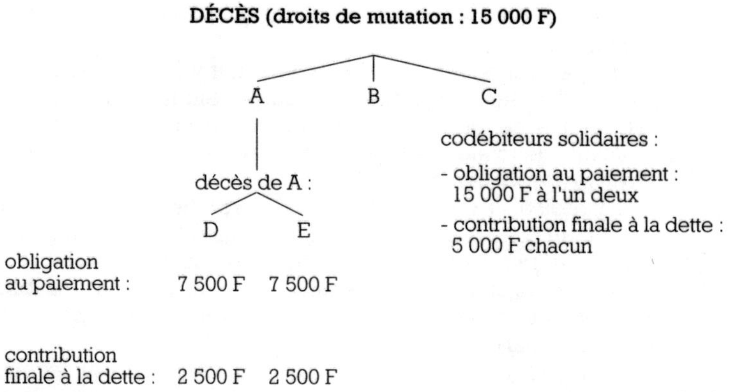

Précisons que la solidarité vise seulement les cohéritiers et non les donataires et les légataires débiteurs individuels, pour la part qu'ils recueillent dans la succesion.

Les pénalités encourues par les tuteurs* et les curateurs* ne peuvent toutefois être réclamées qu'à ces derniers.

La solidarité ne vise pas les cohéritiers auxquels profite l'exonération de l'article 796 (voir ci-dessus § 580) (Code gén. imp. art. 1710).

Il résulte du principe de la solidarité des héritiers, comme § 608
le rappelle une réponse ministérielle au J.O.A.N. du 24 mai 1972 (n° 23135), que *les héritiers solidaires ne peuvent pas adopter quant au paiement des droits de succession des positions différentes.* En particulier, ils ne peuvent prétendre, les uns s'acquitter au comptant dans le délai légal et les autres bénéficier du régime du paiement différé.

Il n'en pourrait être autrement que dans le cas particulier où les redevables offrent conjointement une garantie suffisante pour le paiement de la totalité des droits et déclarent expressément maintenir la solidarité entre eux.

2. Délais

Les droits de succession sont payables *dans les délais* § 609
impartis pour souscrire la déclaration de succession (voir ci-dessus § 459 et suiv.).

Il résulte expressément de *l'article 1701 du Code général des impôts* que les droits de succession sont payés avant l'exécution de l'enregistrement, de la publicité foncière ou de la formalité fusionnée.

Nul ne peut atténuer ni différer le paiement sous le prétexte de *contestation* sur la quotité, ni pour quelque autre motif que ce soit, sauf à se pourvoir à la restitution, s'il y a lieu.

A défaut de paiement préalable de la taxe de publicité foncière, le dépôt est refusé.

Il est précisé, à l'article 1702 du Code général des impôts, qu'aucune autorité publique, ni l'Administration fiscale, ni ses préposés, *ne peuvent suspendre* ou faire suspendre le recouvrement des droits de succession, de la taxe de publicité foncière et des peines encourues sans en devenir personnellement responsables.

Dans la pratique, les droits de succession sont *acquittés auprès du notaire* qui liquide la succession, à charge pour lui de les reverser dans les délais impartis par la loi à l'Etat, avant l'exécution de l'enregistrement, de la publicité foncière ou de la formalité fusionnée.

Toutefois, comme nous le verrons ci-dessous, le paiement des droits de succession *peut être fractionné ou différé.*

Cette possibilité est expressément prévue par *l'article 1717 du Code général des impôts*, qui renvoie pour son application aux *articles 396 et suivants de l'Annexe III du même Code* d'où résultent les dispositions ci-dessous.

§ 610 Comme nous venons de le voir, l'article 1717 du Code général des impôts prévoit la possibilité *de fractionner le paiement* des droits de succession. *L'article 396 de l'Annexe III* précise que le paiement fractionné est applicable aux droits d'enregistrement*, à la taxe de publicité foncière et aux taxes additionnelles exigibles à raison des mutations par décès.

L'article 1717 suscité prévoit également la possibilité de *différer le paiement* des droits de succession. *L'article 397 de l'Annexe III* précise que le crédit de paiement différé est applicable aux droits d'enregistrement exigibles en raison des mutations par décès :

1. Qui comportent dévolution de biens *en nue-propriété**;

2. Qui donnent lieu à *l'attribution préférentielle* prévue à l'article 832 du Code civil (voir ci-dessus § 353 et suiv.) ou à *la réduction des libéralités* prévue par l'article 868 du même Code (voir ci-dessus § 290 et suiv.), dans les conditions fixées à l'article 1722 bis du Code général des impôts.

Selon ce dernier article, lorsque l'attributaire* ou le bénéficiaire d'un legs* invoque l'article 832 ou l'article 868 du Code civil, et dispose de délais pour le règlement des soultes* ou récompenses* dont il est redevable envers ses *cohéritiers*, le paiement des droits de mutation par décès incombant à ces derniers peut être différé, à concurrence de la fraction correspondant au montant des soultes ou récompenses payables à terme.

Un décret n° 85-356 du 23 mars 1985 a introduit à *l'Annexe III du Code général des impôts un nouvel article 397 A* tendant à *favoriser la transmission des entreprises*. Cet article est ainsi conçu : § 611

Le paiement des droits de succession peut être *différé pendant cinq ans* à compter de la date d'exigibilité des droits et, à l'expiration de ce délai, *fractionné pendant dix ans* lorsque les mutations portent :

a. Sur l'ensemble des biens meubles* et immeubles*, corporels* ou incorporels* affectés à l'exploitation d'une entreprise individuelle ayant une activité industrielle, commerciale, artisanale, agricole ou libérale et exploitée par le défunt ;

b. Sur les parts sociales ou les actions d'une société ayant une activité industrielle, commerciale, artisanale, agricole ou libérale non cotée en Bourse à condition que le bénéficiaire reçoive au moins 5 % du capital social.

Les sociétés dont les valeurs figurent au second marché de la Bourse sont considérées comme cotées (Décret n° 88-1088 du 29-12-1980).

Dans deux réponses ministérielles au J.O.A.N. du 26 décembre 1988, n° 829 et n° 830, p. 3852, l'Administration a donné les précisions suivantes :

1. Parts d'une société n'exerçant aucune activité

Les héritiers qui, après le décès de l'usufruitier*, recueillent les parts d'une société nue-propriétaire* d'une exploitation agricole et qui, jusqu'alors, n'a eu aucune activité, ne peuvent bénéficier du régime de paiement différé et fractionné des droits de mutation à titre gratuit prévu à l'article 397 A de l'annexe III au C.G.I. En effet, ce régime ne profite qu'aux mutations par décès de parts de sociétés ayant une activité industrielle, commerciale, artisanale, agricole ou libérale.

2. Droits recueillis dans une société de fait dissoute par le décès d'un associé ayant institué son coassocié légataire universel

Dans cette situation, le bénéfice du paiement différé et fractionné des droits prévu à l'article 397 A de l'annexe III au C.G.I. est susceptible d'être accordé, dès lors que le défunt participait directement à l'exploitation et que la société avait une activité industrielle, commerciale, artisanale, agricole ou libérale.

Pour l'application de l'article 397 A suscité, il n'est exigé aucun lien de parenté.

Ce sont les articles 404 GA à 404 GD de l'Annexe III du Code général des impôts qui fixent les modalités pratiques d'application de l'article 397 A suscité.

Selon l'article 404 GA, les droits dont le paiement est différé et fractionné en application de l'article 397 A donnent lieu au *versement d'un intérêt dont le taux est égal* à celui produit, au jour de la demande de crédit par les obligations émises par la caisse nationale de l'industrie ou la caisse nationale des banques en échange des titres de sociétés nationalisées par la loi de nationalisation n° 82-155 du 11 février 1982. Toutefois, seule la première décimale est retenue. Ce taux est applicable pendant toute la durée du crédit.

Depuis l'intervention de la *loi n° 93-877 du 25 juin 1993* (J.O. 3-7), commentée par une instruction fiscale du 1er septembre 1993 (Bull. off. imp. 7 A-3-93), le taux d'intérêt de base susdéfini est *réduit de moitié*, quelque soit le lien de parenté existant entre le défunt et les bénéficiaires :

— lorsque la valeur de l'entreprise ou la valeur nominale des titres comprise dans la part taxable de chaque héritier* ou légataire* est supérieure à 10 % (au lieu de 15 % précédemment) de la valeur de l'entreprise ou du capital social ;

— ou lorsque, globalement, plus du tiers du capital social (au lieu de 50 % précédemment), est transmis.

Lorsque la transmission portera sur des biens dont *la propriété est démembrée*, l'appréciation de ces pourcentages s'effectuera en prenant en considération la valeur de l'usufruit* ou de la nue-propriété* des biens transmis par rapport à celle de l'entreprise ou du capital social des sociétés considérées.

Il résulte des articles 404 GB et 404 GC de l'Annexe III du Code général des impôts que :

— *les droits* dont le paiement est fractionné en application de l'article 397 A, sont exigibles par parts égales à intervalles de *six mois*. Le premier versement est effectué à l'expiration du délai de paiement différé. Le paiement des autres fractions intervient dans le mois suivant chaque échéance (art. 404 GB) ;

— *les intérêts* sont acquittés :

a. S'agissant du paiement différé, annuellement, le premier terme venant à échéance un an après la date d'exigibilité des droits ;

b. S'agissant du paiement fractionné, lors du versement de chaque fraction autre que la première. Ils sont alors calculés sur le montant des droits restant dus après le versement de la précédente échéance.

Enfin, aux termes de l'article 404 GD de l'Annexe III du Code général des impôts, modifié par le *décret n° 90-1081 du 3 décembre 1990, la cession* de plus du tiers* des biens bénéficiant du paiement différé et fractionné prévu à l'article 397 A entraîne pour le cédant* l'exigibilité immédiate des droits en suspens. Pour le calcul de cette proportion, la valeur des biens est appréciée au jour de la cession.

L'apport à une société des biens visés ci-dessus n'entraîne pas l'exigibilité des droits lorsque le bénéficiaire prend dans l'acte d'apport l'engagement de conserver les titres reçus en contrepartie de son apport jusqu'à l'échéance du dernier terme du paiement fractionné.

Lorsque l'engagement n'est pas respecté, les dispositions du 1er alinéa s'appliquent.

Une *instruction fiscale du 26 mars 1991* (Bull. off. imp. 7 A-2-91) commente, comme suit, les dispositions de l'article 404 GD suscité.

1) Les apports purs et simples des biens professionnels reçus à titre gratuit n'entraînent plus la déchéance du régime de faveur

Les apports purs et simples à une société de plus du tiers des biens reçus à titre gratuit ne seront plus désormais une cause de déchéance du régime de faveur.

Par contre, les apports à titre onéreux entraîneront pour le cédant, comme par le passé, l'exigibilité immédiate des droits en suspens dès lors que la valeur des biens ainsi apportés représente, au jour de l'apport, plus du tiers de la valeur des biens professionnels reçus à titre gratuit pour lesquels l'héritier, le légataire ou le donataire a sollicité le bénéfice du paiement différé et fractionné.

En cas d'apports mixtes, la déchéance du régime de faveur ne sera prononcée que si les apports à titre onéreux représentent plus du tiers de la valeur des biens professionnels reçus à titre gratuit.

A cet égard, l'instruction administrative précise que le transfert à un tiers de la dette correspondant aux droits dus par le donataire ou l'héritier ne sont pas opposables à l'Administration fiscale tant en ce qui concerne le recouvrement des droits en cause que pour l'assiette des impôts directs.

2) Le maintien du paiement différé et fractionné est subordonné à l'engagement du bénéficiaire de conserver les titres reçus jusqu'à l'échéance du dernier terme du paiement fractionné

L'article 1er du décret du 3 décembre 1990 précise que l'héritier, le légataire ou le donataire qui désire conserver le bénéfice du paiement différé et fractionné doit prendre l'engagement de conserver les titres reçus en contrepartie de son apport jusqu'à l'échéance du dernier terme du paiement fractionné.

Cet engagement doit être mentionné dans l'acte d'apport.

3) Conséquences du non-respect de l'engagement

La cession à titre gratuit ou à titre onéreux des titres reçus en rémunération de l'apport entraîne pour le cédant l'exigibilité immédiate des droits en suspens et, le cas échéant, des pénalités (1), si la valeur de ces titres au jour de la cession représente plus du tiers :

— des titres reçus réévalués lorsque l'apport porte sur la totalité des biens précédemment reçus à titre gratuit ;

— ou des titres reçus et des biens conservés réévalués qui bénéficient du paiement différé et fractionné lorsque certains biens seulement ont fait l'objet de l'apport.

En cas de cessions successives, il convient de prendre en compte l'ensemble des cessions pour apprécier si la proportion du tiers est ou non atteinte.

Dans cette hypothèse, le bénéficiaire du paiement différé et fractionné doit adresser au comptable compétent une fiche comportant le rappel des cessions effectuées et leur montant.

(1) Pénalités prévues à l'article 1731 du CGI : intérêt de retard au taux de 0,75 % par mois et majoration de 5 %. Ces pénalités étant exclusives de l'intérêt de crédit prévu à l'article 401 de l'annexe III au CGI, le montant de ce dernier vient en déduction des sommes dues.

4) *Exemples*

	1er exemple	2e exemple	3e exemple
— Biens reçus bénéficiant du paiement différé et fractionné	1 000 000	1 000 000	1 000 000
— Apport en société — Biens conservés (ex. : un immeuble)	1 000 000 —	500 000 500 000	1 000 000 —
— Titres reçus en rémunération de l'apport	100 actions de 10 000	50 actions de 10 000	100 actions de 10 000
— Titres cédés évalués au jour de la cession	50 × 15 000 = 750 000	20 × 15 000 = 300 000	(1) 20 × 15 000 = 300 000 (2) 10 × 20 000 = 200 000 (3) 10 × 25 000 = 250 000 = 750 000
— Valeur des titres reçus réévalués — Valeur des biens conservés réévalués *	100 × 15 000 = 1 500 000 —	50 × 15 000 = 750 000 1 000 000	100 × 25 000 = 2 500 000 —
— 1/3 des biens reçus	500 000	583 333 (soit 1 750 000/3)	833 333 (soit 2 500 000/3)
DÉCHÉANCE	OUI	NON	NON

* En admettant que la valeur de l'immeuble a doublé.

En dehors des dispositions spécifiques relatives aux transmissions d'entreprises que nous venons de voir au § 611, l'Annexe III du Code général des impôts prévoit *les dispositions générales suivantes.* § 612

Le crédit de paiement fractionné ou différé porte sur le principal des droits à l'exclusion des indemnités de retard qui peuvent être encourues ainsi que tous droits et pénalités susceptibles d'être réclamés du fait d'insuffisances ou d'omissions.

Il ne peut être accordé si le paiement des droits est effectué par remise des *titres de l'emprunt 4,5 %* 1973 à capital garanti émis en exécution du décret n° 73-967 du 16 octobre 1973 *(Art. 398 de l'Annexe III).*

§ 613 *La demande de crédit* doit, soit être formulée au pied de l'acte ou de la déclaration soumis à formalité, soit être jointe à l'un ou l'autre de ces documents.

Elle doit contenir une offre de garanties suffisantes que le débiteur de l'impôt s'engage à constituer à ses frais et dans les conditions et délais fixés à l'article 400 *(Art. 300 de l'Annexe III).*

§ 614 *Les garanties* peuvent consister soit en des sûretés* réelles d'une valeur au moins égale au montant des sommes au paiement desquelles il est sursis (voir ci-dessous § 625), soit en un engagement solidaire souscrit par une ou plusieurs personnes physiques ou morales agréées comme caution par le comptable des impôts.

Les garanties doivent être constituées dans un délai de trois mois à compter de la date de la demande d'admission au crédit. Le comptable des impôts statue sur cette demande dans le même délai.

Le comptable des impôts, peut à tout moment, si cela lui paraît nécessaire, exiger un complément de garanties. Ces garanties complémentaires doivent être constituées par le bénéficiaire du crédit dans un délai d'un mois compté de la demande qui lui est adressée à cet effet, par lettre recommandée avec avis de réception (voir ci-dessous § 625) *(Art. 400 de l'Annexe III).*

§ 615 Sous réserve des dispositions des articles 404 GA et 404 GC relatifs à la transmission des entreprises (voir ci-dessus § 611), les droits et taxes dont le paiement est fractionné ou différé donnent lieu au versement *d'intérêts* dont le taux est égal à celui produit, au jour de la demande de crédit, par les obligations émises par la Caisse nationale de l'industrie ou de la Caisse nationale des banques en échange des titres de sociétés nationalisées par la loi de nationalisation n° 82-155 du 11 février 1982. Toutefois, seule la première décimale est retenue. Ce taux est applicable pendant toute la durée du crédit.

Le taux en question est fixé chaque semestre (exemples : 7,5 % pour le dernier semestre 1993 et 6,3 % pour le premier semestre 1994).

Les intérêts sont acquittés :

— s'il s'agit d'un paiement fractionné, lors du versement de chaque fraction, à laquelle ils s'ajoutent ;

— s'il s'agit d'un paiement différé, annuellement, le premier terme venant à échéance un an après l'expiration du délai imparti pour souscrire la déclaration de succession (voir ci-dessus § 459 et suiv.) *(Art. 401 de l'Annexe III)*. (Voir également ci-dessous § 622).

Sous réserve des dispositions de l'article 404 GB (voir ci-dessus § 611) relatif à la transmission des entreprises, *le premier versement* des droits dont le paiement est autorisé doit être effectué au moment de l'accomplissement de la formalité de l'enregistrement. **§ 616**

Les fractions suivantes sont exigibles selon échéancier établi aux articles 404 A et 404 B (voir ci-dessous § 619 et suiv.).

Leur paiement doit intervenir dans le mois suivant chaque échéance *(Art. 402 de l'Annexe III)*.

Le redevable est *déchu du bénéfice du crédit* : **§ 617**

— en cas de défaut de constitution des garanties ou du complément de garanties dans les délais respectivement impartis à l'article 400 ;

— en cas de retard dans le paiement de l'un quelconque des termes échus.

La déchéance entraîne l'exigibilité immédiate des droits en suspens, majorés de l'indemnité de retard prévue à l'article 1727 du Code général des impôts. Cette indemnité est exclusive de l'intérêt prévu à l'article 401 *(Art. 403 de l'Annexe III)*.

Les droits ayant fait l'objet de l'octroi du crédit *peuvent être acquittés par anticipation*. Dans cette hypothèse, les intérêts ne sont dus que jusqu'au jour du paiement des droits. **§ 618**

L'apport à une société des biens visés ci-dessus n'entraîne pas l'exigibilité des droits lorsque le bénéficiaire prend dans l'acte d'accord, l'engagement de conserver les titres reçus en contrepartie de son apport jusqu'à l'échéance du dernier terme du paiement fractionné.

Lorsque l'engagement n'est pas respecté, les dispositions du premier alinéa s'appliquent *(Art. 404 de l'Annexe III)*.

Les garanties fournies en contrepartie du fractionnement peuvent, outre les formes énumérées de l'article 400 (voir ci-dessus § 614) revêtir celle de *l'hypothèque légale** prévue au 2e de l'article 1929 du Code général des impôts. **§ 619**

Les droits sont acquittés en *plusieurs versements égaux*, dont le premier a lieu dans les conditions fixées à l'article 402 (voir ci-dessus § 616) et le dernier au plus tard cinq ans après l'expiration du délai imparti pour souscrire la déclaration de succession.

Les versements sont fixés au nombre *de deux* lorsque les droits n'excèdent pas 5 % du montant taxable des parts recueillies soit par tous les cohéritiers solidaires, soit par chacun des légataires* ou donataires*, *de quatre*, lorsque ces droits n'excèdent pas 10 % du même montant et ainsi de suite en augmentant de deux le nombre des versements chaque fois que les droits dépassent un nouveau multiple de 5 %, mais sans que le nombre des versements, à intervalle de six mois au plus, puisse être supérieur à dix *(Art. 404 A de l'Annexe III)*.

§ 620 Certaines recettes des impôts considéraient que la formule « chaque fois que les droits dépassent un nouveau multiple de 5 % » devait être interprétée strictement et elles refusaient par conséquent d'accorder la possibilité d'effectuer six versements lorsque les droits représentent entre 10 et 15 % du montant taxable des parts recueillies. Elles estimaient que la lettre du texte oblige alors à les maintenir à quatre car ce n'est qu'au moment où les droits atteignent effectivement 15 % qu'il y a dépassement d'un nouveau multiple de 5 %.

Par *instruction du 13 mai 1982*, l'Administration a fait savoir que cette interprétation ne doit pas être retenue ; le nombre des versements doit être fixé ainsi qu'il suit en fonction du pourcentage que représente les droits, par rapport au montant taxable :

— deux jusqu'à 5 % ;
— quatre de 5 % à 10 % ;
— six de 10 % à 15 % ;
— huit de 15 % à 20 % ;
— dix à partir de 20 %.

La même instruction précise que lorsque les droits s'établissent exactement à la limite supérieure d'une tranche, le nombre de versements à retenir est celui applicable à la tranche suivante ; ainsi, si les droits représentent 10 % des parts taxables, il conviendra d'accepter six versements et non quatre.

§ 621 Pour les droits à la charge des *héritiers en ligne directe* et du conjoint du défunt*, le délai maximal de cinq ans est porté à *dix ans*, et le nombre des versements est doublé sans pouvoir toutefois dépasser vingt, lorsque *l'actif héréditaire comprend, à concurrence de 50 % au moins, des biens non liquides* énumérés ci-après :

Brevets d'invention ;
Clientèles ;
Créances non exigibles au décès ;
Droits d'auteur ;
Fonds de commerce, y compris le matériel et les marchandises qui en dépendent ;
Immeubles ;
Matériel agricole, bestiaux et récoltes ;
Offices ministériels ;
Parts d'intérêts dans des sociétés dont le capital n'est pas divisé en actions ;
Valeurs mobilières non cotées en Bourse
(Art. 404 A de l'Annexe III).

Le *paiement différé* est limité à la fraction des droits correspondant : § 622
— soit à la valeur imposable de la nue-propriété* ;
— soit au montant des soultes* ou récompenses* payables à terme.

Les dispositions de l'article 404 A sont applicables en ce qu'elles concernent les garanties (voir ci-dessus § 619).

Par dérogation à l'article 401, le bénéficiaire du paiement différé peut, dans le cas de dévolution de biens en nue-propriété* être dispensé du paiement des *intérêts*, à la condition que les droits de mutation par décès soient assis sur la valeur imposable, au jour de l'ouverture de la succession, de la propriété entière des biens qu'il a recueillis.

Le paiement des droits peut être différé jusqu'à l'expiration d'un délai qui ne peut excéder six mois comptés :
— soit de la date de la réunion de l'usufruit à la nue-propriété ou de la cession totale ou partielle de cette dernière ;
— soit du terme du délai imparti à l'attributaire, le légataire ou le donataire pour le paiement des sommes dont il est débiteur envers ses cohéritiers.

La cession totale ou partielle par le légataire, le donataire ou l'attributaire du bien qui lui a été légué, donné ou attribué entraîne l'exigibilité immédiate des droits en suspens (Art. 404 B de l'Annexe III).

Des assouplissements ont été cependant apportés à cette règle. Ainsi, lorsque le produit de l'aliénation est inférieur au montant des droits exigibles, l'Administration admet que les successibles puissent conserver le bénéfice du paiement différé, si le produit de l'aliénation est versé à titre d'acompte sur les droits en suspens. (Rép. min. J.O.A.N. 11-1-1988, p. 122).

Signalons ici une réponse ministérielle au J.O.A.N. du 11 janvier 1988, p. 125 qui refuse la possibilité de *cumuler* le bénéfice du paiement différé prévue à l'article 404 B suscité et celui institué par l'article 397 A tendant à favoriser la reprise des entreprises (voir ci-dessus § 611), au motif que ces deux régimes de paiement répondent à des finalités et comportent des modalités de règlement des droits de succession différentes. Il appartient donc aux héritiers recueillant des biens en nue-propriété d'indiquer, le cas échéant, les modalités de règlement des droits de succession pour lesquelles ils optent.

Toutefois en l'absence dans le Code général des impôts d'une interdiction expresse de cumul, on peut se demander si l'Administration peut effectivement refuser l'application successive des deux régimes lors de la réunion de l'usufruit à la nue-propriété.

Dans une autre réponse ministérielle au J.O.A.N. du 3 juillet 1989, p. 3026, il est précisé que les droits de succession deviennent, par suite, *exigibles* lorsque les biens héréditaires sont vendus en toute propriété, par la réunion de l'usufruit à la nue-propriété. Le fait que la propriété des biens acquis en remploi soit à son tour démembrée ne saurait avoir d'effet à ce titre, s'agissant d'une opération distincte et d'un acte volontaire des parties.

§ 623 Rappelons qu'il y a lieu à paiement différé également en cas de *biens frappés d'indisponibilité hors de France* (voir ci-dessus § 483).

§ 624 Enfin, aux termes de *l'article 1722 quater du Code général des impôts*, dans le cas où *un terrain réservé par un plan d'occupation des sols* pour une voie ou un ouvrage public, une installation d'intérêt général ou un espace vert, vient à faire l'objet d'une transmission pour cause de décès, les ayants droit* du propriétaire décédé peuvent, sur justification que l'immeuble en cause représente au moins la moitié de l'actif successoral et sous réserve de présenter la demande d'acquisition à la collectivité bénéficiaire, dans un délai de 6 mois à compter de l'ouverture de la succession si celle-ci n'a pas été formulée par le propriétaire décédé, exiger qu'il soit sursis à concurrence du montant du prix du terrain au recouvrement des droits de mutation afférents à la succession tant que ce prix n'aura pas été payé.

3. Garanties et privilège* de l'Etat

Nous avons vu ci-dessous (§ 614) que *l'article 400 de l'Annexe III du Code général des impôts* ne rend la demande de délais de paiement recevable que si les redevables fournissent des garanties suffisantes. § 625

Pour assurer ces garanties, *l'article 1929-1 du Code général des impôts* donne à l'Etat *un privilège sur tous les meubles et effets mobiliers* des redevables.* § 626

Ce privilège s'exerce immédiatement après celui de l'impôt sur le chiffre d'affaires et des taxes instituées en remplacement de cet impôt (T.V.A.).

De plus, *l'article 1929-2 du Code général des impôts* prévoit qu'indépendamment du privilège visé ci-dessus, le Trésor dispose pour le droit de recouvrement de mutation par décès, *d'une hypothèque légale** sur les immeubles de la succession qui prend rang du jour de son inscription à la conservation des hypothèques.

De son côté, l'article 1929-3 du Code général des impôts stipule que pour la garantie du paiement *des droits complémentaires et supplémentaires* éventuellement exigibles en vertu de l'article 1840 G bis (voir ci-dessus § 500 et § 519), le Trésor possède sur les immeubles du groupement forestier ou sur l'immeuble objet de la mutation une hypothèque légale* qui prend rang du jour de son inscription à la conservation des hypothèques sur tout ou partie de ces biens. § 627

Par application des règles de droit commun*, l'Administration peut également, selon le cas : § 628

— *se garantir par un nantissement** de fonds de commerce ou de valeurs mobilières*.

La valeur des titres de rentes sur l'Etat et des actions ou obligations de toute nature cotées en Bourse est déterminée par leur cours moyen à la Bourse de Paris, à la date de la demande de délai ;

— *pratiquer, à titre purement conservatoire, un saisie-arrêt* sur les biens de la succession, ceci même avant l'expiration des délais.

Les garanties ci-dessus prévues peuvent être remplacées par *l'engagement personnel contracté par un ou plusieurs établissements bancaires* d'acquitter les droits différés. Ces § 629 établissements doivent être agréés par le comptable des impôts.

L'Administration, dans *une instruction fiscale du 28 juin 1985* a fait savoir qu'elle a donné une suite favorable à la demande exprimée, par l'intermédiaire de l'Association française des banques, par certains établissements bancaires, de recourir à la technique de la *subrogation conventionnelle* prévue au 1e de l'article 1250 du Code civil dans les situations où les crédits consentis à leurs clients sont destinés à leur permettre d'acquitter dans les délais impartis les droits de mutation par décès dont ils sont redevables.

Les établissements qui font l'avance du montant des droits de succession pourront donc être subrogés dans les privilèges et hypothèques dont leur recouvrement est assorti, savoir le privilège général mobilier édicté par l'article 1929-1 du Code général des impôts, et les hypothèques légales visées aux articles 1929-2 et 1929 ter du même Code, que ces dernières aient été inscrites ou non à la date du paiement.

Une quittance subrogative rédigée et signée par le Receveur des impôts constituera le titre authentique requis aussi bien par l'article 2148 du Code civil pour procéder à l'inscription de l'hypothèque que par les articles 2149 et 2158 du même Code pour effectuer la mention de la subrogation en marge de l'inscription préexistante.

Les comptables ne sont admis à inscrire l'hypothèque prévue à l'article 1929 ter du Code général des impôts qu'à l'expiration du délai de six mois ou d'un an à compter du jour du décès qui est imparti aux successibles par l'article 641 du Code général des impôts pour déposer la déclaration d'une succession ou d'un legs et acquitter simultanément les droits exigibles. En conséquence, ce délai s'impose également aux banques soucieuses de requérir une inscription à ce titre.

Le paiement des droits de mutation par décès avec subrogation conventionnelle ne saurait avoir pour effet ni de remettre en cause la règle, posée à l'article 1701 du Code général des impôts selon laquelle l'impôt doit être acquitté avant l'enregistrement des déclarations souscrites par les successibles, ni de faire échec à l'obligation solidaire à ce paiement imposée aux cohéritiers par l'article 1709 du Code précité.

§ 630 Rappelons aussi que l'Administration peut, à tout moment, si cela lui paraît nécessaire, *exiger un complément de garantie.* Si le redevable ne satisfait pas dans le délai de 1 mois, à la demande qui lui est adressée à cet effet, par lettre recommandée AR, les droits deviennent immédiatement exigibles.

4. Acomptes

Les droits de mutation par décès doivent, nous l'avons vu, et sous réserve des délais de paiement qui peuvent être accordés, être payés préalablement à l'enregistrement de la déclaration de succession. La recette du Trésor peut toutefois admettre des acomptes, sur présentation d'une formule de demande signée du redevable. § 631

Le versement d'acomptes a pour *effet d'éviter les pénalités de retard* pour les sommes ayant donné lieu à acomptes. Il ne saurait emporter prolongation des délais de paiement eux-mêmes. § 632

5. Arrondissement des sommes dues

Chaque *part imposable* est arrondie à la dizaine de francs inférieure. § 633

Pour la perception des droits il n'est *pas tenu compte des sommes inférieures à 50 F* (Code gén. imp. art. 1724 A).

6. Mode

Les droits de mutation par décès sont en principe payables *en numéraire, par chèque ou par virement postal.* § 634

Le paiement peut cependant être effectué au moyen de *titres de rentes et de valeurs du Trésor* qui figurent sur une liste officielle, *dans la proportion de 10 %. A titre indicatif,* on peut citer les titres et valeurs suivants : § 635

— Bons de Reconstruction
— Bons du Trésor
— Obligations de la Caisse autonome d'amortissement
— Obligations de la Caisse autonome de la défense nationale
— Obligations du Trésor
— Rentes amortissables et perpétuelles.

D'autres titres de rentes et valeurs du Trésor peuvent être acceptés en paiement *sans limitation* tels les :

— Bons à 20 ans de la Caisse nationale de crédit agricole après 5 ans
— Bons du Trésor à intérêt progressif après 3 mois
— Titres représentatifs d'indemnités d'éviction.

Le *Bureau de l'enregistrement, la Recette du Trésor* ou le notaire qui liquide la succession donneront tous renseignements supplémentaires et modificatifs, ainsi que la valeur de reprise des titres et valeurs fixée règlementairement. § 636

§ 637 Rappelons que les *titres de rentes Pinay* 3,5 % 1952-1958, dont les porteurs n'ont pas opté pour le remboursement avant le 1er novembre 1973 ont été échangés contre *l'emprunt 4,5 % 1973*. Comme les titres de la rente Pinay, les titres de l'emprunt 4,5 % 1973 peuvent être admis sans limite en paiement des droits de mutation par décès.

Il n'y a pas lieu de rechercher, précise une réponse ministérielle au J.O.A.N. du 9 février 1974 (n° 6698) si les titres de l'emprunt 4,5 % dépendent de l'hérédité* ou s'ils ont été acquis par les héritiers.

Toutefois, le bénéfice de cette disposition ne sera accordé qu'aux redevables ne faisant pas usage de la faculté de *paiement fractionné*.

Il en résulte que le redevable qui a demandé et obtenu le bénéfice du paiement fractionné, mais qui y renonce ensuite, ne peut plus se libérer de sa dette par remise de titres de rente 4,5 % 1973 (Rép. min. J.O.A.N. 21-12-1973 n° 5718).

§ 638 Il faut également signaler ici *l'article 1716 A du Code général des impôts* aux termes duquel, lorsque leur auteur a acquis, en application de la loi n° 78-1 du 2 janvier 1978 relative *à l'indemnisation des rapatriés* d'outre-mer dépossédés de leurs biens, une créance sur l'Etat, les droits de mutation exigibles sur la créance revenant à chaque ayant droit* en application de l'article 12 de la loi précitée, peuvent être acquittés par imputation sur cette créance.

Une instruction fiscale du 11 février 1980 (Bull. Off. Imp. 12 A-2-80) précise les modalités d'application de l'article 1716 A suscité.

§ 639 *L'article 1716 bis du Code général des impôts*, a prévu le paiement des droits de succession par la procédure de *dation en paiement**.

Il en résulte que les droits de succession peuvent être acquittés *par la remise d'œuvres d'art, de livres, d'objets de collection ou de documents de haute valeur artistique ou historique*.

Cette facilité est cependant subordonnée à une décision d'agrément qui fixe la valeur libératoire qu'elle reconnaît aux biens offerts en paiement.

La remise d'immeubles n'est pas admise.

Il importe peu que les œuvres d'art remises en paiement dépendent ou non de la succession.

L'Etat ne peut être amené à verser une soulte*.

En application de *l'article 384 A de l'Annexe II du Code général des impôts*, l'héritier*, le donataire*, ou le légataire* qui désire faire application des dispositions de l'article 1716 bis suscité doit déposer à la recette des impôts compétente (voir § 474 et suiv.), une offre de dation* à l'Etat précisant le ou les biens qui en font l'objet. Il en est délivré récépissé. Les recettes des impôts ou le notaire donneront tous renseignements complémentaires. § 640

7. Remboursement du trop perçu

La réclamation en remboursement du trop perçu est recevable *jusqu'au 31 décembre de la seconde année* suivant celle au cours de laquelle a été versé l'impôt contesté. § 641

La demande de remboursement doit être adressée au Directeur départemental des impôts.

Exemple : Si les droits de succession contestés ont été versés le 15 juin 1993, la réclamation est recevable jusqu'au 31 décembre 1995.

V. CONTRÔLE ET CONTENTIEUX

§ 642 Le fisc peut *contrôler* l'exactitude des diverses énonciations et estimations figurant à la déclaration de succession ainsi que la bonne application des règles de calcul des droits de mutation à titre gratuit.

Il peut demander tous éclaircissements et toutes précisions à ce sujet. Faute de réponse satisfaisante, les bases de contrôle sont *évaluées d'office*.

Quiconque, dit l'article 1737 du Code général des impôts, de quelque manière que ce soit, met les agents habilités à constater les infractions *dans l'impossibilité d'accomplir leurs fonctions* est puni d'une *amende fiscale* de 500 F à 50 000 F, prononcée par le tribunal correctionnel.

Cette amende est indépendante de l'application des autres pénalités prévues par la loi, toutes les fois que l'importance de la fraude peut être évaluée.

En cas d'opposition au contrôle, et dans les conditions prévues à l'article 1737 suscité, en plus de l'amende fiscale, les suppléments de droit mis à la charge du contribuable peuvent donc être assortis des pénalités suivantes :

— un intérêt forfaitaire de retard de 0,75 % (voir ci-dessous § 658) ;

— une majoration des droits de 150 % (Code gén. imp. art. 1730).

§ 643 Si l'Administration constate une insuffisance, *les redressements* sont effectués selon une procédure spéciale, dont les grandes lignes sont les suivantes :

L'inspecteur fait connaître au redevable les motifs et le montant du redressement envisagé. Il invite en même temps l'intéressé à faire parvenir son acceptation ou ses observations dans un certain délai à compter de la réception de la notification.

Si le redevable donne *son accord* dans le délai prescrit, ou si les observations présentées dans ce délai sont reconnues fondées, l'Administration procède au recouvrement sur la base acceptée par l'intéressé.

Si *le désaccord persiste*, et si l'insuffisance porte sur un immeuble, sur un fonds de commerce, une clientèle, un droit au bail, un navire, un bateau ou des titres de sociétés immobilières de copropriété, il peut être soumis, sur l'initiative de l'Administration ou à la demande du redevable, à l'avis de la *Commission départementale de conciliation.*

L'avis de la Commission départementale de conciliation est notifié au redevable et l'informe, en même temps, du chiffre qu'il est proposé de retenir comme base d'imposition et il est procédé au recouvrement. **§ 644**

Si le litige persiste, le redevable peut introduire un *recours contentieux auprès du Directeur départemental des impôts jusqu'au 31 décembre de l'année suivante* puis, le cas échéant, auprès du tribunal de grande instance de l'arrondissement du bureau de l'enregistrement, sauf pour les actions en expertise d'immeubles ou de fonds de commerce pour lesquelles le tribunal compétent est le tribunal de grande instance de la situation. **§ 645**

En application de l'article L. 192 du Livre des procédures fiscales, *la charge de la preuve* incombe à l'Administration fiscale. **§ 646**

Signalons ici, en ce qui concerne plus spécialement l'application de l'article 752 du Code général des impôts qui édicte une *présompion légale de propriété en cas de retraits effectués sur un compte bancaire pendant l'année précédant le décès* du titulaire (voir ci-dessus § 492 et 552), que l'utilisation de la présomption instituée par ce texte, qui entraîne un renversement de la charge de la preuve, doit être réservée aux situations dans lesquelles les mouvements constatés sont révélateurs d'un comportement visant à éluder l'impôt. Dans ces conditions, la mise en œuvre de la présomption doit être corroborée par des éléments de fait recueillis dans le cadre du dialogue avec les héritiers. En outre, elle doit être écartée lorsque le service des impôts a pu acquérir la certitude que les retraits qui constituent le remboursement de la créance détenue par le défunt n'ont pas bénéficié à des successibles* (Rép. min. J.O.A.N. 10-10-1988, p. 2819 et J.O.-Sénat 13-10-1988, p. 1136). **§ 647**

Une proposition de transaction peut être notifiée par l'Inspecteur par lettre recommandée A.R. Le redevable dispose alors d'un certain délai, qui lui est précisé sur la proposition **§ 648** de transaction, à compter de la réception de la lettre recommandée, pour faire connaître son acceptation ou son refus.

La transaction ne sera définitive qu'après l'acceptation par l'autorité compétente.

§ 649 D'autres mesures de contrôle se font par l'intermédiaire de déclarations de *tiers**. C'est ainsi que :
— *les maires* doivent fournir chaque trimestre au service des impôts les relevés certifiés par eux des actes de décès (Livre des procédures fiscales, art. L. 102 A) ;
— certaines obligations incombent *aux dépositaires ou détenteurs de sommes ou valeurs :* liste des sommes ou valeurs successorales (Code gén. imp. art. 806-I et art. 280 A et 280 B de l'Annexe III, voir ci-dessus § 458), certificat de paiement ou de non exigibilité de l'impôt (Code gén. imp. art. 807, voir ci-dessus § 550), indication des comptes indivis ou collectifs avec solidarité (Code gén. imp. art. 808, voir ci-dessus § 549).

§ 650 Des obligations déclaratives incombent également :
— *aux assureurs* (Code gén. imp. art. 805) ;
— *en cas de transmission d'offices publics ou ministériels* (Code gén. imp. art. 859) ;
— en cas d'existence *d'immeubles ou de fonds de commerce dévolus à des non-résidents* (Code gén. imp. art. 803).

VI. PÉNALITÉS

Une *loi du 27 décembre 1963* a *harmonisé les pénalités fiscales* de sorte qu'à quelques modalités d'application près, il n'y a plus de pénalités particulières en matière de droits de succession. § 651

Nous exposons ci-dessous les grandes lignes de cette réforme, l'Administration fiscale pouvant préciser tous renseignements complémentaires ou indiquer toutes modifications, ainsi que le notaire chargé de régler la succession.

Les infractions fiscales sont *constatées* par l'Administration de l'enregistrement. Il n'est pas besoin d'une décision de justice. § 652

En *cas de force majeure**, une remise des pénalités peut être accordée. § 653

Les tuteurs, administrateurs légaux et curateurs** supportent personnellement les pénalités de retard. § 654

La solidarité pour le paiement des droits s'applique aux pénalités de retard. § 655

Il sera tenu compte, le cas échéant, de la date et du montant *des acomptes* pour le calcul de la majoration de 10 %. Cette mesure n'est pas applicable pour le calcul des majorations de 40 % et de 80 % (Inst. fisc. du 6-5-1988). § 656

Il est toujours possible de faire *une pétition de remise* des pénalités encourues, à condition que les droits motivant la pénalité aient été réglés. La demande doit être faite sur papier libre, et doit être motivée. § 657

L'Administration est libre de sa décision et tiendra compte de la bonne foi du demandeur.

1. Déclaration hors délai

§ 658 Le dépôt hors délai de la déclaration de succession est sanctionné par les pénalités de droit commun prévues à l'article 1728 du Code général des impôts. Il en résulte que :

a) Lorsqu'une personne assujettie à la déclaration de succession s'abstient de souscrire cette déclaration ou la présente hors délai, le montant des droits mis à sa charge est assorti de *l'intérêt de retard de 0,75 % par mois et d'une majoration de 10 %.*

b) Le décompte de l'intérêt de retard est arrêté soit au dernier jour du mois de la notification* du fisc, soit au dernier jour du mois au cours duquel la déclaration a été déposée.

c) La majoration visée au a) est portée à :

— *40 %* lorsque la déclaration n'a pas été déposée dans les trente jours suivant la réception d'une mise en demeure notifiée par pli recommandé d'avoir à la produire dans ce délai ;

— *80 %* lorsque la déclaration n'a pas été déposée dans les trente jours suivant la réception d'une deuxième mise en demeure notifiée dans les mêmes formes que la première.

§ 659 Toutefois, stipule l'article 1728 A du Code général des impôts :

— *la majoration de 10 %* n'est applicable qu'à partir du premier jour du septième mois suivant celui de l'expiration du délai de six mois prévu pour la présentation de la déclaration de succession à l'enregistrement (voir ci-dessus § 459).

Ainsi, si la personne dont la succession est ouverte est décédée en France, la majoration de 10 % n'est applicable que si la déclaration de sa succession n'a pas été enregistrée dans un délai de douze mois à compter du jour du décès. Les droits afférents aux déclarations de succession enregistrées entre le premier jour du septième mois et le premier jour du treizième mois suivant le décès ne sont assorties que de l'intérêt de 0,75 % par mois. Dès lors, aucune *mise en demeure* d'avoir à soumettre la déclaration de succession à l'enregistrement ne sera adressée avant l'expiration du délai d'un an à compter du décès ;

— *la majoration de 40 %* s'applique lorsque la déclaration de succession n'a pas été déposée dans les quatre-vingt-dix jours suivant la réception d'une mise en demeure notifiée* par pli recommandé d'avoir à la produire dans ce délai et avant l'expiration du délai de trente jour suivant une deuxième mise en demeure de la même administration.

Quant à *l'intérêt de retard de 0,75 %,* il court à compter du premier mois de retard, c'est-à-dire, sauf pour les décès survenus hors France (voir ci-dessus § 459), à compter du premier jour du septième mois après le mois du décès (seul le mois civil étant retenu). Cet intérêt se cumule avec les autres pénalités dont il est question ci-dessus (Inst. fisc. 6-5-1988 ; Bull. Off. Imp. 13 N-3-88).

Précisons ici que l'intérêt de retard est calculé compte tenu *des acomptes* versés spontanément avant la présentation de la déclaration de succession à l'enregistrement.

De même la base de calcul de la majoration de 10 % doit être réduite du montant des acomptes versés dans les douze mois suivant le décès.

Cette mesure de tempéramment n'est pas applicable pour les majorations de 40 % et de 80 % (Inst. fisc. 6-5-1988 suscitée).

Une réponse ministérielle au J.O.A.N. du 17 juin 1991, p. 2382, rappelle que dans le régime des pénalités issu des articles 1728 et 1728 A du Code général des impôts, la base de calcul des intérêts de retard et de la majoration de 10 % est réduite du montant des acomptes versés dans les douze mois suivant le décès. Cette remise automatique ne s'applique pas aux majorations de 40 % ou de 80 % dès lors qu'elles ne sont encourues qu'après une ou deux mises en demeure. Cependant, dit le Ministre, dans les situations où *la bonne foi des héritiers* ne peut être mise en doute, la pénalité correspondant aux sommes acquittées dans le délai légal fait l'objet, en principe, d'une remise entière prononcée à titre gracieux.

Par ailleurs, selon la Cour de cassation (206), les pénalités pour déclaration tardive de succession ne sont *pas applicables à un légataire universel** qui n'était pas en mesure de faire la déclaration dans le délai de six mois, dès lors que *ses droits successoraux avaient été contestés en justice* dans ce délai et qu'il avait été dessaisi par la désignation d'un mandataire de justice. Le délai de déclaration n'a dans ce cas commencé à courir qu'à compter de la décision de justice ayant définitivement reconnu les droits du successible*. L'Administration s'est ralliée à la décision constante de la Cour de cassation (Bull. off. imp. 7 G-2-90).

2. Insuffisance d'évaluation

§ 660 Il est prévu à l'article 1729 du Code général des impôts que :

a) Lorsque la déclaration de succession fait apparaître une base d'imposition ou des éléments servant à la liquidation de l'impôt insuffisants, inexacts ou incomplets, le montant des droits mis à la charge du contribuable est assorti de *l'intérêt de retard de 0,75 % par mois* et d'une majoration des droits de :

— *40 %* si la mauvaise foi de l'intéressé est établie, ou de

— *80 %* s'il s'est rendu coupable de manœuvres frauduleuses ou d'abus de droits au sens de l'article L. 64 du Livre des procédures fiscales.

b) Le décompte de l'intérêt de retard est arrêté au dernier jour du mois de la notification* de redressement ou, en cas d'échelonnement des impositions supplémentaires au dernier jour du mois au cours duquel le rôle doit être mis en recouvrement.

c) En cas d'abus de droit, l'intérêt de retard et la majoration sont à la charge de toutes les parties* à l'acte qui sont solidairement tenues de leur paiement.

En vertu de l'article 1733-1 du Code général des impôts, l'intérêt de retard et les majorations prévus à l'article 1729 suscité ne sont *pas applicables*, pour les droits de succession, dus à raison de l'insuffisance d'évaluation, lorsque l'insuffisance des chiffres déclarés *n'excède pas le dixième de la base d'imposition.*

Selon l'Administration, lorsque l'examen d'une déclaration de succession fait apparaître l'insuffisance de l'évaluation de plusieurs biens, il convient de comparer séparément chaque insuffisance relevée avec la base d'imposition retenue pour le bien auquel cette insuffisance se rapporte pour déterminer si la tolérance légale, du dixième est ou non applicable (Note 30-12-1965, Doc. adm. 13 N-1222, n° 32).

La *Cour de cassation a infirmé cette doctrine* et jugé que, pour l'application de la tolérance légale en matière de droits de mutation à titre gratuit, il y a lieu de considérer comme « chiffres déclarés » le montant de l'ensemble des biens que les héritiers ont spontanément déclarés et que la base d'imposition s'entend dès lors de ce montant, tel que rectifié, le cas échéant, par le ou les redressements opérés (Cass. com. 15-12-1987, aff. de Dampierre).

La loi de finances rectificative pour 1990, n° 90-1169 du 29.12.90 (30-12), confirme la doctrine administrative en disposant qu'en ce qui concerne les droits d'enregistrement et la taxe de publicité foncière, l'insuffisance s'apprécie pour chaque bien.

3. Paiement tardif

Selon l'article 1731 du Code général des impôts, tout paiement tardif donne lieu au versement de *l'intérêt de retard de 0,75 % et d'une majoration de 5 %* du montant des sommes dont le versement est différé. § 661

L'intérêt de retard est calculé à compter du premier jour du mois qui suit le dépôt de la déclaration ou à défaut, de la réception de l'avis de mise en recouvrement.

La majoration n'est pas applicable lorsque le dépôt tardif de la déclaration est accompagné du paiement des droits. Dans ce cas seules sont applicables les pénalités pour déclaration hors délai (voir ci-dessus § 658).

4. Evaluation d'office

Dans le cas d'évaluation d'office des bases d'imposition, en l'absence de toute déclaration de succession, les suppléments de droits mis à la charge du contribuable sont assortis, *outre de l'intérêt de retard de 0,75 % par mois, d'une majoration de 150 %.* § 662

*VII. DÉLAIS DE PRESCRIPTION**

§ 663 Il faut tout d'abord préciser que les délais de prescription se calculent de *jour à jour* en faisant abstraction du premier mais non du dernier jour.

Ils courent non seulement à l'égard des personnes capables, mais également à l'égard des *incapables**.

Il n'est pas possible *d'y renoncer* à l'avance.

Les délais de prescription sont *interrompus* par des demandes signifiées par la notification* d'un titre de perception, par le versement d'un acompte ou le dépôt d'une pétition en remise des pénalités.

L'acte interruptif de prescription fait courir une nouvelle prescription de même durée.

§ 664 En application du nouveau Livre des procédures fiscales les différents délais de prescription sont les suivants :
— *10 ans* pour toutes infractions (défaut de déclaration, omissions totales ou partielles, indications inexactes...), sauf texte particulier prévoyant une prescription plus courte. Le délai de prescription court du jour du décès.

§ 665 — *3 ans* en cas d'insuffisance de valeur déclarée des biens de toute nature.

Le délai de prescription court après le 31 décembre de l'année de l'enregistrement de la déclaration.

§ 666 — *2 ans* en ce qui concerne la restitution de droits pour refus de déduction de dettes non justifiées.

Le délai de prescription court après le 31 décembre de l'année du règlement des droits ou de l'avis de recouvrement.
— *2 ans* en ce qui concerne la restitution de droits pour erreur du receveur des impôts ou des déclarants.

Le délai de prescription court après le 31 décembre de l'année du règlement des droits ou de l'avis de recouvrement.
— *2 ans* en ce qui concerne la restitution de droits pour usufruits* successifs.

Le délai de prescription court après le 31 décembre de l'année du décès du précédent usufruitier.

Signalons ici *une instruction fiscale* parue au Bull. off. imp. 7 G-2-90 du 28 juin 1990, qui, se ralliant à un arrêt de la Cour de cassation du 30 mai 1989 (n° 821 P), se prononce sur le cas où les ayants droit* se sont trouvés empêchés de déposer la déclaration de succession faute de pouvoir procéder à l'estimation des biens héréditaires placés, durant le délai de déclaration, *sous séquestre judiciaire* et sans que, par ailleurs, le séquestre ait été investi du mandat de souscrire la déclaration de succession. § 667

Dans l'hypothèse ci-dessus, s'agissant tant de l'obligation déclarative des héritiers* que des légataires*, reconnus dans leurs droits, que du calcul des pénalités de retard éventuellement encourues, il y a lieu de considérer que le point de départ du délai de souscription de la déclaration de succession est *reporté à la date de la mainlevée** définitive du séquestre. § 668

Le service des impôts se trouvant dans l'impossibilité d'agir durant la mise sous séquestre, il en résulte que, conformément aux dispositions de l'article 2251 du Code civil, la prescription de l'action de l'Administration *est suspendue* pendant la durée du séquestre.

VIII. IMPÔTS ET FRAIS DIVERS

§ 669 En plus des droits de mutation par décès, les héritiers devront faire face à un certain nombre d'autres frais, *dont les honoraires des notaires.* Ceux-ci sont taxés. La Direction du Journal Officiel, 26, rue Desaix, 75015 Paris, les publie dans une brochure tenue à jour de façon permanente. De plus, la loi exige qu'un exemplaire du tarif légal soit, dans chaque étude, tenu à la disposition de toute personne qui en fait la demande.

Précisons que l'émolument du notaire rédacteur de la déclaration de succession doit être perçu tant sur les biens qui sont soumis aux droits de mutation par décès que sur ceux qui sont simplement énoncés dans la déclaration, dès lors que ces derniers doivent y figurer (207).

§ 670 Parmi les *frais divers* on peut notamment citer les suivants :
— Acceptation pure et simple d'une succession ;
— Renonciation à la succession ;
— Partage ;
— Acte de notoriété ;
— Certificat de propriété, sauf pour les titres nominatifs exemptés ;
— Inventaire (par vacation) ;
— Délivrance de legs*.

Ces frais, relativement minimes font l'objet de fréquents changements. Ils sont également taxés et le notaire pourra donner toutes indications à ce sujet.

§ 671 La succession devra également payer *les impôts et taxes dus par le défunt*, et notamment *l'impôt sur le revenu* couru depuis le 1er janvier au jour du décès.

Signalons, en ce qui concerne *l'impôt sur le revenu*, la loi de finances pour 1983 ayant supprimé la notion de chef de famille, il en résulte que *deux impositions* doivent être établies l'année du décès, quel que soit le conjoint décédé :

a) dans les six mois les héritiers doivent :
— déclarer les revenus acquis par tous les membres du foyer fiscal (conjoint, enfants et personnes à charge) du 1er janvier à la date du décès ;

— le cas échéant, faire les déclarations spéciales relatives aux bénéfices professionnels réalisés à la date du décès, pour l'activité non salariée exercée par le chef du foyer fiscal et les membres de ce foyer (au service des impôts du lieu où le défunt exerçait sa profession).

b) à la date normale de dépôt des déclarations sur le revenu, c'est-à-dire avant le 1er mars, la veuve doit déclarer les revenus qu'elle et les personnes à sa charge ont acquis du décès à la fin de l'année.

Si *le décès intervient entre 1er janvier et la fin février*, les héritiers doivent déclarer :
— les revenus de l'année précédente, avant le 1er mars ;
— les revenus du 1er janvier à la date du décès, dans les six mois. Des délais peuvent être accordés, notamment lorsque le décès a lieu à une date proche de la fin février.

A noter que *la situation et les charges de famille* sont celles existant au 1er janvier ou au décès si elles sont plus favorables pour le calcul de l'impôt.

Les enfants majeurs :
— âgés de moins de 21 ans, ou de moins de 25 ans s'ils poursuivent leurs études,
— quel que soit leur âge, s'ils effectuent leur service militaire ou s'ils sont infirmes,
peuvent demander leur rattachement ou celui de leur foyer, pour l'imposition de leurs revenus de l'année du décès, au foyer fiscal du défunt ou de sa veuve.

Les héritiers du contribuable décédé avant le 1er janvier de l'année en cours n'ont *pas à verser d'acompte provisionnel* au nom du défunt.

Signalons aussi qu'il a été jugé qu'un notaire qui n'a pas averti avant l'expiration du délai de six mois suivant l'ouverture de la succession, son client de l'obligation d'effectuer une déclaration fiscale et des pénalités encourues en cas de non-déclaration dans le délai prescrit, a failli à son devoir de conseil. En conséquence, le notaire a été condamné, à titre de dommages-intérêts, au paiement des pénalités fiscales (208).

Une *Note fiscale du 16 juin 1977 (Bull. off. direct. gén. impôts* § 672
5-B-18-77) donne encore les précisions suivantes :

Conformément au principe posé par l'article 12 du Code général des impôts, un revenu doit être soumis à l'impôt sur le revenu au titre de l'année au cours de laquelle il a été réalisé ou mis à la disposition du contribuable.

En ce qui concerne les revenus compris dans une succession, *chaque héritier doit être considéré comme ayant disposé de sa part dans les revenus de la succession au moment où la succession a été créditée de ces revenus,* dès lors qu'il n'est pas allégué qu'un obstacle juridique ou autre l'ait empêché d'en disposer effectivement.

L'application de ces règles aux revenus des biens compris *dans les successions contestées* conduit donc à des solutions différentes selon l'objet du litige qui oppose les héritiers.

a. *Le litige ne concerne pas la détermination des droits respectifs des héritiers sur les produits des biens compris dans la succession.*

Dans cette hypothèse, les héritiers ont la possibilité de se répartir les revenus de la succession au fur et à mesure de leur réalisation. De ce fait, il y a lieu de considérer que chacun d'eux a disposé de sa part, au moment où la succession a été créditée, même si aucune répartition n'a été effectuée.

Cette solution s'applique notamment lorsque le litige porte sur l'évaluation de certains biens compris dans la succession ou sur les modalités de partage de l'actif successoral (exemple : un élément de la succession est revendiqué par plusieurs héritiers), alors que les droits théoriques de chacun des héritiers ne sont pas contestés (exemple : la succession revient à deux personnes qui reconnaissent avoir des droits égaux).

b. *Le litige porte sur les droits respectifs des héritiers et les revenus de la succession ne sont pas répartis pendant la durée du procès.*

En principe, la part des revenus de la succession revenant à chacun des héritiers ne peut pas être fixée tant que le litige n'a pas été réglé par un accord amiable ou par un jugement exécutoire* (1).

Le fait générateur de l'impôt se situe donc à la date de cette décision et le délai de prescription ne court qu'à compter de l'année suivante.

La situation est toutefois différente si le litige a pour objet de faire modifier une situation juridique nettement définie (par exemple : situation résultant d'un testament dont la validité est contestée par un tiers). Il résulte, en effet, de la jurisprudence du Conseil d'Etat, que l'Administration doit alors s'en tenir à cette situation juridique pour répartir et imposer chaque année les revenus de la succession au nom des héritiers.

(1) Toutefois, lorsqu'il s'agit de revenus imposables dès leur acquisition par les membres de l'indivision le fait générateur de l'impôt se situe à la date du jugement rendu en première instance, même si l'exécution de ce jugement est suspendue en raison d'un appel.

Mais dès l'instant où un jugement exécutoire* modifie, avec effet rétroactif, la situation juridique antérieure, des régularisations doivent être effectuées : les héritiers auxquels des droits complémentaires sur les revenus sont reconnus deviennent imposables dans les conditions indiquées au début du présent paragraphe ; ceux dont les droits sont réduits ou annulés peuvent, en règle générale, imputer leurs versements sur leurs autres revenus de même nature ou sur leur revenu global.

c. *Le litige porte sur les droits respectifs des héritiers, mais les revenus de la succession sont répartis, en totalité, ou partiellement pendant la durée du litige.*

Sous réserve des mesures susceptibles d'être prises dans certains cas particuliers, la situation de fait créée par les héritiers leur est opposable sur le plan fiscal ; chacun d'eux est donc imposable à raison des revenus dont il a effectivement disposé au cours de l'année d'imposition.

Si des régularisations apparaissent nécessaires lorsque le litige est réglé, elles sont effectuées conformément aux principes exposés à la fin du paragraphe b.

En définitive, pour l'application des règles qui précèdent, le service devra, chaque fois qu'il se trouve en présence d'une succession contestée, déterminer si les héritiers ont eu ou non la disposition des revenus de la succession.

A cet égard, il aura soin, afin d'être en mesure d'établir en temps utile les impositions dues par les héritiers, de demander des renseignements précis sur :
— l'objet du litige ;
— la situation juridique apparente ;
— la situation de fait lorsque les revenus sont répartis pendant la durée du litige ;
— le déroulement de la procédure afin de pouvoir effectuer les régularisations nécessaires.

Il faut aussi signaler que celui qui recueille une succession **§ 673**
peut de ce fait, entrer dans le champ d'application de *l'impôt de solidarité sur la fortune* si l'actif net recueilli, ajouté à son propre actif net, l'amène à franchir le seuil au-delà duquel cet impôt est dû.

Rappelons que ce seuil a été fixé au 1er janvier 1994 à 4 470 000 F et que l'impôt sur la fortune est un impôt annuel dont *le fait générateur se situe le 1er janvier de chaque année* en fonction du seuil en vigueur pour l'année considérée.

Si donc, par exemple, en 1993, du fait de son héritage, un redevable a dépassé le seuil de 4 470 000 F au 1er janvier 1994, il devra souscrire une déclaration d'impôt sur la fortune, accompagnée des droits y relatifs, *avant le 16 juin* 1994, et déposer ou envoyer le tout à la Recette des impôts de son domicile au 1er janvier 1994.

Lorsque c'est *le défunt qui était assujetti à l'impôt sur la fortune* au 1er janvier d'une année et qu'il décède avant le 15 juin, ses ayants droit* doivent souscrire eux-mêmes la déclaration au nom du défunt, *dans les six mois du décès.*

Troisième partie

Questions diverses

I. COMMENT DÉCLARER UN DÉCÈS

En cas de décès, sont requises trois formalités : § 674
— le constat du décès ;
— la déclaration du décès ;
— le permis d'inhumer ou d'incinération.

Quelque soit le lieu du décès (domicile, hôpital...), seul un médecin peut établir *le constat de décès,* sur un formulaire spécial, indispensable pour obtenir le permis d'inhumer. § 675

Au cas où le défunt avait souscrit *une assurance-vie,* le médecin délivrera, en outre, un certificat de constat de mort naturelle, à envoyer dans les 24 heures à l'organisme assureur.

La *déclaration de décès* se fera à la mairie du lieu du décès sur présentation du constat de décès et du livret de famille du défunt. A défaut du livret de famille, il sera demandé une pièce d'identité complétée par le plus de renseignements possibles sur les origines et la famille du défunt. Un mineur* peut effectuer une déclaration de décès, de même qu'un non parent, à condition de pouvoir justifier de son état civil. § 676

La déclaration de décès doit être effectuée dans *un délai de 24 heures* après le décès, les jours de fermeture des bureaux de la mairie n'étant pas pris en compte.

La déclaration de décès entraîne automatiquement l'établissement de *l'acte de décès.* Il est conseillé, pour éviter des démarches ultérieures, notamment en matière de droit successoral, de faire établir au moins deux copies de l'acte de décès, ainsi que quelques *fiches d'état civil* du défunt.

Le *permis d'inhumer ou d'incinération* sera demandé à la mairie du lieu d'inhumation ou d'incinération. § 677

En cas d'incinération l'accord préalable du défunt ou de la famille est nécessaire, ainsi qu'un certificat attestant que la crémation ne pose pas de problème médico-légal.

Le délai d'inhumation ou d'incinération va de 24 heures à 6 jours.

II. PREUVE DE LA QUALITÉ D'HÉRITIER

§ 678 En règle générale, la preuve de la qualité d'héritier résulte de documents notariés tels que :
— *l'acte de notoriété** établi par le notaire ou le juge d'instance dans lequel deux ou plusieurs témoins certifient la date du décès, l'état civil du défunt, l'existence ou l'absence de testament, la qualité des héritiers ;
— *l'inventaire* notamment s'il existe des héritiers mineurs ;
— *le certificat de propriété* (pour les valeurs mobilières) *ou l'attestation de propriété* (pour les biens immobiliers). Ces documents peuvent également être établis par le notaire ou délivrés par le juge d'instance du domicile du défunt, s'il n'existe pas d'actes translatifs de propriété ou par le greffier du tribunal de grande instance ou de la cour d'appel lorsque les droits des parties sont établis par un jugement ou un arrêt ou encore par les consuls et agents diplomatiques français à l'étranger.

La preuve de la qualité d'héritier peut également résulter de *certificat d'hérédité* établi par le maire ou le greffier du tribunal d'instance si la succession ne comporte que des objets mobiliers et des créances et pensions de faible valeur ne nécessitant pas l'intervention d'un notaire. Le certificat d'hérédité suffit en général pour recouvrer les sommes de faible importance dues au défunt.

Signalons ici que dans une réponse ministérielle au J.O.A.N. du 5 juillet 1993, il a été confirmé que *les attestations notariées* établies en vue de constater la transmission ou la constitution par décès de droits réels* immobiliers (décret n° 55-22 du 4 janvier 1955, art. 28, 3°) sont soumises à une taxe fixe de publicité foncière de *100 F* (Code gén. imp. art. 846 bis) lorsqu'elles ne contiennent pas de dispositions susceptibles de donner ouverture à un taux plus élevé.

Des hésitations s'étant produites sur la portée de la réponse ci-dessus, les précisions suivantes ont été apportées par l'Administration fiscale (Bull. off. imp. 7 B-3-93 du 2-12-1993) :

1) Les attestations notariées de propriété après décès visées au 3° de l'article 28 du décret n° 55-22 du 4 janvier 1955 établies en vue de constater la transmission ou la constitution

par décès de droits réels immobiliers (1) sont soumises à une taxe fixe de publicité foncière ou, le cas échéant, à un droit fixe d'enregistrement de 100 F (Code gén. imp. art. 846 bis).

2) Les actes de notoriété dressés par les notaires dans lesquels sont constatées les déclarations de personnes ou témoins qui attestent un fait notoire, afin de suppléer un acte écrit, sont soumis à l'imposition fixe de 500 F prévue pour les actes innomés (Code gén. imp. art. 680), à l'exception de ceux dressés en matière immobilière et se rapportant à la prescription acquisitive, qui sont soumis à la taxe de publicité foncière au taux de 0,60 % (2).

3) Il résulte de ces dispositions que, lorsque, comme dans la question posée, une attestation immobilière établie après décès ne fait que contenir une notoriété établie par un acte antérieur, cette attestation ne peut être soumise qu'à une taxe fixe de publicité foncière de 100 F.

Il en va différemment si, au lieu de simplement contenir la notoriété, l'attestation immobilière établit cette notoriété.

Dans cette hypothèse, cet acte est soumis soit au seul droit fixe de 500 F (attestation notariée assortie d'un acte établissant la notoriété), soit à la seule taxe de publicité foncière (attestation notariée assortie d'un acte établissant la notoriété par prescription acquisitive) en application des dispositions des articles 670 et 672 du Code général des impôts.

(1) Toute transmission ou constitution par décès de droits réels immobiliers doit être constatée par une attestation notariée indiquant obligatoirement si les successibles ou légataires ont accepté et précisant, éventuellement, les modalités de cette acceptation (Décret précité du 4-1-1955, art. 29).

(2) Il s'agit dans ce cas d'un acte déclaratif (Nice, 1er mars 1972).

III. DROITS DU NOTAIRE SUR LES FONDS DE LA SUCCESSION

§ 679 Il ne peut, dans le présent ouvrage, être envisagé tous les cas d'espèce qui peuvent se présenter à ce sujet. Nous nous contenterons donc d'indiquer *les lignes générales* qui sont les suivantes.

Le notaire chargé du règlement de la succession dispose, nous l'avons vu (§ 459 et suiv. et § 609), lorsque le décès est survenu en France métropolitaine, d'un délai de six mois pour déposer la déclaration de succession et demander aux héritiers de payer les droits de mutation y afférents. *S'il détient assez de fonds,* il versera lui-même les droits de mutation dans le délai de six mois à compter du jour du décès. A défaut il les demandera aux héritiers. Le dossier une fois réglé, il remettra à chaque héritier la part qui lui revient, déduction des droits de mutation, des frais annexes et de ses honoraires.

§ 680 A noter que le notaire peut *se faire remettre, sous sa responsabilité, les avoirs en dépôt* dans les banques ou caisses d'épargne. Sur les sommes ainsi recueillies il peut prélever tous les droits, frais et honoraires qu'il a avancés pour la succession et répartir ensuite le restant entre les héritiers au prorata de leurs droits. En cas de *litige entre les héritiers,* s'il ne peut être procédé à une répartition des sommes restantes, elles doivent être consignées sur un compte ouvert à la Caisse des dépôts et consignations, productif d'un intérêt, en attendant que la répartition soit possible.

§ 681 A noter également, que s'il existe un délai légal pour la déclaration de succession et le payement des droits de mutation, il n'existe par contre *aucun délai légal pour la remise des fonds restants aux héritiers.*

Il appartient donc aux intéressés, le cas échéant, une fois la succession réglée, de demander au notaire de liquider la situation.

IV. COMPTES EN BANQUE - C.C.P. - LIVRETS DE CAISSE D'ÉPARGNE

§ 682 En règle générale, les comptes bancaires et autres comptes financiers, sont *bloqués au jour du décès.*

Le *déblocage* des comptes ne peut, en principe, intervenir que sur production :

— soit d'un *certificat d'hérédité,* établi gratuitement à la mairie sur présentation d'un acte de décès, du livret de famille et éventuellement de deux témoins, si la somme à percevoir est *inférieure à 10 000 F ;*

— *soit d'un certificat de propriété,* établi par le notaire, pour toute somme *supérieure à 10 000 F.*

Par exception, *les frais d'enterrement* peuvent le plus souvent être prélevés sur le compte bloqué *dans la limite de 15 000 F* sur présentation de quittances justificatives des pompes funèbres.

(*Les chiffres susindiqués sont donnés à titre indicatif et sont susceptibles de variation*).

En ce qui concerne plus spécialement les frais funéraires, il est rappelé dans une réponse ministérielle au J.O.A.N. du 10 février 1979 (n° 10 881) que le prélèvement limité des frais funéraires sur les comptes bloqués est une mesure prise dans un but humanitaire pour permettre à toute personne, héritière ou non, qui a acquitté les frais d'obsèques, d'en obtenir le remboursement dans des délais raisonnables.

Lorsque les frais funéraires ne sont pas versés directement aux pompes funèbres, certains organismes exigent cependant soit un certificat d'hérédité, soit un certificat de propriété (voir § 678 et ci-dessus).

§ 683 Certaines *banques* font parfois preuve de plus de souplesse, sous leur responsabilité. Comme le rappelle une réponse ministérielle au J.O.-Sénat du 8 février 1979 (n° 26454), souvent les banques s'efforcent de limiter, dans la mesure du possible, les inconvénients résultant d'une soudaine mesure de blocage du compte du chef d'entreprise, soit en autorisant certains paiements, tels que les chèques ou traites domiciliés sur leurs caisses avant le décès, salaires, impôts, frais d'obsèques ou de dernière maladie, soit, tant que la succession n'est pas liquidée, en faisant fonctionner le compte du défunt sous la signature du conjoint survivant ou même en ouvrant un nouveau compte au nom de ce dernier. Cette attitude libérale n'est pas exempte, toutefois, de risques pour les banques car elle peut engager leur responsabilité envers les autres ayants droit*, au cas notamment de détournement ou de dilapidation de l'actif successoral par le conjoint survivant.

§ 684 Un cas spécial est celui des *comptes joints.* Dans le cas d'un compte joint, le décès d'un co-titulaire *ne bloque pas le compte.* Toutefois, la possibilité de continuer à retirer de l'argent sur le compte joint pour le survivant n'implique pas la propriété des sommes figurant au compte joint ou des sommes retirées. Du point de vue successoral, notamment, seule la moitié de l'actif est présumée appartenir au survivant. L'autre moitié devra être rapportée à l'actif de la succession.

Si le compte joint fonctionne au profit d'un non-héritier, les héritiers peuvent s'opposer à la continuation du compte pour réserver leurs droits.

§ 685 Si le défunt avait *un coffre*, le survivant n'y a plus accès, même en cas de location conjointe. Il ne pourra y avoir accès seul, qu'en cas de *contrat de location dit « solidaire ».*

En cas de location seulement conjointe, le survivant ne pourra, en principe, accéder au coffre qu'en présence et avec l'accord de tous les héritiers. Dans la pratique, les banques acceptent parfois d'ouvrir le coffre au conjoint survivant. Mais comme pour le déblocage des comptes (voir ci-dessus § 683), elles agissent ainsi sous leur responsabilité vis-à-vis des héritiers et du fisc.

§ 686 Rappelons aussi que légalement, *toute procuration prend fin au jour du décès. Les procurations après décès* sont toutefois possibles sous la responsabilité de l'organisme payeur. Une réponse ministérielle au J.O.A.N. du 27 mars 1976, p. 1205, confirmée par une réponse ministérielle au J.O.A.N. 1979, n° 29842, rappelle que si les procurations devant poursuivre leurs effets après la mort présentent dans certains cas des avantages, il est indéniable que dans d'autres hypothèses, elles soulèvent de sérieuses difficultés, tant pratiques que juridiques. Il en est ainsi lorsque le titulaire de la procuration n'est pas en même temps l'unique héritier du mandant*. Certes, l'article 2003 du Code civil, qui prévoit que le mandat finit par la mort du mandant, ne revêt aux termes de la jurisprudence, qu'un caractère supplétif et cesse par conséquent de s'appliquer lorsque telle est la volonté manifestée par le mandant. Mais en cas de dépôt, il est permis de penser que ces dispositions perdent ce caractère supplétif, dès lors, notamment, que l'article 1939, alinéa 1, du Code civil prescrit qu'en cas de décès du déposant « la chose déposée ne peut être rendue qu'à son héritier ».

De son côté, la Cour de cassation a jugé que des retraits effectués par le gendre du défunt, en vertu d'une procuration, devaient être considérés comme un recel de succession, faute de preuve que les retraits ont été employés au bénéfice du titulaire du compte. Le gendre, lors du décès du titulaire du compte, n'avait pas mentionné ces retraits et ne pouvait prouver qu'il avait remis les fonds au défunt avant sa mort, pas plus qu'une quelconque intention libérale de la part de ce dernier (209).

Il semble toutefois que cette position ne puisse être adoptée que pour les retraits qui ont lieu dans l'année qui a précédé la mort du titulaire du compte.

Disons enfin que les *chèques tirés par le défunt avant son décès,* les diverses factures, E.D.F., téléphone, les relevés de carte bancaire antérieurs au décès, sont payés sur les disponibilités du comptes et déduits de l'actif successoral. **§ 687**

Les *virements* sont comptabilisés sur le compte, mais la banque doit signaler le décès aux organismes payeurs, comme, par exemple, les caisses de retraite ou les mutuelles. Ils sont ajoutés à l'actif successoral.

V. REGISTRE DU COMMERCE ET DES SOCIÉTÉS

§ 688 En cas de *décès d'un commerçant, une déclaration doit être faite dans les 15 jours* par les héritiers* du défunt ou ses ayants cause* à titre universel au registre du commerce et des sociétés. A défaut, au plus tard un an après le décès, le greffier procèdera à la radiation d'office. Mais les intéressés ont intérêt à agir vite afin de stopper l'exigibilité des diverses charges, et notamment des charges sociales. *Si l'exploitation doit continuer* pendant la durée de l'indivision*, ils doivent, en outre, indiquer pour chacun d'eux, leur nom, leur adresse, leur qualité héréditaire et préciser par qui et dans quelles conditions l'exploitation sera continuée pour le compte des indivisionnaires. Il résulte de ce texte, sous réserve de l'appréciation souveraine des tribunaux, que chaque héritier est tenu de faire une déclaration contenant les indications ci-dessus mentionnées et qui sera inscrite au registre du commerce. Cette obligation est imposée pour assurer la protection des tiers* qui doivent être renseignés avec précision sur les membres de l'indivision qui poursuit l'exploitation du commerce.

Le greffe du registre du commerce et des sociétés ou les centres de formalités des entreprises donneront tous renseignements en ce qui concerne les autres cas de figure (ex : mise en location gérance).

VI. CARTES GRISES

*L'héritier** d'une voiture automobile doit faire établir *une nouvelle carte grise à son nom.* A la demande de transfert, il y a lieu de joindre une attestation du notaire indiquant que la voiture se trouve dans la succession en donnant la liste des héritiers et *une lettre de désistement des autres héritiers* en faveur de celui qui demande que la carte grise soit mise à son nom. § 689

Il est admis que *le conjoint survivant usufruitier* de la totalité* de la succession peut se servir de la carte grise du défunt (Rép. min. au J.O.A.N. du 3 novembre 1967, n° 3623).

Avant toute revente à un tiers*, un véhicule tombé dans une succession doit être immatriculé au nom de l'héritier ou d'un des héritiers sauf si cette revente intervient dans un délai n'exédant pas trois mois suivant le décès du titulaire de la carte grise ou sauf si, depuis le décès du titulaire, le véhicule n'a pas circulé sur les voies ouvertes à la circulation publique. Dans ce dernier cas, l'acquéreur devra joindre :

1. Un certificat de cession signé par le ou les héritiers ;
2. La précédente carte grise revêtue de la mention « vendu le » et signé par le ou l'un des héritiers ;
3. Une attestation sur l'honneur de l'héritier qui avait la garde juridique du véhicule certifiant que ce dernier n'a pas circulé depuis le décès du titulaire de la carte grise (Arrêté 31-8-1987 ; J.O. 27-9).

VII. ASSURANCES DU DÉFUNT

§ 690 Les héritiers ne sont *pas obligés de conserver l'assurance du défunt.* En effet, en cas de décès de l'assuré, l'assurance est transférée de plein droit* aux héritiers, mais ceux-ci ont la faculté d'en demander la résiliation.

§ 691 En ce qui concerne *les mutuelles*, la presque totalité des statuts de ces caisses prévoit le versement de la cotisation annuelle dans son intégralité, quelque soit la date du décès en cours d'année, et même si le versement des cotisations est trimestriel ou semestriel.

Si le décès intervient tout au début de l'année, il est possible de formuler une demande gracieuse de remise d'au moins une partie de la cotisation annuelle, mais cette demande ne reçoit pas forcément une suite favorable.

VIII. COURRIER DU DÉFUNT

Pour retirer à la poste une *lettre recommandée* adressée au défunt, il faut *prouver sa qualité d'héritier* en présentant au guichet : une pièce d'identité, un certificat de décès, et un certificat d'hérédité (voir ci-dessus § 676 et § 678). § 692

IX. CAVEAU DE FAMILLE

§ 693 Les concessions *se transmettent aux héritiers de sang ;* selon les règles normales de succession du droit civil.

Mais aucune disposition légale n'interdit de léguer à un héritier par le sang particulier une concession funéraire déjà utilisée. L'affectation familiale dont le caveau est grevé, n'implique pas que tous les membres de la famille aient un droit acquis à y être enterrés (210).

X. MEUBLES EN DÉPOT

Les meubles laissés dans des lieux loués par le défunt reviennent *aux héritiers.* § 694

Si le notaire *ne retrouve pas d'héritiers,* le propriétaire peut, par simple lettre adressée au procureur de la République, demander que la succession non réclamée soit déclarée vacante. A partir de ce moment, la Direction des services fiscaux et le Service des domaines seront chargés de reprendre la succession et d'enlever les meubles restés en dépôt.

XI. RÉCUPÉRATION DES ARRÉRAGES DE VIEILLESSE ET D'AIDE SOCIALE

§ 695 Les arrérages* de :
— l'allocation aux vieux travailleurs salariés ou non salariés ;
— l'allocation de secours viager ;
— l'allocation aux vieilles mères de famille.
ne sont plus récupérés sur l'actif successoral.

§ 696 Par contre, aux termes de *l'article L. 815-12 du Code de la sécurité sociale*, les arrérages servis au titre de *l'allocation supplémentaire du Fonds national de solidarité* sont recouvrés en tout ou partie sur la succession de l'allocataire lorsque l'actif net est au moins égal à un montant fixé par décret.

Lorsqu'une personne titulaire de l'allocation supplémentaire avait, au moment de son décès, la qualité *d'exploitant agricole* et que sa succession est constituée, en tout ou partie, par un capital d'exploitation : terres, cheptel mort ou vif, bâtiments d'exploitation, éléments végétaux constituant le support permanent de la production, tels que les arbres fruitiers, vignes, etc., ce capital n'est retenu pour l'application de l'alinéa précédent, que pour 70 % de sa valeur.

Le *recouvrement* est effectué par les organismes ou services payeurs de l'allocation dans des conditions et selon des modalités fixées par décret.

Les sommes recouvrables sont garanties par une hypothèque légale* prenant rang à la date de son inscription.

L'action en recouvrement *se prescrit* par cinq ans* à compter du jour de l'enregistrement d'un écrit ou d'une déclaration mentionnant exactement la date et le lieu du décès du défunt, ainsi que le nom et l'adresse de l'un au moins des ayants droit*.

§ 697 En application de l'article L. 815-12 suscité ont été pris des décrets qui forment actuellement *les articles D. 815-1 à D. 815-3 du Code de la Sécurité Sociale*.

Il résulte de l'article D. 815-1 que le montant à partir duquel il est procédé au recouvrement sur la succession de l'allocataire des arrérages servis à ce dernier au titre de l'allocation supplémentaire du Fonds de solidarité est *fixé à 250 000 F*.

Selon l'article D. 815-2, le recouvrement s'exerce sur la partie de l'actif net successoral, défini par les règles de droit commun*, qui excède le montant de 250 000 F. Il ne peut toutefois avoir pour conséquence d'abaisser l'actif net de la succession au-dessous de 250 000 F.

Rappelons que l'actif successoral est retenu après *déduction des frais funéraires* dans la limite de 3 000 F (voir ci-dessus § 567) et des frais de dernière maladie non réglés à la date du décès (voir ci-dessus § 570). Les *donations récentes* pourront éventuellement être réintégrées à l'actif successoral.

Enfin, en vertu de l'article D. 815-3, le recouvrement des arrérages servis au titre de l'allocation supplémentaire sur la part de succession attribuée *au conjoint survivant* peut être différé jusqu'au décès de ce dernier. Il en est de même en ce qui concerne les héritiers* qui étaient à la charge de l'allocataire à la date de son décès et qui, à cette date, étaient soit âgés d'au moins 65 ans, ou d'au moins 60 ans en cas d'inaptitude au travail, soit en dessous de cet âge, atteints d'une invalidité réduisant d'au moins des deux tiers leur capacité de travail ou de gain. **§ 698**

Pour l'application de l'alinéa précédent, est considéré comme ayant été à la charge de l'allocataire toute personne qui vivait habituellement à son foyer et dont les ressources, appréciées comme en matière d'allocation supplémentaire, n'excédaient pas, à la date du décès de l'allocataire, le montant limite prévu à cette date pour bénéficier de l'allocation pour une personne seule.

Le recouvrement sur succession peut être poursuivi, dans les conditions ci-dessus, et conformément à l'article 1220 du Code civil, *contre chacun des héritiers pour sa part.* **§ 699**

En application du *Code de la famille et de l'aide sociale, les prestations d'aide sociale* peuvent être récupérées sur la succession. **§ 700**

Il appartient à la Commission d'admission à l'aide sociale de fixer le montant des sommes à recouvrer. Elle peut reporter la récupération, en tout ou en partie, au *décès du conjoint survivant.*

En principe, la récupération des prestations d'aide sociale s'exerce quel que soit le montant de l'actif net successoral en y ajoutant éventuellement le montant des donations récentes. Toutefois le forfait journalier et les prestations sociales d'aide **§ 701** sociale à domicile ne sont récupérables que sur la partie de *l'actif net successoral qui excède 250 000 F et pour la partie des dépenses supérieures à 1 000 F.*

Pour les allocations facultatives d'aide sociale, comme les secours exceptionnels ou l'allocation de la Ville de Paris, le recouvrement sur succession n'est effectué que si son actif net excède 500 000 F (chiffres éventuellement révisables).

§ 702 Enfin, n'est *plus récupérée* sur les successions la partie prise en charge par l'aide sociale des frais d'hébergement et d'entretien des personnes handicapées dans *les établissements de rééducation professionnelle ou d'aide par le travail et dans les foyers logement.*

§ 703 Lorsqu'elle existe, *l'action en répétition** de l'Administration peut être exercée jusqu'à l'expiration de la quatrième année suivant celle au cours de laquelle l'exigibilité des droits lui a été révélée.

Les litiges sont portés devant les juridictions de droit commun (211).

§ 704 Pour garantir le recouvrement, *une hypothèque légale* peut être prise sur les immeubles du bénéficiaire dont la valeur excède 10 000 F.* Cette inscription d'hypothèque n'est pas possible pour le forfait journalier et les prestations sociales d'aide à domicile (Code de la famille et de l'aide sociale).

XII. FEMMES SEULES

Les femmes qui se trouvent seules à la suite du décès de leur conjoint ou de leur concubin ont droit à un certain nombre *d'aides et de prestations sociales* que nous signalons en détail dans les ouvrages de la même Collection de Danièle Mazaud-Lueder *« Les femmes seules »* et *« Le concubinage »*. § 705

Il s'agit, notamment :

— *des prestations d'accidents du travail,* si le décès est dû à un accident du travail ou à une maladie professionnelle ;

— *des prestations de l'assurance sociale,* maladie, maternité, invalidité, décès (capital-décès) ;

— *des prestations de l'assurance vieillesse.*

La Caisse primaire d'assurance maladie dont relève l'intéressée donnera tous renseignements complémentaires à ce sujet.

Il s'agit également des *diverses pensions et rentes* des régimes spéciaux et des régimes complémentaires, pour lesquelles il faut s'adresser aux caisses débitrices en leur signalant le décès.

Il s'agit encore :

— *des prestations familiales* (s'adresser aux caisses d'allocations familiales) ;

— des droits des femmes restées seules à la suite d'un décès au titre de *l'assurance chômage et de la formation professionnelle* (s'adresser aux A.S.S.E.D.I.C.).

XIII. TAXE D'HABITATION

§ 706 Il est intéressant de signaler ici une réponse ministérielle au J.O.A.N. du 14 février 1991, p. 102 qui donne les indications suivantes.

Les veufs et les veuves qui ne sont pas passibles de l'impôt sur le revenu au titre de l'année précédente sont *dégrevés totalement* de la taxe d'habitation. Pour accorder ce dégrèvement l'année suivant celle du décès du conjoint, l'Administration tient compte uniquement de la déclaration de revenus déposée par le conjoint survivant pour la période allant du jour du décès jusqu'au 31 décembre.

Cette solution est favorable d'autant que l'impôt sur le revenu de cette période se calcule avec le nombre de parts antérieur au décès. C'est pourquoi, il arrive fréquemment que le dégrèvement s'applique uniquement pour l'année suivant celle du décès du conjoint.

XIV. PLUS-VALUE IMMOBILIÈRE

L'exonération de plus-value de l'habitation principale en cas de vente de celle-ci *ne peut pas bénéficier aux héritiers* dès lors que l'habitation en question ne devient pas l'habitation principale des héritiers pendant au moins cinq ans après le décès. **§ 707**

La plus-value sera déterminée d'une part, en fonction du prix de vente, et, d'autre part, de la valeur du bien estimée au jour du décès dans la déclaration du succession.

Quatrième partie

Formulaires

I. CONVENTION D'INDIVISION

Les soussignés :

M. M. ...... *(nom, prénoms, profession, adresse et quote-part de chaque indivisaire)* ont convenu de rester dans l'indivision de l'héritage qui leur est échu pour la succession de M. Y. .... ayant demeuré à .... et décédé le .... à .... ceci pour une durée de ...... *(cinq ans au plus)* prenant fin à la date du ....

Pendant cette période les soussignés s'interdisent expressément toute action en liquidation de ladite succession.

Ils confient, pendant toute la durée de l'indivision l'administration de la succession à M. Z. .... qui en prend la charge et s'engage à la restituer dans son intégralité et sous la responsabilité incombant à tout administrateur des biens d'autrui, aux héritiers de l'expiration de la date fixée. M. Z. touchera en compensation de son administration la totalité des produits, fruits* et intérêts de la succession, à charge pour lui de verser annuellement une somme de .... F entre les mains de chaque coïndivisaire.

II. CONVENTION DE PARTAGE A L'AMIABLE

Les soussignés, ... *(nom, prénoms, adresse de chaque signataire)*, se reconnaissant mutuellement la qualité d'héritier du défunt (nom et adresse du défunt, date du décès), chacun pour sa part, formant dans leur ensemble la totalité des droits successoraux ouverts par le décès du de cujus, voulant procéder amiablement entre eux au partage des biens dépendant de cette succession, ont convenu d'un commun et définitif accord ce qui suit :

I. — La succession se compose de .... *(indication exacte des actifs et des passifs, éventuellement renvoi à un acte annexé qui doit être paraphé par chacun des signataires).*

Elle représente ainsi un excédent de fortune évaluée à F ....

II. — Il a été formé .... lots qui ont été composés ainsi qu'il suit :

Premier lot : ...... *(indication détaillée se rapportant à l'inventaire des actifs et passifs de l'état indiqué sous* I. —).

Deuxième lot : .... *et ainsi de suite.*

Le premier lot est attribué par accord amiable *(ou par tirage au sort dont les modalités ont été arrêtées d'un commun accord et ne donnent lieu à aucune contestation)* à M. ....

Le second lot est attribué *(comme précédemment et ainsi de suite).*

III. — *(Eventuellement).* La valeur des lots étant inégale, il avait été convenu préalablement que l'attributaire du lot .... aura une soulte de F .... à verser à ses cohéritiers, la moitié *(ou autre désignation)* de cette soulte devant revenir à M. ... et l'autre moitié *(à modifier le cas échéant) à M.* ....

Ces soultes ont été versées immédiatement par M. .... *attributaire du lot I (ou II ou III) aux bénéficaires comme dit, sous forme de chèque n°* ..... tiré le ...... *sur la Banque* ..... *(ou : en espèce, que M.* .... *et M.* .... *reconnaissent avoir reçues. Timbre de quittance à mettre sur chaque exemplaire).*

Ou bien :

M. .... s'oblige par conséquent à verser les soultes sans augmentation d'intérêts (ou : avec intérêts au taux de .... pour cent payables en même temps que le principal) dans un délai maximum de .... (jour, mois), et de se libérer ainsi en totalité jusqu'au .... au plus tard.

IV. — Comme conséquence du présent partage, chacun des copartageants aura la pleine propriété et jouissance des biens qui lui sont attribués, ceci à compter du jour du décès, et il en paiera les impôts et charges de toute nature à compter du même jour.

Les copartageants déclarent expressément et reconnaissent, chacun en ce qui le concerne, se trouver par le présent partage entièrement remplis de leurs droits dans la succession ainsi partagée et s'engagent à n'élever aucune réclamation ni revendication pour quelque motif que ce soit, le présent partage étant fait sous les garanties ordinaires de droit.

V. — Chacun des soussignés s'engage en outre à supporter les impôts et taxes grevant la succession partagée dans la proportion dans laquelle il est bénéficiaire, à savoir :

M. .... *pour (la moitié ou un tiers, etc.)*
M. .... *pour (de même)*
M. .... *pour (de même)*

et de procéder à la déclaration successorale qui lui incombe jusqu'au .... au plus tard, en s'acquittant en même temps des droits dus, la justification de cette régularisation fiscale pouvant être exigée sur simple demande de chacun des copartageants pour chacun d'eux.

Ou bien :

Les soussignés nomment, par pouvoir spécial (voir Formule III), M. .... qui accepte, de faire les déclarations fiscales et autres, et de payer les droits et taxes dus en s'engageant à lui faire tenir jusqu'au .... au plus tard en argent comptant ou en chèque bancaire la quote-part des droits fiscaux qui incombe à chacun d'eux.

Fait à .... le ..... en ..... exemplaires *(Autant que de parties*).*

Lu et approuvé pour partage

(Mention manuscrite de chaque héritier suivie de sa signature).

III. POUVOIR POUR FAIRE UNE DÉCLARATION DE SUCCESSION

Je soussigné M.Y. ...... demeurant à ...... agissant tant en mon nom propre qu'au nom de mes cohéritiers : *(Noms et adresses des cohéritiers),* .... donne pouvoir à M.Z. .... demeurant à .... de se présenter pour nous et à notre nom à la Recette du Trésor de .... afin d'acquitter les droits de mutation dus à la suite du décès de M. .... demeurant à .... où il est décédé *(ou : décédé à ....),* et d'en recevoir quittance.

M.Z. .... est notamment autorisé par nous de produire et de signer toutes déclarations, affirmations et pièces, faire toutes évaluations et tous autres actes nécessaires.

Fait à .... le ....

Bon pour acceptation
(Signature)

Bon pour pouvoir
(Signature)

IV. ATTESTATION DE CRÉANCIER

Je soussigné, M.Y. .... demeurant à .... atteste que M.Z. .... demeurant à ..... où il est décédé le ..... *(ou : décédé à .... le ....)* était lors de son décès débiteur envers moi, en vertu du titre suivant : *(préciser : billet à ordre, obligation, etc.)* de la somme de .... *(en toutes lettres)* F dont .... *(en toutes lettres)* F en capital et .... *(en toutes lettres)* F en intérêts.

Je délivre la présente sur demande de M.X. ... héritier de M.Z. .... pour être déposée à la Recette du Trésor de .... à l'appui d'une demande de déduction du passif.

Fait à .... , le ....

Signature,

V. PÉTITION EN REMISE D'UNE PÉNALITÉ FISCALE

A .... , le ....

A Monsieur le Directeur de l'Enregistrement de ....

Je soussigné M.X. .. , demeurant à .. ai l'honneur de solliciter de votre bienveillance la remise de la pénalité fiscale encourue par moi pour omission de déclaration de succession de .... *(tel ou tel objet)* dans la déclaration de succession que j'ai souscrite en date du .... à la Recette du Trésor de .... en ma qualité d'héritier de M.Y. ..... demeurant à ...... où il est décédé le ..... *(ou : et décédé le ..... , à ......)*. Cette déclaration a été enregistrée sous le n° ....

Ou bien :

Je soussigné M.X. .... demeurant à .... ai l'honneur de solliciter de votre bienveillance la remise de la pénalité fiscale encourue par moi pour omission de déclaration de succession commise par moi en ma qualité d'héritier de M.Y. .. , demeurant à ... où il est décédé le .. (ou : et décédé le ...., à ....).

Le montant de la pénalité encourue s'élevant à la somme de ...... F a été payé par moi, le ....., au Bureau de l'Enregistrement, Recette du Trésor le .... selon acquit qui m'a été délivré sous le n° ....

J'affirme que l'omission commise par moi a été le résultat de mon ignorance et non d'une faute intentionnelle ayant pour but de me soustraire au paiement des droits régulièrement dus.

C'est pourquoi, j'ose espérer, Monsieur le Directeur, que vous voudrez bien accueillir favorablement ma demande, et je vous en remercie bien sincèrement à l'avance.

Agréez, Monsieur le Directeur, l'assurance de mes sentiments distingués.

Signature,

TABLEAU DE LA JURISPRUDENCE CITÉE

Abréviations

Cours et tribunaux :

C.A. : Cour d'appel
Cass. ch. réunies : Cour de cassation, Chambres réunies
Cass. civ. : Cour de cassation, chambre civile
Cass. comm. : Cour de cassation, chambre commerciale
Cass. crim. : Cour de cassation, chambre criminelle
Cass. req. : Cour de cassation, chambre des requêtes
Cass. soc. : Cour de cassation, chambre sociale
Cons. Etat : Conseil d'Etat
Trib. civ. : Tribunal civil
Trib. grde inst. : Tribunal de grande instance

Codes et revues juridiques

Bull. cass. : Bulletin de la Cour de cassation
Bull. Off. En. : Bulletin Officiel de l'Enregistrement
Bull. Off. Imp. : Bulletin Officiel des Impôts
Bull. UCANSS : Bulletin de l'Union des Caisses Nationales de Sécurité sociale
C.G.I. : Code général des impôts
Dall. : Revue Dalloz
Dall. H. : Dalloz hebdomadaire
Dall. I.R. : Dalloz information rapide
Dall. J. : Dalloz jurisprudence
Dall. P. : Dalloz périodique
Dall. S. : Dalloz sommaire de jurisprudence
Doc. admin. : Documentation de l'Administration fiscale
Doc. organ. : Documentation organique
Drt. fiscal : Revue Droit fiscal
G.P. : Gazette du Palais
Inf. soc. : Informateur social
Sem. jur. : Semaine juridique

---

1. Trib. grde inst. Bernay 18-11-1964 ; Dall. 1965-49
2. Cass. comm. 23-10-1990 ; Dall. 1991-173

3. Cass. req. 27-7-1882 ; Dall. 1983-1-462
4. Cass. civ. 6-3-1928 ; Dall. 1928-1-237
5. Cass. civ. 24-1-1951 ; Dall. 1951-345
6. Cass. civ. 24-6-1878 ; Dall. 1879-1-56
7. Cass. civ. 29-12-1856 ; Dall. 1856-I-471
8. Cass. civ. 20-10-1982 ; Bull. cass. I- n° 304
9. Cass. civ. 18-12-1984 ; Bull. cass. I- n° 340
10. Trib. civ. Aix-en-Provence 31-3-1950 ; Dall. 1950-222
11. Cass. civ. 21-5-1986 ; Dall. 1986-340
12. Cass. civ. 26-4-1988 ; Bull. cass. I- n°118
13. Cass. civ. 19-5-1981 ; Bull. cass. I- n° 172
14. Cass. civ. 25-4-1984 ; Dall. 1984-534
15. Cass. civ. 9-1-1979 ; Bull. cass. I- n° 15
16. Cass. civ. 23-11-1982 ; Bull. cass. I- n° 338
17. Cass. civ. 1-3-1988 ; Bull. cass. I- n° 62
18. Cass. civ. 10-1-1979 ; Bull. cass. I- n° 18
19. Cass. civ. 11-3-1968 ; Dall. 1968-I- n° 541
20. Cass. req. 9-7-1973 ; Dall. 1974- n° 80
21. Cass. civ. 28-11-1969 ; Dall.1970-164
22. Cass. civ. 20-5-1981 ; Bull. cass. I-177
23. Cass. civ. 8-1-1991 ; Bull. cass. I- n° 10
24. Cass. civ. 15-3-1988 ; Bull. cass. I- n° 82
25. C.A. Riom 8-1-1962 ; Dall. 1962-106
26. Cass. civ. 7-6-1974 ; G.P. 22-8-1974
27. Cass. civ. 15-5-1977 ; Bull. Cass. I- n° 239
28. Cass. civ. 7-6-1974 ; Dall I.R. 1974-208
29. Cass. civ. 13-12-1988 ; Bull. cass. I- n° 362
30. Cass. civ. 23-6-1982 ; Bull. cass. I- n° 240
31. Cass. civ. 7-6-1988 ; G.P. 30-8-1988
32. Cass. civ. 13-4-1992 ; G.P. 1-4-1993
33. C.A. Paris 30-12-1976 ; Dall. I.R. 1977-334
34. Cass. civ. 25-5-1987 ; Bull. cass. I- n° 172
35. Cass. civ. 9-10-1979 ; Bull. cass. I- n° 239
36. Cass. civ. 24-2-1970 ; Bull. cass. I- n° 72
37. Cass. civ. 16-4-1991 ; Bull. cass. I- n° 143
38. Cass. civ. 11-12-1973 ; Bull. cass. I- n° 348
39. Cass. civ. 10-7-1990 ; G.P. 30-7-1991
40. Cass. civ. 3-5-1978 ; Bull. cass. I- n° 175
41. Cass. civ. 24-1-1990 ; G.P. 30-6-1990
42. C.A. Paris 12-3-1987 ; G.P. 2-7-1988
43. Cass. civ. 11-7-1972 ; Bull. cass. I- n° 184
44. Cass. Etat 9-1-1991 ; J.C.P. 1991-II-235
45. Cass. civ. 20-10-1982 ; Bull. cass. I- n° 299
46. C.A. Rouen 31-5-1950 ; Dall. 1950-742

47. C.A. Amiens 14-11-1961 ; G.P. 13-2-1962
48. Cass. soc. 25-4-1990 ; J.C.P. 1991-II-21696
49. Cass. req. 9-5-1938 ; Dall. 1939-1-65
50. Cass. req. 29-3-1909 ; Dall. 1910-1-121
51. C.A. Paris 16-1-1913 ; Dall. 1914-2-353
52. Cass. civ. 24-2-1970 ; Dall. J. 1970-336
53. Cass. civ. 17-3-1987 ; Bull. cass. I- n° 98
54. Cass. civ. 4-10-1977 ; Bull. cass. I- n° 354
55. Cass. civ. 13-4-1988 ; Bull. cass. I- n° 99
56. Cass. civ. 2-5-1989 ; G.P. 17-8-1989
57. Cass. comm. 14-11-1966 ; G.P. 10-2-1967
58. Cass. civ. 11-7-1988 ; Bull. cass. I- n° 240
59. Cass. soc. 14-3-1989 ; G.P. 10-8-1989
60. Cass. comm. 17-5-1971 ; Bull. cass. n° 133
61. Cass. civ. 15-1-1974 ; G.P. 21-3-1974
62. Cass. civ. 22-1-1980 ; Bull. cass. I- n° 32
63. Cass. civ. 25-2-1986 ; Bull. cass. I- n° 35
64. Cass. civ. 8-12-1924 ; Dall. P. 1925-1-64
65. Cass. comm. 23-10-1990 ; Dall. 1991-173
66. Cass. civ. 26-4-1988 ; Bull. cass. I- n° 119
67. Cass. civ. 12-7-1989 ; Dall. 1989-525
68. Cass. req. 10-11-1880 ; Dall. 1881-1-81
69. C.A. Rouen 12-2-1887 ; Dall. 1889-2-181
70. Cass. req. 31-12-1855 ; Dall.1856-1-358
71. Cass. civ. 27-12-1963 ; G.P. 28-2-1964
72. Cass. civ. 14-6-1972 ; Bull. cass. I- n° 156
73. Trib. civ. Seine 29-11-1930 ; Sem. jur. 1931-117
74. Cass. civ. 10-12-1969 ; Bull. cass. I- n° 309
75. C.A. Rouen 27-4-1971 ; Dall. S. 1971-143
76. C.A. Douai 21-6-1906 ; Dall. P. 1908-2-225
77. Cass. civ. 27-1-1987 ; Dall. 1987-253
78. Cass. civ. 4-10-1988 ; Bull. cass. I- n° 272
79. Cass. civ. 14-5-1992 ; Bull. cass. I- n° 142
80. Cass. civ. 31-10-1989 ; G.P. 21-4-1990
81. Cass. civ. 24-11-1987 ; Bull. cass. I- n° 312
82. Cass. civ. 18-1-1989 ; G.P. 18-3-1989
83. Cass. civ. 10-6-1976 ; Bull. cass. I- n° 215
84. Cass. civ. 26-3-1974 ; G.P. 20-6-1974
85. Cass. civ. 11-1-1937 ; G.P. 1937-1-521
86. Cass. civ. 23-1-1968 ; Dall. 1968-219
87. Cass. civ. 18-1-1972 ; Bull. cass. I- n° 23
88. Cass. civ. 11-1-1972 ; Bull. cass. I- n° 16
89. Cass. civ. 29-10-1979 ; Bull. cass. I- n° 211
90. Cass. civ. 18-7-1983 ; Dall. 1983-263

91. Cass. civ. 11-1-1989 ; G.P. 18-3-1989
92. Cass. civ. 14-2-1990 ; G.P. 7-8-1990
93. Cass. civ. 21-5-1985 ; Dall. 1987-65
94. Cass. comm. 18-10-1955 ; Dall. 1956-281
95. Cass. civ. 13-6-1979 ; Bull. cass. I- n° 180
96. Cass. ch. réunies 28-4-1961 ; G.P. 19-5-1961
97. Cass. civ. 11-3-1981 ; Bull. cass. I- n° 87
98. Cass. civ. 19-1-1982 ; Bull. cass. I- n° 31
99. Cass. civ. 2-10-1979 ; Bull. cass. I- n° 232
100. Cass. civ. 28-10-1969 ; Bull. cass. I- n° 321
101. Cass. civ. 12-11-1986 ; J.C.P. 1987-II-20852
102. Cass. civ. 14-3-1984 ; Dall. 1984-385
103. Cass. civ. 25-1-1983 ; Bull. cass. III- n° 24
104. Cass. civ. 13-2-1991 ; Bull. cass. III- n° 56
105. Cass. civ. 17-3-1992 ; Bull. cass. I- n° 89
106. Cass. civ. 30-10-1991 ; Bull. cass. III- n° 258
107. Cass. civ. 17-4-1991 ; Bull. cass. III- n° 124
108. Cass. civ. 20-2-1979 ; Dall. I.R. 1979-249
109. Cass. civ. 2-6-1981 ; Bull. cass. I-p 157
110. Cass. civ. 9-3-1982 ; Bull. cass. I- n° 63
111. Cass. civ. 3-3-1992 ; J.C.P. 1993-II-22002
112. Trib. grde inst. Dieppe 14-2-1979 ; G.P. 1979-2-495
113. Cass. civ. 14-2-1984 ; Dall.1984-453.
114. Cass. civ. 6-11-1990 ; Bull. civ. I- n° 236
115. C.A. Paris 25-1-1983 ; G.P. 1983-1-190
116. Cass. civ. 3-3-1992 ; J.C.P. 1993-II-22002
117. Cass. civ. 16-2-1988 ; Bull. cass. I- n° 45
118. C.A. Reims 4-1-1978 ; Dall. I.R. 1979-44
119. Cass. civ. 16-2-1988 ; Bull. cass. I- n° 45
120. Cass. civ. 15-4-1980 ; Dall. I.R. 1981-101
121. Cass. civ. 30-6-1987 ; Bull. cass. I- n° 213
122. Cass. civ. 14-11-1984 ; Bull. cass. I- n° 305
123. Cass. civ. 25-11-1980 ; Bull. cass. I- n° 305
124. Cass. civ. 25-5-1987 ; Dall. 1988-28
125. Cass. civ. 6-7-1983 ; Dall. 1984-168
126. Cass. civ. 24-5-1989 ; Bull. cass. I- n° 213
127. Cass. civ. 1-3-1988 ; Dall. 1988-408
128. Cass. civ. 28-2-1984 ; Dall. 1984-549
129. Cass. civ. 7-6-1988 ; Bull. cass. I- n° 178
130. Cass. civ. 23-6-1987 ; Dall. I.R. 1987-168
131. Cass. civ. 18-12-1990 ; J.C.P. 1992-II-21847
132. Cass. civ. 27-10-1992 ; Bull. cass. I- n° 265
133. Cass. civ. 17-5-1983 ; Dall. 1984-83
134. Cass. civ. 30-6-1992 ; Bull. cass. I- n° 208

135. C.A. Lyon 23-5-1990 ; G.P. 1991-1-125
136. Cass. civ. 3-5-1989 ; Bull. cass. III- n° 99
137. Cass. civ. 20-10-1982 ; Bull. cass. I- n° 297
138. Cass. civ. 2-11-1983 ; J.C.P. 1985-II-20354
139. Cass. civ. 13-1-1993 ; Dall. I.R. 1993-38
140. Cass. civ. 11-3-1970 ; Dall. 1970-426
141. Cass. civ. 14-5-1992 ; Bull. cass. I- n° 141
142. Cass. civ. 8-3-1977 ; Bull. cass. I- n° 125
143. Cass. civ. 8-3-1988 ; Dall. 1989-49
144. Cass. civ. 18-7-1972 : Dall. 1972-654
145. Cass. civ. 24-11-1987 ; Dall. 1988-257
146. Cass. civ. 9-7-1980 ; Bull. cass. I- n° 213
147. Cass. civ. 21-6-1983 ; Bull. cass. I- n° 178
148. Cass. civ. 1-3-1988 ; G.P. 7-5-1988
149. Cass. civ. 10-3-1993 ; G.P. 10-8-1993
150. Cass. civ. 24-3-1993 ; G.P. 14-9-1993
151. Cass. civ. 20-3-1979 ; Bull. cass. I- n° 98
152. Cass. civ. 24-1-1990 ; Bull. cass. I- n° 24
153. Cass. civ. 28-4-1986 ; Bull. cass. n° 105
154. Cass. civ. 28-10-1975 ; Bull. cass. I- n° 298
155. C.A. Orléans 14-6-1937 ; Dall. H. 1937-478
156. Cass. civ. 28-4-1964 ; Bull. cass. I- n° 219
157. Cass. civ. 17-6-1981 ; Bull. cass. I- n° 225
158. C.A. Amiens 13-2-1957 ; Dall. J. 1957-403
159. Cass. civ. 12-5-1987 ; Bull. cass. I- n° 152
160. Cass. civ. 28-4-1987 ; Dall. I.R. 1987-121
161. Cass. civ. 19-12-1979 ; Bull cass. I- n° 133
162. Cass. civ. 19-3-1991 ; G.P. 13-7-1991
163. Trib. grde inst. Paris 9-6-1971 ; G.P. 14-10-1971
164. Cass. civ. 21-2-1978 ; Dall. 1978-505
165. Cass. civ. 5-12-1978 ; Bull. cass. I-p. 294
166. Cass. civ. 12-11-1987 ; Bull. cass. I- n° 304
167. Cass. civ. 12-11-1987 ; Bull. cass. I- n° 292
168. Cass. civ. 11-3-1986 ; Bull. cass. I- n° 63
169. Cass. civ. 5-11-1975 ; Bull. cass.I- n° 317
170. Cass. civ. 22-7-1985 ; Dall. 1986-261
171. Cass. civ. 16-4-1991; J.C.P. 1991-II-21755
172. Cass. civ. 2-5-1974 ; Bull. cass. I- n° 125
173. Cass. civ. 5-11-1975 ; Bull. cass. I- n° 317
174. Cass. civ. 23-4-1981 ; Bull. cass. I- n° 80
175. C.A. Nancy 19-12-1949 ; G.P. 1950
176. Cass. civ. 9-6-1970 ; Bull. cass. I- n° 196
177. Cass. civ. 6-1-1987 ; Dall. 1987-377
178. Cass. civ. 2-6-1897 ; Dall. P. 1897-1-384

179. Cass. civ. 3-1-1979 ; Bull. cass. I- n° 3
180. Cass. ch. réunies 9-3-1961 ; Dall. J. 1961-505
181. Cass. civ. 9-3-1966 ; Dall. J. 1966-573
182. Cass. civ. 17-12-1956 ; Dall. J. 1957-281
183. Cass. civ. 12-10-1966 ; Dall. S. 1967-14
184. Cass. civ. 11-2-1981 ; Bull. cass. I- n° 53
185. C.A. Paris 18-6-1966 ; Dall. J. 1967-30
186. Cass. civ. 12-3-1963 ; Dall. J. 1963-567
187. Cass. civ. 19-3-1975 ; Bull. cass. I- n° 118
188. Cass. civ. 9-7-1968 ; Dall. 1969-159
189. Cass. civ. 20-1-1982 ; Bull. cass. I- n° 36
190. Cass. civ. 5-1-1966 ; Dall. S. 1966-41
191. Cass. civ. 19-4-1977 ; Bull. cass. I- n° 176
192. Cass. crim. 8-2-1966 ; Dall. J. 1966-377
193. Cass. civ. 11-10-1988 ; Bull. cass. I- n° 287
194. Cass. comm. 30-10-1989 ; Aff. n° 1267 P
195. Cass. soc. 22-11-1988 ; Aff. Germaix
196. C.A. Paris 22-11-1968 ; Dall. S. 1969-17
197. Cass. comm. 23-10-1990 ; Aff. n° 1197 P
198. Cass. comm. 30-6-1975 ; Bull. off. imp. 7 G-8-75
199. Cass. comm. 17-10-1989 ; n° 1205 D
200. Cass. comm. 6-5-1991 ; Aff. Leroux
201. Cass. comm. 23-2-1993 ; n° 340 P
202. Cass. comm. 3-12-1991 ; Aff. Villero
203. Cass. comm. 20-11-1990 ; Aff. Jalonneix
204. Cass. comm. 25-6-1985 ; Doc. org. 27602
205. Cass. comm. 23-6-1987 ; Bull. off. imp. 13 L-8-89
206. Cass. comm. 5-3-1991 ; Aff. Gautron
207. C.A. Rouen 13-11-1973 ; G.P. 28-2-1974
208. C.A. Paris 2-11-1982 ; G.P. 3-2-1983
209. Cass. civ. 3-3-1987 ; Aff. Brihaye
210. Cass. civ. 6-3-1973 (sans référence)
211. Cass. soc. 3-9-1969 ; Inf. soc. 1970-74

PETIT LEXIQUE DES TERMES JURIDIQUES SIGNALÉS PAR *

Ab intestat : Sans testament.

Absent : Personne disparue sans qu'on sache si elle est morte ou vivante.

Actes d'administration : Actes relatifs à l'administration d'un bien, à sa gérance, mais n'engageant pas la propriété de ce bien.

Actes authentiques : Actes dressés par un officier public (notaire en particulier), dans les formes requises par la loi.

Actes conservatoires : Actes qui conservent des droits, tel que l'acte qui empêche ou interrompt la prescription*, ou celui qui renouvelle une inscription hypothécaire avant sa déchéance.

Acte de disposition : Acte disposant d'un bien en le vendant ou en l'aliénant* à long terme par exemple.

Acte extrajudiciaire : Acte fait par l'entremise d'un huissier en dehors de tout procès.

Actes notariés : Actes passés par un notaire lui donnant la valeur de preuve formelle.

Acte de notoriété : Attestation d'un fait notoire et constant établie par deux ou plusieurs témoins devant le juge ou devant le notaire.

Acte sous seing privé : Acte passé sans l'intervention d'un notaire. Acquiert date certaine par l'enregistrement.

Acte unilatéral : Acte émanant d'une seule partie*.

Action hypothécaire : Voir hypothèque.

Action paulienne : Action dont peuvent user les créanciers pour faire échec aux manœuvres d'un débiteur qui tend à se rendre insolvable. Elle permet de rendre ces manœuvres inopposables aux créanciers.

Action en répétition : Action en remboursement de l'indû.

Action en rescision : Action en annulation d'un acte qui défavorise l'une des parties*.

Adjudication : Attribution d'un bien mis aux enchères à celui qui en offre le plus.

Aliéner : Vente.

Apports : Somme apportée soit en espèces, soit en valeur travail ou connaissances, soit encore en nature (meubles ou immeubles).

Apposition des scellés : Voir § 127 et suiv.

Appréhension de la succession : Saisir la succession.

Arrérages : Echéances de pensions, rentes et emprunts.

Ascendants : Père, mère, grands-parents, biaïeuls, trisaïeuls, etc.

Ascendants ordinaires : Voir § 23 et § 55 et suiv.

Ascendants privilégiés : Voir § 22 et § 50 et suiv.

Assiette matérielle : Somme sur laquelle s'établit l'imposition.

Astreinte : Condamnation à payer une somme d'argent par jour de retard d'une obligation non exécutée en temps voulu.

Attributaire : Celui qui reçoit ce qui lui revient.

Attribution préférentielle : Voir § 348 et suiv.

Autorité de la chose jugée : Jugement qui ne peut plus être remis en question = Force de chose jugée*.

Avancement d'hoirie : Don à un héritier présomptif par anticipation sur sa part successorale.

Ayant cause ou ayant droit : Personne qui peut faire valoir un droit qu'elle détient d'une autre personne.

Bail - Donner à : Accorder en agissant comme propriétaire ou à la place de celui-ci, une location portant sur un local d'habitation, commercial ou une terre agricole.

Bail emphytéotique : Bail pour un très grand nombre d'années (99 ans en général).

Bénéfice d'inventaire : Voir § 153 et suiv.

Biens corporels : Biens qui tombent sous les sens (ex : maison, bijoux...).

Biens immeubles : Biens qui par nature sont fixés au sol (maisons, usines, bâtiments de toute sorte, végétaux non arrachés) ou qui sont l'accessoire de tels biens (outillage, animaux d'élevage, installations sanitaires, de chauffage, d'électricité, objets scellés aux murs, etc.), ainsi que les droits immobiliers (usufruit*, servitudes, etc.).

Biens incorporels : Biens qui ne tombent pas sous les sens (ex : droit de créance, usufruit*, servitude...).

Biens indivis : Biens qui ne sont pas partagés entre les propriétaires.

Biens meubles : Tous les biens qui ne sont pas des biens immeubles* (meubles proprement dits, bijoux, récoltes, actions et obligations, animaux d'agrément, etc.). Les fonds de commerce sont également considérés comme biens meubles.

Biens propres : Biens ne tombant pas dans la communauté.

Capables : Personnes capables d'exercer seules leurs droits.

Cas fortuit : Cas de force majeure*.

Caution - Cautionnement : Obligation juridique de remplir les engagements de la personne pour laquelle on s'est porté caution.

Cédant : Personne qui cède un bien.

Cession : Vente d'un bien.

Cessionnaire : Personne qui acquiert un bien.

Clause pénale : Clause fixant par avance des dommages-intérêts forfaitaires.

Collatéraux ordinaires : Voir § 22 et § 59 et suiv.

Collatéraux privilégiés : Voir § 22 et § 50 et suiv.

Condition suspensive : Condition à la réalisation de laquelle dépend un engagement.

Confusion des meubles : Réunion des meubles et objets appartenant à des personnes distinctes et dont on ne peut plus connaître le véritable propriétaire.

Conjoint survivant : Conjoint, non divorcé du défunt.

Conseil de famille : Réunion des parents et alliés, autant que possible mi-côté paternel et mi-côté maternel, en vue de décider de certains actes à passer au nom d'un incapable.

Créance privilégiée : Voir *Privilège*.

Créanciers hypothécaires : Voir Hypothèque.

Curateur : Personne désignée pour assister des incapables* dans l'administration de leurs biens.

Dation en paiement : Convention permettant au débiteur de s'acquitter autrement qu'initialement prévu, notamment par la remise de certains biens.

Débet : Dette résultant d'une décision administrative ou juridictionnelle rendant un comptable public ou un particulier débiteur d'une personne publique.

Déchéance : Perte d'un droit ou du bénéfice d'un contrat faute d'avoir rempli dans le délai prescrit les conditions imposées par la loi ou par les clauses convenues.

De cujus : Le défunt.

Défendeur : Se dit de celui qui est appelé en justice.

Degré de parenté : Nombre de générations qui séparent deux personnes.

Descendants : Enfants, petits-enfants, arrière-petits-enfants, etc.

Descendants légitimes : Enfants conçus pendant le mariage de leurs parents ou conçus avant le mariage et nés pendant.

Descendants légitimés : Enfants conçus ou nés hors le mariage de leurs parents mais rendus légitimes par le mariage ultérieur de leurs parents ou par autorité de justice.

Déshérence : Succession sans héritiers* ou légataires*.

Dettes hypothécaires : Voir *« Hypothèque ».*

Divertissement : Voir § 450.

Dol : Manœuvre frauduleuse, tromperie.

Domicile du défunt : Lieu où le défunt habitait d'une façon générale et où il avait le siège principal de ses affaires.

Donataire : Celui qui reçoit un don.

Donateur : Celui qui fait un don.

Donation : Remise ou cession à titre gratuit d'un bien ou d'une dette.

Donation-partage : Donation* de ses biens par un ascendant* de son vivant en les partageant entre ses enfants.

Donner à bail : Voir « Bail ».

Droit commun : Règles générales de droit applicables en l'absence de règles spécifiques.

Droits d'enregistrement : En l'espèce, droits de succession.

Droits indivis : Droits sur les biens indivis*.

Droits de mutation : Voir § 579 et suiv.

Droit de préemption : Droit d'acheter ou de recueillir un bien par une personne de préférence à toute autre.

Droits réels : Ce sont les droits attachés à la propriété, indépendamment du propriétaire ou de la personne qui en a la jouissance (ex. hypothèque, servitude, etc.).

Droit de réserve : Voir ci-dessous *Réservataire.*

Droit de retour : Droit appartenant à un donateur* de reprendre la chose en cas de prédécès du donataire*.

Effets mobiliers : Valeurs mobilières* se distinguant d'une part des immeubles et d'autre part des meubles meublants*.

Emolument : Rémunération due à un officier public*. Se dit également de l'actif recueilli dans une succession.

Enfants légitimes : Voir « Descendants légitimes ».

Enfants légitimés : Voir « Descendants légitimés ».

Enfant naturel : Enfant né hors mariage.

Enfant naturel simple : Celui qui n'est ni adultérin (voir § 68 et suiv.), ni incestueux (voir § 86).

Enfant représenté : Enfant venant à la succession d'un grand-parent en prenant la place de son père ou de sa mère prédécédé.

Envoi en possession : voir § 124 et suiv.

Envoi en possession provisoire : Autorisation de justice en vertu de laquelle les héritiers présomptifs d'un absent* sont mis en possession provisoire de ses biens.

Exception dilatoire : Moyen de défense d'une personne assignée en justice en vue d'obtenir un délai utile à sa cause.

Exécuteur testamentaire : Personne désignée par le défunt pour répartir sa succession conformément à son testament.

Exécutoire : Jugement muni de la forme exécutoire, c'est-à-dire de l'ordre donné par le magistrat à tout huissier, etc., de procéder à l'exécution dudit jugement.

Expédition : Copie d'un acte notarié, certifiée conforme à l'acte original.

Fente des lignes : Division de la succession entre les lignes paternelle et maternelle du défunt.

Filiation adultérine : Voir § 68 et suiv.

Filiation incestueuse : Voir § 86.

Filiation naturelle : Voir *Enfant naturel.*

Filiation naturelle simple : Voir *Enfant naturel simple.*

Force de chose jugée : Valeur absolue qui s'attache à un jugement qui doit être considéré comme définitif.

Force majeure : Evénement imprévisible, irrésistible et involontaire qui rend impossible l'exécution d'un engagement.

Fruits : Produits d'un bien.

Gage : Bien remis par un débiteur à un créancier en sûreté* de sa dette et qui doit être restitué lors du paiement.

Gratifié : Celui qui a reçu une libéralité*.

Hérédité - Héréditaire : Biens laissés par le défunt.

Héritier : Celui qui devient propriétaire des biens du défunt, soit par le jeu de la loi, soit par testament, sous réserve de legs* particuliers.

Héritiers irréguliers : Voir § 124 et suiv.

Héritiers réguliers : Voir § 116 et suiv.

Héritiers réservataires : Voir *Réservataires.*

Hors part : Donation faite par le défunt de son vivant, éventuellement par testament, attribuant à un successeur un ou plusieurs biens de la succession en le dispensant de rapport*.

Hypothèque : Garantie donnée au créancier lui donnant le droit de se faire payer, par préférence aux autres créanciers, sur le prix de vente d'un immeuble.

Hypothèque légale : Hypothèque accordée d'office par la loi en vue de donner une garantie efficace contre le mauvais vouloir du débiteur.

Impenses : Dépenses faites pour la conservation ou l'amélioration d'une chose.

Incapable - Incapacité : Personne incapable d'exercer ses droits.

Indignité : L'indignité successorale est la déchéance du droit d'hériter qui frappe un héritier* coupable d'une faute grave prévue par la loi (voir § 40 et suiv.).

Indivisaire : Se dit de toute personne qui prend part à l'indivision (voir § 329 et suiv.).

Indivision : Voir § 328 et suiv.

Jouissance : Droit que possède quelqu'un de se servir d'une chose ou d'en encaisser les fruits* sans en avoir la propriété.

Juge des référés : Juge pouvant rendre une décision rapide vu l'urgence et avant que l'affaire ne soit plaidée sur le fond. S'adresser au Tribunal de Grande Instance.

Jurisprudence : Ensemble des décisions de justice.

Légataire : Bénéficiaire d'un legs*.

Légataire particulier : Bénéficiaire d'un legs* bien déterminé.

Légataire à titre universel : Bénéficiaire d'un legs* représentant une quote-part de la succession.

Légataire universel : Bénéficiaire d'un legs* représentant la totalité de la succession.

Legs : Donation faite par testament à une personne non héritière de par la loi.

Libéralité : Donation* ou legs*.

Licitation : Vente aux enchères publiques d'un bien en indivision*.

Ligne : Voir § 24 et suiv.

Ligne collatérale : Frères et sœurs et leurs descendants*.

Ligne directe : Ascendants* et descendants*.

Loyaux coûts : Frais normaux d'une procédure.

Mainlevée : Acte par lequel une partie* libère l'autre de ses obligations.

Majeur capable : Voir ci-dessus « Capables ».

Majeur en tutelle : Majeur qui doit être assisté pour effectuer certains actes de la vie civile.

Mandant : Celui qui donne un mandat*.

Mandat : Pouvoir donné par une personne à une autre personne d'accomplir un ou plusieurs actes en son nom.

Mandataire : Celui qui reçoit un mandat*.

Marc le franc : Répartition d'une somme insuffisante pour payer la totalité des dettes, effectuée au prorata de l'importance de chacune d'elles.

Masse : L'ensemble des biens à partager entre les successibles*.

Mesures conservatoires : Voir « Actes conservatoires ».

Meubles corporels : Biens non immeubles représentés par des objets.

Meubles incorporels : Biens non immeubles non représentés par des objets (ex : créances, titres, valeurs...).

Meubles meublants : Le mobilier, les objets et installations mobiles garnissant un appartement ou un local.

Mineur - Mineur non émancipé : Enfant de moins de 18 ans qui n'a pas été émancipé. Le mineur émancipé est capable, contrairement au mineur non émancipé, d'accomplir tous les actes de la vie civile. Il doit néanmoins pour se marier ou se donner en adoption, bien qu'émancipé, observer les mêmes règles que s'il n'était pas émancipé.

Ministère public : Magistrats de carrière chargés de requérir l'application de la loi devant les tribunaux.

Mort civile : Fiction qui permettrait de déposséder légalement une personne encore vivante en la considérant comme décédée.

Nantissement : Hypothèque* sur un fonds de commerce.

Notification : Acte accompli par un huissier dûment mandaté pour faire connaître à une personne désignée une décision, afin de lui permettre de sauvegarder ses droits.

Nue-propriété : Propriété d'une chose dont on n'a pas la jouissance*.

Nullité absolue : Peut être invoquée par toute personne qui y a intérêt.

Numéraire : Argent liquide qui se trouve dans la succession.

Officier public : Titulaire d'une fonction publique : commissaire priseur, huissier, notaire etc.

Onéreux : Qui n'est pas gratuit.

Ordre public : Disposition légale qui s'impose. Il ne peut pas y être dérogé.

Parenté légitime : Parenté qui dérive du mariage.

Parenté naturelle : Parenté hors mariage.

Parents consanguins : Parents par le père.

Parents germains : A l'origine parents issus d'un même père et d'une même mère.

Parents utérins : Parents par la mère.

Partage : Voir § 301 et sv.

Parties : Se dit des différents intéressés dans une même affaire.

Part virile : Part égale de chacun des copartageants.

Patrimoine : Ensemble des biens d'une personne.

Pension de réversion : Pension qui à la mort du bénéficiaire est versée, en tout ou en partie, au conjoint survivant*.

Personnes interposées : Voir § 548.

Personnes morales ou civiles: Association, groupement, société, etc., qui sans avoir une existence physique est assimilée à une personne ayant des droits et des obligations, pouvant posséder des biens et plaider en justice.

Plein droit: Droit tellement certain qu'il n'en saurait être décidé autrement.

Pleine propriété: Propriété d'un bien sans aucune restriction (ex : la réunion de la nue-propriété* et du droit de jouissance* aboutit à la pleine propriété).

Possession: Détenir ou posséder un bien sans en être le propriétaire.

Préciput: Clause par laquelle un héritier a le droit de prélever avant tout partage de la succession certains objets ou une somme déterminée.

Prescription: Extinction d'un droit après un certain laps de temps.

Preuve par écrit: Preuve au moyen d'un acte ou d'une lettre s'opposant à la preuve par témoins.

Prisée: Evaluation d'un bien mis aux enchères ou figurant dans un partage*.

Privilège: Droit de certains créanciers d'être payés de préférence à d'autres.

Publicité foncière: Publicité permettant de constater le transfert de propriété.

Quotité disponible: Part du patrimoine dont un individu peut librement disposer, soit par donation*, soit par testament. S'oppose à la réserve*.

Rapport: Obligation de rapporter un bien reçu à la succession.

Recel: Voir § 450.

Récompenses: Réunion aux biens d'un époux des sommes dont s'est personnellement enrichi l'autre époux au détriment de la communauté.

Référé: Voir « Juge des référés ».

Rente perpétuelle: Rente d'Etat donnant droit au porteur, au versement d'une rente, le capital n'étant pas remboursé.

Rente viagère: Rente versée à une personne durant sa vie entière.

Représentation: voir § 32 et sv.

Rescision: Annulation d'un acte, d'une vente etc. qui défavorise nettement l'une des parties.

Réservataire: Héritier auquel échoit obligatoirement une quote-part de la succession, le défunt ne pouvant pas en disposer.

Réserve : Partie de la succession qui échoit obligatoirement aux réservataires*.

Saisine : Droit reconnu aux héritiers réguliers de rentrer en possession de l'héritage sans formalité particulière.

Scellés : Voir § 127 et sv.

Séquestre : Personne désignée par le tribunal ou par des particuliers en vue d'assurer la conservation d'un bien en attendant son attribution définitive.

Signification : Acte d'huissier portant à la connaissance d'une personne soit l'engagement d'une procédure, soit l'existence d'un droit établi sur titre*.

Souche : Voir § 34.

Soulte : Solde à payer représentant l'excédent d'une valeur sur une autre, en cas d'échange de deux valeurs.

Successible : Voir « Vocation héréditaire ».

Sureté : Garantie juridique pour le paiement d'une dette.

Syndic : Personne désignée pour administrer les biens d'autrui.

Tiers : Personnes qui ne sont pas parties*.

Titre : Document établissant le droit de quelqu'un, sous réserve de l'appréciation finale des juges en cas de contestation.

Titre exécutoire : Voir « Exécutoire ».

Tontine : voir § 547.

Transcription : Acte assurant la publicité foncière*.

Transport de créance : Cession de la créance à un tiers.

Tuteur : Personne chargée de surveiller l'éducation et de défendre les intérêts d'un mineur* privé de son père ou de sa mère.

Usufruit : Droit de jouissance sur une chose, par opposition au droit de nue-propriété*, accordant le bénéfice des intérêts d'un capital, des loyers d'un immeuble, des récoltes d'une terre, etc.

Valeurs immobilières : Valeur qui est constituée par un immeuble ou ses accessoires.

Valeurs incorporelles : Valeurs qui ne sont pas représentées par un objet ayant sa valeur propre (créances, clientèle, droit au bail, etc.).

Valeurs mobilières : Toute valeur qui n'est pas constituée par un immeuble ou ses accessoires.

Valeur vénale : Valeur qui correspond à la somme qu'on peut normalement espérer en obtenir en cas de vente.

Violence : Acte de nature à impressionner une personne jouissant normalement de toutes ses facultés et qui a pu lui faire craindre pour sa personne ou ses biens.

Vocation héréditaire : Droit légal d'être héritier de quelqu'un, éventuellement sous certaines conditions.

NOTES

NOTES

NOTES

NOTES